A BIOGRAPHY OF
YANFU

# 严复传

冯保善 著

团结出版社 UNITY PRESS

**图书在版编目（CIP）数据**

严复传 / 冯保善著 . -- 北京：团结出版社，
2024.3

ISBN 978-7-5234-0476-8

Ⅰ . ①严… Ⅱ . ①冯… Ⅲ . ①严复（1853-1921）–
传记 Ⅳ . ① K825.1

中国国家版本馆 CIP 数据核字（2023）第 192285 号

出　　版：团结出版社

（北京市东城区东皇城根南街 84 号　邮编：100006）

电　　话：（010）65228880　65244790（出版社）

　　　　　（010）65238766　85113874　65133603（发行部）

　　　　　（010）65133603（邮购）

网　　址：http://www.tjpress.com

E-mail：zb65244790@vip.163.com

　　　　　tjcbsfxb@163.com（发行部邮购）

经　　销：全国新华书店

印　　装：天津市盛辉印刷有限公司

开　　本：160mm×230mm　　16 开

印　　张：17

字　　数：223 千字

版　　次：2024 年 3 月　第 1 版

印　　次：2024 年 3 月　第 1 次印刷

书　　号：978-7-5234-0476-8

定　　价：58.00 元

# 目 录

# 引 言

严氏于中学西学，皆为我国第一流人物。其《天演论》出版后，"物竞""争存""优胜劣败"等词，成为人人的口头禅。

严复（1854—1921），福建侯官（今福州市）人。中国第一位系统介绍西方近代经济学、政治学、法学、社会学、哲学等学科思想的伟大翻译家，一位以著述对中国近代社会历史进程发生深刻影响的启蒙家、思想巨人。

严复每有译著，便呈请教育家、古文家吴汝纶审正。吴汝纶读了严复《天演论》译稿后，致严复函，说："大著《天演论》，虽刘先主之得荆州，不足为喻。……盖自中土翻译西书以来，无此宏制。匪直天演之学，在中国为初凿鸿蒙，亦缘自来译手，无似此高文雄笔也。"其中对于严译《天演论》之思想，乃至其文笔，并有高度评价。在其所撰《天演论序》中，更具体谈道："抑严子之译是书，不惟自传其文而已，盖谓赫胥黎氏以人持天，以人治之日新，卫其种族之说，其义富，其辞危，使读焉者怵焉知变，于国论殆有助乎？……严子之意，盖将有待也。待而得其人，则吾民之智瀹矣。"进一步揭示了严复翻译该书的鸿深命意，及其将会产生的深远影响。

梁启超的学术名著《清代学术概论》中，则在戊戌政变、西学东渐的时代大潮中，对严译系列著作的历史地位，作出了裁断："时独有侯官严复，先后译赫胥黎《天演论》，斯密亚丹《原富》，穆勒约翰《名学》

《群己权界论》，孟德斯鸠《法意》，斯宾塞《群学肄言》等数种，皆名著也。虽半属旧籍，去时势颇远，然西洋留学生与本国思想界发生关系者，复其首也。"充分肯定了严复翻译开疆拓土之贡献。又在介绍新出《原富》译著时，盛赞有加："严氏于中学西学，皆为我国第一流人物。此书复经数年之心力，屡易其稿，然后出世，其精美更何待言！"

蔡元培《五十年来中国之哲学》中，对于严复的翻译，同样有着甚高的评价，说："五十年来，介绍西洋哲学的，要推侯官严复为第一。……他译的最早，而且在社会上最有影响的，是赫胥黎的《天演论》。自此书出后，'物竞''争存''优胜劣败'等词，成为人人的口头禅。"

到了鲁迅、胡适读书的时代，严译名著，尤其是严复翻译的《天演论》，其影响更与日俱增，已然成为一股思想的旋风。据鲁迅的散文《琐记》中描述："看新书的风气便流行起来，我也知道了中国有一部书叫《天演论》。星期日跑到城南去买了来，白纸石印的一厚本，价五百文正。……一口气读下去，'物竞''天择'也出来了，苏格拉底、柏拉图也出来了，斯多葛也出来了。"又据胡适《四十自述》中记载，他在上海澄衷学堂读书的时候，老师杨千里对他影响最大。杨千里让班上的同学，买了吴汝纶删节的严译《天演论》作读本，这是胡适第一次读到《天演论》。杨千里还给同学们出了"物竞天择，适者生存，试申其义"的作文题目。胡适说："这种题目自然不是我们十几岁小孩子能发挥的，但读《天演论》，做'物竞天择'的文章，都可以代表那个时代的风气。"《天演论》在当时风靡一时，甚至成了中学生的读物。如胡适所说："在中国屡次战败之后，在庚子、辛丑大耻辱之后，这个'优胜劣败，适者生存'的公式确是一种当头棒喝，给了无数人一种绝大的刺激。几年之中，这种思想像野火一样，延烧着许多少年人的心和血。'天演''物竞''淘汰''天择'等术语都渐渐成了报纸文章的熟语，渐渐成了一班爱国志士的'口头禅'。"影响所及，许多人用了这种名词作为自己和儿女的名字，胡适举例说，如陈炯明号竞存；他有两个同学，一个叫作孙竞存，一个叫作杨天择；而他自己的名字，"也是这种风气底下的纪念品。我在学堂里的名字是胡洪骍。有一天的早晨，我请二哥代我想一个表字，二哥一面洗脸，一面说：'就用"物竞天择适者生存"的"适"字，好不好？'"胡适很高兴，于是就用了"适之"为表字。其后来发表文章，偶然用胡适作笔名，到考试留美官费时，便正式用了"胡适"这个名字。

严复是一个严谨喜爱较真的人。他在《天演论·译例言》中谈道："新理踵出，名目纷繁，索之中文，渺不可得，即有牵合，终嫌参差，译者遇此，独有自具衡量，即义定名。顾其事有甚难者……一名之立，旬月踟蹰。"名词的难译，是因为在中文中难以找到相对应的现成词汇，进一步讲，名实相副，名理吻合，在翻译中，方可能准确揭示西学精髓。格外看重名实关系的严复，其晚年自号瘉壄老人，自然不会仅仅将名号看作一个符号，而有着他切实的思想意义。我们看到的是，晚年的严复，疾病缠身，消磨着他的意志，他经常陷入迷惘；此起彼伏的战争、动荡的政局、纷纭的时事，其不赞成在当时的中国实行共和，排斥暴力革命，批评白话文运动，倡导尊孔读经，为专制独裁摇旗呐喊，甚至认为"平等、自由、民权诸主义……至于今，其弊日见"，已为"蘧庐刍狗""不可重陈之物"，显然已经站到了历史发展的对立面，不再是曾经的领导时代潮流的新锐思想家、时代弄潮儿，而成为顽固守旧的落伍者。然而，严复对于时评政论，依旧兴趣浓厚。他关于时局的分析，对于传统文化的认识，或犀利深刻，或激浊扬清，都透露出他思想家的洞见。

孙中山曾读严译《天演论》，赞其："自达尔文书出后，则进化之学，一旦豁然开朗，大放光明，而世界思想为之一变，从此各种学术皆归于进化矣。"严复留给历史最宝贵的财富，当然是其先进的思想。如毛泽东《论人民民主专政》中所说："自 1840 年鸦片战争失败那时起，先进的中国人，经过千辛万苦，向西方寻找真理，洪秀全、康有为、严复和孙中山，代表了在中国共产党出世以前向西方寻找真理的一派人物。"习近平在文章中也谈道："我们要继承和发扬严复的爱国主义精神，改革创新的思想，提倡科学教育实践和创造知识渊博的精神财富"，"他的不少论述不仅成了当时维新变法的最有力的理论依据和最锐利的思想武器，而且对于辛亥革命也具有不可忽视的影响，也为'五四'新文化运动开辟了道路，甚至至今还可以借鉴"。

以中国式现代化全面推进中华民族伟大复兴的征程已经扬帆启航。新的时代，我们重读严复，必然会有新的发现，获得新的启示，有着新的意义。

第一章

少年人物江山秀

# 一　诞生中医世家

两世行医，严家渐有些积蓄，便思想着改换一下门庭。七岁时，严复进了私塾，开始读书了。

清朝咸丰三年腊月初十（1854 年 1 月 8 日），福州市南台，在闻名远近的中医严振先家，又添了位公子，他就是严复。

严复，谱名传初，乳名体乾；考入福州船政学堂时改名宗光，字又陵；做官后改名复，字几道；别号尊疑尺盦、观我生室主人、观自然斋主人、辅自然斋主人，晚号瘉壄老人。

阳岐严氏，到了严复这辈，已经是第二十七世。

始祖严怀英原本是河南光州府固始县人氏。在唐末做过朝请大夫，后随王潮的军队开进福建，便定居在侯官县的阳岐村。

怀英有两个儿子，长名严安，次名严乐。严安承袭父职镇守福州；严乐以建功授官右卫将军，镇守兴化。阳岐严氏，即严乐的后人。

十二世祖严烜（1373—1450），字友竹，永乐十三年（1415）进士，官拜御史。这是严氏家族史上官做得最大的一位。

十八世祖严涵碧，嘉靖八年（1529）进士。他曾为后人制定辈分排行十六字："君锡夫汝，尚其秉恭，传家以孝，为国维忠。"（参见严伯敬《阳崎严氏宗系略记》）严复谱名传初，便是其中的"传"字辈。

二十四世祖严焕然，即严复的曾祖，嘉庆十五年（1810）举人，做过建宁府松溪县学训导。

焕然公虽然为举人，但在官场上未能显达。县学训导，首蓿生涯，

阳岐故居

也不过是多少有点固定的收入罢了，要维持一大家子的生活，不免捉襟见肘，时显窘迫。为了生计，严焕然为五个儿子做了不同的分工。长子秉符学中医，末子厚甫攻举业。厚甫后来中了光绪五年（1879）举人，算是克绍乃父箕裘。

秉符有子振先，即严复的父亲，从小耳濡目染，受家庭环境影响，渐渐对中医萌发了兴趣。严秉符见振先在医术上颇有禀赋，便让他随自己习医。

严秉符有了儿子做帮手，生意越来越兴旺，铺子逐渐有了一定规模，为寻求发展，迁家到了城里，在福州南台苍霞洲开起了诊所。

严振先人聪明，悟性又高，从父行医几年，不仅阅读了大量医籍，像《黄帝内经》《伤寒杂病论》《脉经》《千金方》《本草纲目》等等，早记得滚瓜烂熟，同时在行医看病中，也积累了丰富的临床经验，他的医名日渐远扬，以致当时南台岛四十八乡，提起严振先医生，无人不知。

严振先医术高超，能妙手回春。在他的治疗下，许多疑难杂症都得到治愈，因此，人们还为他起了个"严半仙"的雅号。

振先公为人厚道，仗义疏财，对穷苦人家前来问诊的，从不计较报酬厚薄；遇到家贫无力支付药费的，他一样看病给药，并不问日后有无能力还账。

他每天出诊，途中必经过一座石桥，附近百姓有患病的，也因此往石桥边聚集，时间久了，这里自然成为严振先出诊的重要一站。

两世中医，严家经济上渐有了些积蓄。日子好过了，振先便希望儿子一辈能够走读书做官的路，改换一下门庭。

严振先的国学底子不错，从儿子稍稍懂事，便开始教他们《三字经》《百家姓》《千字文》一类蒙学读物，向他们讲"人之初，性本善"的道理。后来长子夭折，他更把全部希望放在了严复的身上。

严复早慧，但儿童天性好玩，他也并不例外。似乎聪明的孩子都格外顽皮，五岁那年，严复差点闯下一场大祸。

有天，邻家打井，架子已搭起一丈多高，井也挖了很深。当打井师傅休息时，不曾注意，小严复爬到了架子的顶端。赶巧严复的母亲陈太夫人出门，见到这惊险的一幕，心中着急。严复见到母亲，却偏要卖弄精神，在高高的架子上做鬼脸、弄姿势，又喊又叫："井打得好圆！打得好圆！"陈太夫人直吓得浑身冒汗。情急中计上心来，她柔声细语地向儿子说："儿好能干！如果能慢慢下来，更了不起！"小孩子心性，见大人夸奖，分外得意，很快地，他从井架上溜了下来。

回到家中，陈太夫人气得用鞭子抽打了严复，同时宣布，即日起，一月内不许他走出家门。

这事也在父亲严振先思想上敲响了警钟，他意识到对儿子管束教育的紧迫性。打这以后，严振先不仅每天要给儿子规定一定量的背书习字任务，还按时抽查，遇到严复未能完成，便让妻子监督，直到记会背熟为止。

在严复七岁时，父亲觉得应该让他正式进学堂读书了，便送他去了私塾。

也许是望子成龙心切，严振先选择学堂十分挑剔，先后换了几处，仍不满意，最后决定把严复送到老家阳岐，让他跟自己的叔叔——严复的叔祖严厚甫学习。

严厚甫名煃昌，擅长诗赋，学问渊博，但为人性情却非常怪僻。严复跟着他学习了一段时间，大开眼界，学业上的确有了不小的长进。

但让儿子在外读书，严振先又无法放心。在严复 12 岁那年，一天，友人黄宗彝来访。闲谈中，严振先了解到黄宗彝有外出设馆的想法，暗想：宗彝先生治学严谨，为人持正，若能请他来教儿子读书，便十分理想了。抱着试探的心态，他向黄宗彝提出了聘他来家坐馆的请求，宗彝先生很愉快地答应了。

黄宗彝字少岩，是地方上有名的饱学之士。他治学汉宋并重，既讲考据，也重义理。著作有《闽方言》一书。

讲课内容，不外"四书""五经"，同时教一些八股文范本，也给严复命题，让他做破题、承题、起讲，练习起承转合的技巧。

讲经的间歇，黄宗彝又常常躺在烟榻上，一边抽着大烟，一边为严复讲些东林党的掌故。这时候严复最着迷，常常听得陶醉，大为顾宪成、高攀龙等人的故事感动。而东林党人的议论时政，主张开放言路、实行改良，也在他脑海中留下了难以磨灭的印象。

黄宗彝上课认真，对严复的要求也格外严格。当时严家经济已经不太宽裕，住房紧张，严复读书的地方，是与人合租的一所房子。他们用楼上，楼下便是歌舞娱乐的场所。每晚楼下演剧，十分吵闹，严复的读书不免受到干扰，无法专心，经常分神。看到这情景，黄宗彝便调整作息时间，当楼下演剧时，让严复休息，到了子夜，演剧消歇，则唤严复起来，挑灯夜读。

严复 13 岁那年，黄宗彝一病不起，命归黄泉。临终时，他向严振先推荐了自己的儿子——拔贡生黄孟修来教严复读书。严家敬重宗彝先生的学问人品，一时也割舍不下这份感情，在他死后，便续请黄孟修来家坐馆。

旧时代讲，不孝有三，无后为大。严复之后，母亲又生了两个女儿，却没有再生儿子。作为严家的独苗，随着严复年龄的增长，他的婚配，便成了父亲的一桩心事。

这时，当地王家慕振先的医术，托人前来提亲，愿把自己的女儿许配给严复，并送来生辰八字。经阴阳先生合过，并无冲犯，由双方父母做主，这门亲事便算定下了。

同治五年（1866）春天，严复 14 岁，在一个春暖花开的日子，遵父母之命，与王氏成了亲。

严复福州故居

这年六月，福州一带瘟疫肆虐。严振先在抢救霍乱病人时，不幸被传染。未久，即抛下全家，撒手归西。

严振先晚年曾染上嗜赌的恶习。由于他为人老实，赌术又不高明，在赌场常遭赌棍们欺骗，中他们的圈套，经常输得一文不名。但他又无法自拔，即使借高利贷，还要去赌。据说到了后来，他整天泡在赌场。病人要找他，只要闯进赌场，准能在那里寻到。他输得无法脱身，只有病人家属代他付清赌债，赌棍们才准许他离去。

嗜赌成癖，严家靠行医积累起的有限的家业很快败光荡尽了。严振先死后，家徒四壁，经办丧葬都成了问题。势利的亲族谁也不肯帮忙，孤儿寡母告债无门，唯有以泪洗面。

还是以前得严振先医治过的贫苦病人不忘旧情。他们闻知此时严家苦况，大家凑齐份子，送了过来。有了这笔钱，严振先总算入土为安了。

靠着这些钱，仅是勉强料理了丧事，严振先生前欠下的赌债，并没办法偿还。债主闻严振先已死，纷纷过来讨债，孤儿寡母东告西求，说尽了好话，受尽了各种凌辱。

后来，严复在《为周养庵（肇祥）题篝灯纺织图》诗中，曾叙及当初母子的窘困，说：

> 我生十四龄，阿父即见背，
>
> 家贫有质券，赙钱不充债。
>
> 陟冈则无足，同谷歌有妹。
>
> 慈母于此时，十指作耕耒。
>
> 上掩先人骸，下养儿女大。
>
> 富贵生死间，饱阅亲知态。
>
> 门户支已难，往往遭无赖。

五更寡妇哭，闻者颤心肺。

辛苦二十年，各毕衿裯戒。

严振先去世，撇下一家大小五口，留下了一堆债务，陈太夫人靠柔弱的双肩，咬紧牙关，勉力支撑着抚养儿女的重任。

她接来了一批批针线活计，凭着双手十指，收入虽然菲薄，糊口尚可以对付。令她不能忍受的是亲戚朋友的冷眼，以及地方无赖的欺凌。她有一肚子的委屈无处倾诉，却不愿让尚未成年的儿子、女儿知道，怕伤害了他们稚嫩的心灵。后半夜，在儿女们都沉浸在酣睡中时，她才敞开心扉，由着自己的感情，在哭泣中倾倒着肚子里的苦水。

严复是懂事的孩子。他常常在母亲的哭泣中醒来，默默地看着可怜可敬的母亲，心像刀子在割。他发誓日后要有一番作为，不辜负母亲含辛茹苦的养育，为母亲争光，让母亲能过上幸福的日子。

# 二　"一篇大孝论能奇"

父亲的死，改变了严复的命运。他以一篇声情并茂的《大孝终身慕父母》考取马江学堂。勤勉向学，他成了学堂中的高材生。

父亲的去世，彻底改变了严复的命运。他本来要走科举做官的路，由于家庭变故，落入困顿，不得不辞去塾师，中辍了学习"四书""五经"及八股制艺。这时，赶上福州船政局开张，学堂招生，食宿全免，每月有四两白银的补贴，这优厚的条件让严复怦然心动，他决定前往投考。

福州船政局的筹建，这一动议，在严复父亲去世的那年，便由时任闽浙总督的左宗棠提出。

当时的中国，新经历了第二次鸦片战争及太平天国运动。虽然社会暂时处于升平时期，但丧权辱国条约的签订，领土与主权的丧失，使封建王朝中的部分有识者不能不产生深沉的危机意识。列强的船坚炮利也使他们感到了长远的威胁。"师夷之长技"已作为一批人的共识被摆到了议事日程上来。

有"天下第一名臣"之誉的曾国藩在奏折中便说："此次款议虽成，中国岂可一日而忘备？……目前资夷力以助剿济运，得纾一时之忧，将来师夷智以造炮制船，尤可期永远之利。"不仅强调购买外国船炮为"今日救时之第一要务"，还提出学习制造枪炮轮船乃势在必行。

李鸿章、左宗棠等人，在他们的言论中也表达了同样的见解。

同治五年五月十三日（1866 年 6 月 25 日），左宗棠上奏朝廷，提出了在福州建立船政局的议案。他说："臣愚以为欲防海之害而收其利，非整理水师不可；欲整理水师，非设局监造轮船不可；泰西巧而中国不必安于拙也，泰西有而中国不能傲以无也。虽善作者，不必其善成；而善因者，究易于善创。如虑船厂择地之难，则福建海口、罗星塔一带，开槽浚渠，水清土实，为粤、浙、江苏所无。"同年十一月初五（1866 年 12 月11 日），他又有奏折，就开办船厂、设立学堂的意义作了说明："夫习造轮船，非为造轮船也，欲尽其制造驾驶之术耳；非徒求一二人能制造、驾驶也，欲广其传使中国才艺日进，制造、驾驶辗转授受，传习无穷耳。故必开艺局，选少年颖悟子弟习其语言文字，诵其书，通其算学，而后西法可衍于中国。"

左宗棠创办福州船政局的建议，终于被朝廷采纳。朝廷谕旨："该督见拟于闽省择地设厂、购买机器、募雇洋匠、试造火轮船只，实系当今应办急务。所需经费，即着在闽海关税内酌量提用。……所陈各条，均着照议办理，一切未尽事宜，仍着详悉议奏。"

但不久，朝廷便任命左宗棠为陕甘总督，调他往西北镇压回民起义。最不能使左宗棠释怀的，当然还是福州船政局的创建。临行，他就所勘定船厂地址、具体规划、后继人选诸问题，专门向朝廷作了报告。

关于接办人选，他说："惟此事固须择接办之人，尤必接办之人能久于其事，然后一气贯注，众志定而成功可期，亦研求深而事理愈熟。再四思维，惟丁忧在籍前江西抚臣沈葆桢，在官在籍，久负清望，为中外所仰；其虑事详审精密，早在圣明洞鉴之中。见在里居侍养，爱日方长，非若宦辙靡常，时有量移更替之事；又乡评素重，更可坚乐事赴功之心；若令主持此事，必期就绪。"（同治五年九月二十三日奏折）

沈葆桢在学习西洋长技、兴办船厂、制造枪炮诸方面，与左宗棠见解不谋而合，所以在左宗棠诚恳聘请下，他毅然出山，任福州船政大臣。

沈葆桢同样认为"船政根本，在于学堂"（同治六年六月十七日奏折），所以上任之后，一方面紧锣密鼓地建造船厂，另一方面也抓紧筹办学堂招生事宜。

学堂名称为"求是堂艺局"，由左宗棠所定，办学章程在左宗棠同治五年十一月初五（1866年12月11日）奏折中也已拟就。条文如下：

一、各子弟到局学习后，每逢端午、中秋给假三日，度岁时于封印日回家，开印日到局。凡遇外国礼拜日，亦不给假。每日晨起、夜眠，听教习、洋员训课，不准在外嬉游，致荒学业；不准侮慢教师，欺凌同学。

二、各子弟到局后，饭食及患病医药之费，均由局中给发。患病较重者，监督验其病果沉重，送回本家调理，病瘥后即行销假。

三、各子弟饭食既由艺局供给，仍每名月给银四两，俾赡其家，以昭体恤。

四、开艺局之日起，每三个月考试一次，由教习、洋员分别等第。其学有进境，考列一等者，赏洋银十圆；二等者，无赏无罚；三等者，记惰一次；两次连考三等者，戒责；三次连考三等者，斥出。其三次连考一等者，于照章奖赏外，另赏衣料，以示鼓舞。

五、子弟入局肄习，总以五年为限。于入局时，取具其父兄及本人甘结，限内不得告请长假，不得改习别业，以取专精。

六、艺局内宜拣派明干正绅，常川住局，稽察师徒勤惰，亦便剽学艺事，以扩见闻。其委绅等，应由总理船政大臣遴选给委。

七、各子弟学成后，准以水师员弁擢用。惟学习监工、船主等事，非资性颖敏人不能。其有由文职、文生入局者，亦未便概保武职，应准照军功人员例议奖。

八、各子弟之学成监造者，学成船主者，即令作监工，作船主，每月薪水，照外国监工、船主辛工银数发给，仍特加优擢，以奖异能。

既有章可循，沈葆桢在具体操作上便有了极大的便利。在各项工作大体就绪的前提下，学堂开始招生了。

报名要由绅商作保，出具保结，这对严复来说又成了一个难题。在人情比纸薄的社会，无人肯为这家贫无父的孩子作保。

好心的人为严复母子出主意说："厚甫公是地方名士，他又是振先的亲叔，三代直系，同祖同宗，由他作保，自然没有问题。但他秉性古怪，同他说明，遭了拒绝，反倒不便。不如不同他讲，竟把他的三代名讳职业履历照填保结，用了他的私印，送上去。木已成舟，他就是知道了，也不便再说什么。"

严复母子在万般无奈中，听了这一建议，也觉得有理，便照此递了保结。

据说这事后来终于为严厚甫知晓。他破口大骂，声称要具禀退保。还是严复母子下跪苦苦哀求，才算平息。

考试时，新任船政大臣沈葆桢也许是因为丧亲丁忧的缘故，出了《大孝终身慕父母论》的考题。这在丧父未久，刚经历了与亲人生离死别的严复，不免触题生情，笔端寄托着对亡父的哀思，对母亲含辛茹苦的感激，挥笔成章，写下了一篇几百字的声情并茂的文章。这篇文章很得沈葆桢的击赏，他以第一名将严复录取。在几十年后，严复提起此事，仍感念不置，并用诗歌记下了自己的感戴之情。《送沈涛园备兵淮扬》其三诗中说：

> 尚忆垂髫十五时，一篇大孝论能奇。
> 谁言死后无穷感，惭负先生远到期。

福州船政局旧址

又诗中夹注说："同治丙寅，侯官文肃公开船厂，招子弟肄业，试题《大孝终身慕父母》，不肖适丁外艰，成论数百言以进，公见之，置冠其曹。"

第一名录取，对于处在困境中的严复母子，的确有着非同寻常的意义。它给了严复一条出路，更给严家带来了光明与希望。陈太夫人心中的伤痕得到了些许抚慰。

学堂定在同治五年十二月初一（1867 年 1 月 6 日）正式开学。严复读的是后学堂，专业是轮船驾驶。开设课程有英文、算术、几何、代数、解析几何、割锥、平三角、弧三角、代积微、动静重学、水重学、电磁学、光学、音学、热学、地质学、天文学、航海术等。还要求读《圣谕广训》《孝经》。知识课安排三年半学完，然后有一年半的时间用于实践。学制五年。

开学伊初，校舍尚未建成，学生上课，暂借于城南定光寺中。严复在《〈海军大事记〉弁言》中追忆当时情形，曾说："不佞年十有五，则应募为海军生。当是时，马江船司空草创未就，借城南定光寺为学舍。同学仅百人，学旁行书算。其中晨夜伊毗之声与梵呗相答。距今五十许年，当时同学略尽，屈指殆无一二存者。回首前尘，塔影山光，时犹呈现于吾梦寐间也。已而移居马江之后学堂。"过了些时，学堂造就，方才有了正规的读书地方。

学堂有一套严格的奖罚条例与规章制度，洋员授课认真，学生学习也不容半点懈怠。沈葆桢在同治六年六月十七日（1867 年 7 月 18 日）奏折中说："船政根本在于学堂，臣访闻所派教习咸能认真讲授，生徒英敏勤慎者亦多，其顽梗钝拙者，随时去之，有蒸蒸日上之势。"这正是当时学堂的真实情况。

对严复来说，进入学堂，既有了重新读书的机会，每月还可以有一定收入补贴家用，他自然格外珍惜，也特别勤奋，每次考试，都名列前茅。同治十年（1871），在理论课结业大考中，严复考了最优等。

通过了理论课结业考试，对学习驾驶的后堂学生来说，也仅是具备了轮船驾驶的常识。等待检验他们的还有一年半的航行实践。严复和他的同学们都对未来的航海驾驶充满了自信。他们怀着激动的心情，等待着那富有刺激性的海上实践早日来临。

将要上船的前夕，严复与同班刘步蟾、林泰曾等 23 位同学给担任他们航海理论课的教师 James Carroll 写了封热情洋溢的信，说：

生等已修完了功课，即将航海，一试本领。为着这个航行，我们已做了广泛的准备。在离去之先，我们——你的忠实的学生——对于你的照顾及不倦的教诲，表示感激之忱。……

西方国家教育原理，源自希腊，希腊人的这些原理是从中国输入的。古时中国对于礼、智的原则会适中运用，但几不注意西方国家所高度推崇的实用原则。

唐时，在此方面曾粗粗地做些尝试，但没有大的成功。至明末万历时，有名叫利玛窦的人初次把天文和算学介绍给中国。南怀仁、艾雅各也是欧洲人，明白地讲解这些科目，所以没有人不知道西方的国家拥有这些原理。但是没有人让把这些东西传给后世。

我们的老师 Carroll 先生掌握了这些基础原理，来自远方，宏宣教化，讲授天文、地理、算学等科，胜任愉快，未曾使任何东西落后，而经常奋力工作。所以凡受教者，濡染其精神，乐与之接近，未有不尽所能从老师学习然后离去。

信中他们对外籍老师 Carroll 兢兢业业、勤奋执教、不倦诲人的精神给予了高度评价。感谢老师的辛勤培育，表达他们对航海实践所充满的信心，正是这封信的中心内容。

学堂对于学生的驾驶实验课程同样十分重视，有关方面未雨绸缪，早在为首届学生的实习做必要的准备。如船政大臣沈葆桢在同治九年六月初四（1870 年 7 月 2 日）奏折中说：

臣窃维船成之后，以驾驶为急务。年来招中国之素习洋舶者充管驾官，固操纵合法。而出自学堂者，则未敢信其能否成材，必亲试之风涛，乃足以觇其胆智，否即实心讲究，譬之谈兵纸上，临阵不免张皇。去年派员到香港南洋各处购致夹板轮船，以资艺童练习，无如愿售者皆朽窳之余，不适于用，购归修整，价又不赀，遂作罢议。而登舟练习之事，终不可以久延。辰下第三号八十匹马力轮船告成，其式本属战舰，利于巡洋。拟以学堂上等艺童移处其中，饬洋员教其驾驶，由海口而近洋，由近洋而远洋，凡水火之分度，礁沙之夷险，风信之征验，桅柁之将迎，皆令即所习闻者，印之实境，熟极巧生。今日聚之一船之中，他日可分为数船之用。随后新旧相参，践更递换，冀可渐收实效。

学习驾驶的学生，如果仅限于理论知识的学习，不到大海中经受风涛的考验，自然只能是纸上谈兵，于事无补；一旦遭遇非常情况，便也不免要临阵张皇。

但操作实践既要到海上，便要有合适的教练船只。为此，在同治八年（1869），沈葆桢已派员到香港南洋去购置躲板轮船。终因能够买到的均系腐朽破烂船只，购归修补又得不偿失，便空手而返。

同治九年（1870），福州船政局自己建造的第三号轮船福星号造成。考虑到首届学生实习在即，刻不容缓，沈葆桢决定将此船改作练船。但福星号太小，一次仅能容纳十名左右学生。尽管可以暂时挑选上等学生上船实习，但当务之急还是要购买一艘容纳更多人的教练船。

为了解决这一问题，沈葆桢仍在继续联系购船事宜。同治九年十一月二十七日（1871 年 1 月 17 日），在文煜等人的奏折中，已经说明：

> 兹已购得日耳曼国躉板船一号，改名建威，按照兵船之式，量为修改。一俟修竣，即可将英国学堂上等艺童概令上船练习，以收成效。

建威号船长 125 英尺，宽 27 英尺，吃水线 15 英尺，载重 475 吨，配后膛炮一门，前膛炮 4 门，是一艘比较合适的教练船。

同治十年（1871），严复所在的后学堂学生在航行理论课结业后，便登上了建威号。同严复一起的有刘步蟾、林泰曾、何心川、叶祖珪、蒋超英、方伯谦、林承谟、沈有恒、林永升、邱宝仁、郑溥泉、叶伯鋆、黄建勋、许寿山、陈毓淞、柴草群、陈锦荣，一行共 18 人。建威号巡行海上，南至新加坡、槟榔屿，北到直隶湾、辽东湾等地。

次年，福州船政局自己制造的五艘兵船出厂，严复被改派到其中的扬武号上实习。

扬武号是福州船政局自制的第七号轮船，木质，长 190 英尺，宽 36 英尺，吃水 16 英尺，排水量 1560 吨，250 匹马力，配有前膛炮 6 门，船首炮 2 门，船尾炮 1 门，前桅后另装 6 吨旋转炮，是当时吨位、功率最大的一艘巡洋舰。舰长为英国海军中校德勒塞（Comm ander Tracey）。

严复他们驾驶该舰，巡历了黄海及日本各口岸。当时日本正处在明治维新时期，也开始兴办海军。扬武舰初到长崎、横滨等地，庞然大物，引来了数万人观看。

船上实习，由英国船长任指挥。船长配英国助手两名。号令全用英文。实习要求"学生们学习一个船长所必需的理论知识与实践知识，包括航海技术、射击技术和指挥。最重要的操练是在该班高材生的指挥下进行大量的巡航训练，其他学生不仅各有指定的职责，而且作出这条船各种演习动作的记录"（日意格《福建船政局及其成就》）。

实习期间，严复和他的同学们与舰长德勒塞建立了深厚的友谊。德勒塞在华三年期满，归国前夕，仍不忘谆谆训诲，对严复说："君今日于海军学术，已卒业矣。不佞即将西归，彼此相处积年，临别惘然，不能无一言为赠。盖学问一事，并不以卒业为终点。学子虽已入世治事，此后自行求学之日方长，君如不自足自封，则新知无尽。望诸君共勉之。此不第海军一业为然也。"严复在以后的治学中，不忘以此自策，对他的一生都产生了重要影响。

同治十三年（1874），日本以两年前发生的琉球船员在台湾被误杀案为借口，在美国的帮助下，派陆军中将西乡从道带兵3000余名，进犯台湾。日军在琅峤烧杀掳掠，遭到了高山族人民的勇敢反抗。退缩龟山的日军设立都督府，修建营房、道路、医院，企图永久占据。在这一背景下，清廷任命沈葆桢为钦差办理台湾等处海防兼理各国事务大臣，命他前往布置防务。

五月一日（6月14日），沈葆桢偕同福建布政使潘霨及洋将日意格、斯恭塞格，率艺局学生并7000名淮勇，分乘扬武号等三艘舰船，开赴台湾。到台湾后，严复受命到背旂、莱苏澳各海口进行测量绘图，并调查误杀琉球船员的具体情况。前后工作约一个多月，出色地完成了任务。归来后，书面向沈葆桢作了汇报。这为沈葆桢日后给朝廷上呈奏折提供了重要依据。

严复的这次台湾之行，无意中还救了人命，避免了一场无谓的中外交涉发生。

同严复他们一道赴台的，有位叫好博逊（Mr Hobson）的英国人，当时在海关税务司任职。他初到台湾，水土不服，身体欠佳，在人们外出时，一个人留在宿舍休息。这时来了位台湾土著人，他从不曾见过高鼻子黄头发的英国人，视为妖孽，当下便持利器，欲要砍杀。赶巧严复过来，见状立即让当地通事过去，一番劝阻解说后，土著人离去，好博逊总算保全了性命。

该年，妻子王氏生了儿子。完成学业，又有弄璋之喜，严复好生开心。他为儿子取名璩，字伯玉。

# 三　留学英伦

欧洲的近代文明使严复大开眼界。他的睿智、才华令驻英公使刮目相看，赞叹不置。严复与公使大人结下了忘年交。

同治十一年（1872），由容闳率队，清政府向美国派遣了中国近代史上第一批留学生。

就在第一批留学生赴美一年余，沈葆桢正式向朝廷奏请，建议从马江学堂首届毕业生中挑选其"天资颖异，学有根柢者"，分赴英法，深造轮船驾驶、制造。他在同治十二年十月十八日（1873年12月7日）奏折中说：

> 臣窃以为欲日起而有功，在循序而渐进，将窥其精微之奥，宜置之庄岳之间。前学堂习法国语言文字者，也当选其学生之天资颖异，学有根柢者，仍赴法国深究其造船之方，及其推陈出新之理。后学堂习英国语言文字者，也当选其学生之天资颖异，学有根柢者，仍赴英国深究其驶船之

方，及其练兵制胜之理。速则三年，迟则五年，必事半而功倍。盖以升堂者求其入室，异于不得其门者矣。

不久，清廷批复，命北洋通商大臣李鸿章、南洋通商大臣李宗义、福州船政局创始人左宗棠，会同沈葆桢，共同筹商其事。

接到朝廷批文，沈葆桢很快开始了该项工作的具体筹措。同治十三年（1874）春，他派船政局洋监督日意格赴津拜见北洋大臣李鸿章，商谈有关事体。二月十九日（4月5日）致总理各国事务衙门专函，提出了详备周密的"法学章程""艺童课序""英学课序"。五月，由于台湾战事，沈葆桢受命赴台，留学事暂且搁置。

台湾归来，沈葆桢首先想到的仍是这事。由于尚未找到合适的领队人选，巨额经费的筹措一时无法解决，在日意格归国时，他采用变通办法，先行派出前学堂魏瀚、陈兆翱、陈季同及后学堂刘步蟾、林泰曾五人，随日意格游历英、法。这些情况，在光绪元年三月十三日（1875年4月18日）沈葆桢的奏折中记录在案。

光绪元年十一月十四日（1875年12月11日），丁日昌继任福州船政大臣，同样关心此事。他致函李鸿章，谈道："以前后学堂学生内，颇多究心测算造驶之人，亟应遣令出洋肄习，以期精益求精，不致半途而废。"认为派遣留学生一事乃当务之急，不可延搁。这中间沈葆桢也多次致函李鸿章，催促加紧办理。

李鸿章在这一问题上本就与沈葆桢声气相投，他对此事的热心正在情理中。

为了把工作做得再周密一些，李鸿章与已经确定下来的留学生领队李凤苞、日意格多次碰面，就留学生章程、经费开支等再三讨论，在光绪二年（1876）八月，达成共识，拿出了详备方案。然后，李鸿章委托李凤苞、日意格就早先拟定的留学生名单再做审查，精益求精，剔除"工夫浅薄""滥竽充数"者，经过认真筛选，人员有了大幅度精简。

各项工作均已就绪，在光绪二年十一月二十九日（1877年1月13日），李鸿章、沈葆桢联名上奏朝廷，对几年来的工作及有关计划做了具体呈禀，将选派船政生徒出洋肄业章程一并陈奏。章程就华洋监督的职责、留学生的学习生活等都做出了明文规定。

关于华洋监督的任务，《选派船政生徒出洋肄业章程》中说：

> 奏派华、洋监督各一员，不分正副，会办出洋肄业事务。俟挈带生徒到英、法两国时，两监督公同察看大学堂、大官厂应行学习之处，会同安插，订请精明教习指授；如应调赴别厂或更换教习，仍需会商办理。其督课约束等事，亦责成两监督，不分畛域。如遇两监督分驻英、法之时，则应分投照顾。其华员及生徒经费，归华监督支发；洋员、洋教习及华文案经费，归洋监督支发；每年底由两监督将支发各数会衔造报。凡调度督率每事必会同认真探讨，和衷商榷，期于有成。万一意见不合，许即据实呈明通商大臣、船政大臣察夺。

关于留学生的学习与监督的职责，《章程》中说：

> 选派制造学生十四名，制造艺徒四名……此项学生既宜另延学堂教习课读，以培根柢，又宜赴厂习艺，以明理法，俾可兼程并进，得收速效，以备总监工之选；其艺徒学成后，可备分厂监工之选。凡所习之艺，均须极新极巧；倘仍习老样，则惟两监督是问。如有他厂新式机器及炮台、兵船、营垒、矿厂应行考订之处，由两监督随时酌带生徒量给。其第一年除酌带量给外，其余生徒可以无须游历。第二第三年约以每年游历六十日为率，均不必尽数同行，亦不必拘定时日。

选派驾驶学生十二名……此项学生，应赴水师学堂先习英书，并另延教习指授枪炮水雷等法，俟由两监督陆续送格林回次、抱士穆德大学院肄业，其间并可带赴各厂及炮台、兵船、矿厂游历，约共一年，再上大兵船、大铁甲船学习水师各法，约二年定可有成。……

制造驾驶两项学生之内，或此外另有学生愿学矿务、化学及交涉公法等事者，由两监督会商挑选，就其才质所近，分别安插学习，支给教习修金，仍由两监督随时抽查功课，令将逐日所习详记送核。亦以三年为期，学成后公订专门洋师考验确实，给有的据，送回供差。

关于留学生的考核，《章程》说：

（制造、驾驶）两项学生，每三个月由华洋监督会同甄别一次，或公订专门洋师甄别，并由华监督酌量调考华文论说。其学生于闲暇时，宜兼习史鉴等有用之书，以期明体达用。所有考册，由两监督汇送船政大臣转咨通商大臣备核。

关于留学生的生活及待遇，《章程》说：

其学生每月家信二次，信资及医药等费作正开销。或延洋医，或延驻洋钦使之官医，或应另请派拨医生，均于到洋后酌定。万一因攻苦积劳，致有不测之事，则运回等费，作正开销，并给薪费一年半，仍酌量情节禀请附奏，以示优恤。如有闻讣丁忧者，学生在洋守制二十七日，另加恤赏，饬该家属具领。

此外，章程中还规定，从监督到学生，"自出洋以迄回华，凡一切肄习功课，游历见闻，以及日用晋接之事，均须详注日记，或用药水印出副本，或设循环簿递次互换，总以每半年汇送船政大臣查核，将簿中所记，由船政大臣抄咨南北洋大臣复核"。又要求遇"别国有便益新样之船身、轮机及一切军火、水陆机器,由监督随时探明,觅取图说,分别绘译,务令在洋生徒考究精确,实能仿效;一面将图说汇送船政衙门察核"。

光绪三年二月十七日(1877年3月31日),由李凤苞、日意格为监督,带随员马建忠、文案陈季同、翻译罗丰禄,并制造学生郑清廉、罗臻禄、李寿田、吴德章、梁炳年、陈林璋、池贞铨、杨廉臣、林日章、张金生、林怡游、林庆升,艺徒裘国安、陈可会、郭瑞圭、刘懋勋,驾驶学生刘步蟾、林泰曾、蒋超英、方伯谦、严复、何心川、林永升、叶祖珪、萨镇冰、黄建勋、江懋祉、林颖启等,乘坐"济安"号轮船,起程赴香港。二十二日(3月5日),在香港换乘西欧某公司远洋船只,驶往英、法。

远洋船在大海上乘风破浪,历时一个多月,到了欧洲。按照原定计划,严复等学习驾驶者赴英伦,制造学生赴法国。

驾驶学生12人到了英国,在四月初一(5月13日),前往朴次茅斯拜见驻英大使郭嵩焘。郭著《伦敦与巴黎日记》记载:"四月初一日丙戌,为西历五月十三日,礼拜之期。李丹崖带同陈敬如、马眉叔及罗君丰禄、日意格来见。携带学生十二人,将就波斯莫斯(即朴次茅斯)海滨小住。"

小住期间,监督李凤苞(字丹崖)就留学生的去向同郭嵩焘进行商议。严复就在朴次茅斯海军学院学习。

朴次茅斯是英国重要港口,"与苏士阿母敦海口同一海汊,拒(距)苏士阿母敦之东九十里。海口炮台罗列,皆因山势为之,海面小墩各为炮台,亦英国之要地也"(《伦敦与巴黎日记》卷四)。这里有船厂与海军学堂。

但严复在朴次茅斯的时间不长,大约过了五个月,经格林威治官学总监督好士德考试,与方伯谦、何心川、林永升、叶祖珪、萨镇冰六人,于八月二十四日（9 月 30 日），进入该校，学习驾驶理法。《伦敦与巴黎日记》卷十一说："二十四日，礼拜。李丹崖过谈，言肄习兵法六员已入格林里治学馆。"又光绪四年二月十六日（1878 年 3 月 19 日）督办福建船政吴赞诚片中说："严宗光、方伯谦、何心川、林永升、叶祖珪、萨镇冰等，经总教习好士德验试，评定甲乙，送入格林尼次官学，均习驾驶理法。"所谈正是此事。

格林威治海军学院位于伦敦城南郊。其地址原为王宫。乔治第二（1724—1760）时代，因与法国开战，将士受伤者甚众，便把这里作为留养伤病将弁的医院。维多利亚女王（1837—1901）时代，社会安定，战事已少，医院的用处已不是太大，于是在 1871 年，又将它改为教习水师学馆。几年后，更改名皇家海军学院，成了培养海军专门人才的摇篮。

格林威治海军学院

　　该院分四区：左上一区为学堂，分数学、炮台、机器、格致等处。右上一区是画像馆，悬挂历朝水师将领战绩图绘，其中关于名将纳尔逊的图画，竟达十余幅之多。右前是教堂，它的下方有击球厅，中间有甬道，伏地通行。左前是妙西因，收藏几百年以来所造各种船式。出校门，右手是一所制造机器的小厂，左手为收养各国水手病馆。病馆每年可以得到各国驻英公使的捐款，中国每年答应给 20 英镑。又有面积不小的教习水手学馆。师生员工达一千五六百人之众。

　　在格林威治学院，严复他们的学习生活十分紧张。据《伦敦与巴黎日记》卷十六记载，严复等人向郭嵩焘禀陈：

　　每日六点钟分赴各馆听讲。礼拜一上午九点钟重学，十一点钟化学，下午三点钟画炮台图。礼拜二上午算学、格致学（电学赅括其中），下午画海道图。礼拜三上午重学，论德、法两国交战及俄、土交战事宜，下午无事。礼拜四与礼拜一同。礼拜五与礼拜三同。礼拜六上午论铁甲船情形（如克罗卜新造铁甲船，紧勒炮口，使子出而炮身不后坐，以为非宜，谓子出后坐之力最大，是使船身先受伤也），论炮弹情形（如弹有平顶、尖顶之分。尖顶自能深透，而不如平顶者，以子出必斜飞。尖顶尝掠铁甲而过，不能深入。平顶斜飞则轮边之力逾劲，且能入水不上激。以铁甲船在水面者尝厚，入水处尝薄，尖顶入水则其尖向上，激而上冲，不如平顶之直行；而凡尖顶过三十五度，其力愈微故也），下午无事，在家读书。有疑义，听讲毕，就问所疑，日尝十余人。各堂教师皆专精一艺，质问指授，受益尤多。或听讲时无余力质问，则录所疑质之，以俟其还答。诸所习者并归宿练习水师兵法。而水师船又分三等：一管驾，一掌炮，一制造。管驾以绘图为重，掌炮已下以化学、电学为用，而数学一项实为之本，凡在学者皆先习之。此西洋人才之所以日盛也。

这段话是光绪四年正月初一（1878 年 2 月 2 日）严复等人到郭嵩焘公馆拜年时所讲，可见在他们进校后几个月内，他们的课程是这样安排的。

从课程安排来看，除了周三、周五、周六下午由学生读书自修外，其他都排满了课程。而所修专业，则有重学、化学、绘炮台图、绘海道图、战史、铁甲船及炮弹知识、电学、数学、水师兵法。

光绪四年二月初二（1878 年 3 月 5 日），李凤苞给郭嵩焘看了一份严复抄录的格林威治学馆考问课目，计有：流凝二重学合考、电学、化学、铁甲穿弹、炮垒、汽机、船身浮率定力、风候海流、海岛测绘，共九门。

应该说，严复他们在格林威治海军学院的学习任务是相当繁重的。

对严复来讲，课堂知识的接受并不成问题。他天生具有学者的禀赋，素喜刨根寻源，凡事总要问个究竟；这使他的知识含量较常人有了极大的丰富，较一般同学更多了些收获，但同时他也付出了较别人更多的艰辛与汗水。

严复在学习上的这种特点，从郭嵩焘《伦敦与巴黎日记》的记载中可以看出，如卷十八载：

严又陵议论纵横：因西洋光学、声学尚在电学之前，初作指南针，即从光学悟出。又云光速而声迟，如雷电一物，先睹电光而后闻雷声。西士用齿轮急转，不能辨其能（为）齿轮；引电气射之，悬幔其前以辨影，则齿轮宛然，可悟光之速。西士论光与声，射处皆成点。声有高下，光有缓急，则点亦分轻重。凡所映之光影，皆积点而成者也。传声器之法，即从此悟出。又凡声与光皆因动以致其用，其动处必成文。西士制方铜板，下用铜柱擎之，以旋螺合其笋；而合笋处必稍宽松，使含动势。布细沙其上，舒两指按铜版边，张丝为弓弦，从右向铜板边将之，则上沙析为四方，每方皆有花纹，其形式并同。而每一将则花纹必一变，以将处及左方按处用力有轻重，沙之随动而成聚散者必各异其状，其机妙全视所动之数。西士于动力亦以分秒计之。又论地球赤道为热度，其南北皆为温度。西士测海，赤道以北皆东北风，赤道以南皆东南风。洋人未有轮船时，皆从南北纬度以斜取风力，因名之"通商风"。其何故也？由地球从西转，与天空之气相迎而成东风；赤道以北迎北方之气，赤道以南迎南方之气，故其风皆有常度。

这里，郭嵩焘记载了严复向他讲解光学、声学、电学的区别，指南针的发明，声速光缓，声、光及传声器的由来，动力的计量，赤道及地球转动与风向的形成等。

又同书卷十九载：

严又陵语西洋学术之精深，而苦穷年莫能殚其业。……因论洋人推测，尤莫精于重学。英人纽登偶坐苹果树下，见苹果坠，初离树，坠稍迟，已而渐疾，距地五尺许，益疾，因悟地之吸力。自是言天文之学者尤主吸力。物愈大，吸力亦大。地中之吸力，推测家皆知之，而终不能言其理之所由。纽登常言："吾人学问，如拭（拾）螺蚌海滨，各就所见拭（拾）取之，满抱盈筐，尽吾力之所取携，而海中之螺蚌终无有尽时也。"中国墙壁欹侧，亦有键法治之，西洋则用缩力。凡物热则胀，冷则缩，而五金之属缩胀尤甚。盖其中皆微尘之聚也，而有动静之分。动则热矣，热则其本质随之涨。如铁，静质也，用手搓之，则微尘尘聚皆动，动则尘之聚者皆自离，动愈疾则离愈甚。是以凝质而可使化为流质，亦可使化为气。其静也，则复还其本质。如两墙向外欹，用铁杠爇使红，贯入外墙中，而键其两端。既冷而缩，其力自然弥满，莫之能拒。洋人于此测墙之欹处若干，用缩力若干，以为施杠加键轻重之准。吸力也，缩力也，皆重学之一隅也。惟水无涨缩之异。置水一盂中，寒气结而成冰，则反高出水上。凡物压之则缩，而水不缩。惟不缩也，故洋人尤善用水为压力。制铁为筒，左右各出一管，左围一寸，右围百寸，贮水其中令满。施键左寸管中，压至一寸，则右管之围百寸者即得百寸之压力。压力亦重学也。水性阴势，故冰皆上浮，一二尺以下无冰。其性尤与他物异。金铁之质坚矣，然金百镒与水百镒同入火炉中，金先化而水尚未沸也。其传力、透力亦不如五金。如铁烧其一端，其一端亦同时并热，水则左端沸不及右端。玻璃之质明，水亦明也。日光透玻璃则气加热，隔以水则凉。是以洋人尤以水为用，亦天地之一奥秘也。

这段文字，严复以重学为话题，谈到了牛顿地心引力说的发现，物体分子运动、热胀冷缩、水压机原理。

浓厚的兴趣给严复的学习带来了很大动力，他不满足于课堂所学，课外又阅读了大量书籍，在他的日记《沤舸纪经》中，便记载了许多课外读书所得。

兴趣加上勤奋，严复成了格林威治海军学院的高材生。"考课屡列优等"，引起了驻英公使郭嵩焘等人对他刮目相看。

郭嵩焘（1818—1891），字伯琛，号筠仙，晚号玉池老人，湖南湘阴人。19岁中举，30岁成进士。与李鸿章、沈葆桢为进士同年。曾在曾国藩手下做过幕僚。任过广东巡抚等职。光绪元年（1875）被任命为驻英公使，二年（1876）赴任。四年（1878）又奉命兼任驻法公使。郭嵩焘为晚清洋务派主要成员之一，他自称"年二十二，即办洋务"，力主学习西方，谋求富强。驻英、法期间，他对欧洲政治、文化进行了系统的考察，对中西文化的异同有了相当深入的认识。在他的著作中，提出了许多富有价值的见解，如批评封建专制，主张建立民主之国；反对八股取士，主张兴办学堂、学习西方教育制度等，这些，对留学英国的严复，应该是产生了相当

郭嵩焘画像

影响。

严复到英国一年后，在光绪四年正月初一（1878年2月2日），与同学方伯谦等六人前往拜见郭嵩焘，《伦敦与巴黎日记》载："格林里治肄业生六人来见，严又陵（宗光）谈最畅。……严又陵又言：'西洋筋骨皆强，华人不能。一日，其教习令在学数十人同习筑垒，皆短衣以从。至则锄锹数十具并列，人执一锄，排列以进，掘土尺许，堆积土面又尺许。先为之程，限一点钟筑成一堞，约通下坎凡三尺，可以屏身自蔽。至一点钟而教师之垒先成，余皆及半，惟中国学生工程最少，而精力已衰竭极矣。此由西洋操练筋骨，自少已习成故也。'其言多可听者。"

严复的健谈与思想的敏锐，令年过花甲的老人郭嵩焘对他格外欣赏，随着交往的增加，这对忘年交的友谊也日渐深厚。在郭著《伦敦与巴黎日记》中，多处记载了二人的交往会谈。

如卷十八记光绪四年三月初七（1878年4月9日）："早邀李湘甫、姚彦嘉、德在初、凤夔九、张听帆、黄玉屏、罗稷臣及马格里、贺璧理为面食作生日。格林里治学馆严又陵、方益堂、叶桐侯、何镜秋、林钟卿、萨鼎茗来贺，因留面食。严又陵议论纵横。"

卷十九记四月二十九日（5月30日）："偕李丹崖、罗稷臣、姚彦嘉、李湘甫、德在初、张听帆及马格里同游格林里治学馆。先至严又陵寓所。方益堂、叶桐侯、何镜秋、林钟卿、萨鼎茗诸人并迎于途次。……又陵、益堂二人相陪至学馆。"

卷二十一记六月初九（7月8日）："严又陵自大会厂回寓，带示《亚维林修路汽机图说》，内引一千八百七十一年修理道路诸会所论事宜。"

同卷记十五日（7月14日）："礼拜，为西历七月十四日。……晚邀日意格、李丹崖、魏季渚、罗清亭、吴焕其、李叔芸、陈鹤亭、郑景溪、陈咏赏、杨秉清、林叔和、严又陵、方益堂、萨鼎茗、罗稷臣诸人晚酌。"

同卷记十九日（7月18日）："李丹崖、陈敬如、严又陵同游阿伯勒尔发多阿天文馆。"

卷二十八记光绪五年正月初一（1879年1月22日）："嘎尔得拉尔、金登干、罗伯逊、马克理并枉过贺岁。是夕，邀罗伯逊、马克理、金登干、亨得生、脱拿、贝拉西。脱拿、贝拉西，并金登干幕府也。亨得生管理灯房事。此外惟一邀严又陵。公馆则马格里及姚彦嘉、李湘甫、凤夔九、张听帆、黄玉屏六人。"

在这些记载中，或学生排名严复居首，或外出游观由严复作陪，或宴会时于留学人员中独邀严复，很可以看出严复与公使大人关系的不同寻常，也足以说明郭嵩焘对严复青眼有加，分外推赏。

早在马江学堂读书时期，严复通过学习英文，与英籍教师相处，对欧洲文明已有所了解。这次来到英伦，踏上这块神往已久的土地，亲身感受到了西方现代文明的八面来风，他对这个迥异于封建中国的新异社会更发生了浓厚兴趣。在如饥似渴地读书学习的同时，他也以新奇的眼光，默默观察着这个社会中的一切，从社会制度、文化学术、城建设施到具体的欧人风范，无不进行了认真地观察审视。

他曾在课外闲暇，到当地法庭旁听判决，亲见原告、被告的陈词及双方律师辩护，一切依法按章办事，这让他折服。从法庭回来，他若有所失，既对中国的现有刑狱担忧，也为看到了刑狱的"出路"所在由衷高兴。过了些时，同郭嵩焘谈起，他仍兴味不减地讲述此事，并议论中国刑狱之失，"谓英国与诸欧之所以富强，公理日伸，其端在此一事"，称这是欧洲富强发达的肇端。同时，对中国社会的"以贵治贱"所导致的"仁可以为民父母，而暴亦可为豺狼"，这种因缺乏法律约束及法律面前的平等，官宦权贵可以为所欲为草菅民命深致不满，认为没有公平的刑律制度，纵然"天下虽极治，其狱罚终不能以必中，而侥幸之人，或可与法相遁。此上下之所以交失，而民德之所以终古不蒸也。夫民德不蒸，虽有尧舜为之君，其治亦苟且而已。何则？一治之余，犹可以乱也"。由刑律不公联系到社会安定，严复的思维确乎称得上敏锐。

他对西欧市政建设也极关心，如《伦敦与巴黎日记》卷二十一载：

> 严又陵自大会厂回寓，带示《亚维林修路汽机图说》，内引一千八百七十一年修理道路诸会所论事宜。西洋考求政治民俗事宜，皆设立公会，互相讨论。自顷十余年，考求益精，公会亦益多。即平治道路一节，周历英、法、德、荷、比五国数千里之地，并平铺沙石，明净无尘。广或数丈，狭或三四尺，雨水泄之两旁低处，行者张盖而已，无着屐之烦也。火轮车、马车道路交互上下，不相悖害。城镇行者如织，并出车路两旁，铺石高寸许以示别。

严复所以将《亚维林修路汽机图说》呈与郭嵩焘，说明两人在这一问题上意见投合，互为知音，有共同语言。而郭嵩焘对西欧市政建设的关心，仅从以上所引文字中他的议论便可以看出。

光绪四年六月二十五日（1878 年 7 月 24 日），在法国巴黎，应市长布勒非之约，郭嵩焘前往参观巴黎下水道工程，这时，他并没有忘了同样关心西欧市政的严复，让严复他们一道前往观看，这让严复大开了眼界。

在英国留学一段时间，随着对西欧文明的了解日深，严复对中国传统及现状的弊端也看得更为透彻。他提出："中国切要之义有三：一曰除忌讳，二曰便人情，三曰专趣向。"认为当时中国社会亟待解决的有三大问题：一是要铲除太多的条条框框束缚；二是要简便复杂的人事关系，不要在这方面浪费太多的时间；三是明确向西方学习，不可保守，故步自封。这些看法，得到了郭嵩焘的赞许，称其"可谓深切著明"。

光绪四年六月初二（1878 年 7 月 1 日）晚，严复与方伯谦、萨镇冰等人在李凤苞的率领下，由伦敦到了法国巴黎，开始了为期一月的法国考察。在法国，严复参观大会厂、阿伯勒尔发多天文馆、巴黎地下水道，游历了凡尔赛议政院、圣西尔军校，看了马术表演、炮台。七月十八日（8 月 16 日），回伦敦不久的严复他们接到了英国外务部的照会，除严复继续在格林威治读书外，其他人分别到舰船上实习。

游历法国，使严复的视野更加开阔；而继续在校肄业，使他得到了更多的读书时间。

严复的学业根柢及才情识见，为几乎所有与他交往过的人称许。如薛福成《出使英法意比四国日记》中说："严宗光于管驾官应知学问以外，更能探本溯源，以为传授生徒之资，足胜水师学堂教习之任。"郭嵩焘更给他以极高赞许，称"以之管带一船，实为枉其材"，"交涉事务，可以胜任"，陈季同"识见远不逮严宗光"（《伦敦与巴黎日记》卷二十六）。罗稷臣给郭嵩焘的信，在对留学生一一鉴定中，评"以严宗光、李寿田、罗臻禄、刘步蟾为上选"，列严复于"储用之才"，称他可"办理交涉"，评价与郭嵩焘相同。光绪四年（1878），曾纪泽继任驻英公使，在《出使英国日记》中，有一段专记严复的文字：

三月十三日，核改答肄业生严宗光一函，甚长。宗光才质甚美，颖悟好学，论事有识，然颇有狂傲矜张之气。近呈其所作文三篇：曰牛顿传；

日论法；日与人书。于中华文字未尽通顺；而自负颇甚。余故抉其疵弊而戒励之，爱其禀赋之美，欲玉之于成也。

对严复的才华超群、聪颖勤奋、富于见解，曾纪泽同样给予了肯定，但对严复的太过自负、"狂傲矜张之气"，却不大赞成，所以在回信中，有意挑剔严复文中的瑕疵，以给他当头棒喝。

其实，对严复的恃才傲物、锋芒太露，郭嵩焘也知之甚深。如《伦敦与巴黎日记》卷二十一记光绪四年六月十七日（1878 年 7 月 16 日）："接俊星东、严又陵二信。又陵才分，吾甚爱之，而气性太涉狂易。"回国后，又在光绪五年六月二十六日（1879 年 8 月 13 日）记曰："刘伯固送康侯回自上海，见示曾劼刚日记一本，讥刺鄙人凡数端：……一论褒奖严宗光太过，长其狂傲矜张之气。虽属有意相诋，而犹近事理。"郭嵩焘显然很清楚严复的这一缺点，但这并不妨碍他喜欢严复，人才难得，年轻才高的严复有点"张狂"，有些锋芒逼人，在郭嵩焘看来，并不觉得无法容忍，在为严复做学业鉴定时，他仍然为他下了极好的考评。

相比郭嵩焘的大度识才，监督李凤苞便显得有些偏狭。他对严复的口无遮拦滔滔议论非常反感，视严复不同流俗的见解为怪论谬说，而严复对西方社会文化的关注更被他看作不务正业。他对严复有着极深的偏见，以至于对郭嵩焘在开设学馆及举荐出洋人才咨稿中荐举了严复，也大为不满。

光绪五年（1879）六月，福州船政局船政大臣吴赞诚因学堂教习紧缺，提前召严复回国。这样，严复在赴英伦留学两年零四个月后，回到了祖国。

就在严复回国的这年冬天，他的恩师沈葆桢病逝于江宁任上。

第二章

# 男儿怀抱谁人知

# 一　马江学堂教习

马江学堂师资紧缺，严复在出洋留学两年半后，被提前召回。严复回到了母校，迈出了他 20 年海军教育生涯的第一步。

光绪元年（1875）八月，沈葆桢调任两江总督。丁日昌于十一月十四日（12 月 1 日）继任为福州船政大臣。到了光绪二年三月七日（1876 年 4 月 1 日），吴赞诚顺天府尹开缺，以三品京堂候补，督办福州船政局事宜。

吴赞诚颇思有所建树。接任后，他意识到师资之于教育的重要，决定从调整师资入手。当时，严复他们出洋留学的事尚在议中，还未最后落实，日意格也在中国，吴赞诚便希望日意格归国时能在英国学堂中物色人才，来华任教。光绪二年六月二十九日（1876 年 8 月 18 日）吴赞诚片中说：

洋教习嘉乐尔业经到工，正在课督诵习。惟前学堂虽多聪颖之士，究竟读书未多，见闻未广。现在出洋之局既未定议，臣拟饬日意格于该国格致学堂中延访淹通博雅，精于气学、重学、化学者二人来工教导，一每月给银二百五十两，一每月给银二百两，并照旧章给安家来费。约定三年为限，如果教导得力，三年限满，给予回费暨两个月辛工；倘不受节制不守规矩，或教导不力，听凭撤回，以免虚糜。

在专业设置与课程开设方面，吴赞诚也做了一定的改变。这事在光绪五年七月初二日（1879 年 8 月 19 日）吴赞诚向朝廷所上奏折中有所交代：

前后两学堂已分课矣，复选入电线局已扩新知。习管驾矣，更习管轮；习算学矣，兼习化学。铁工精悉矣，而铁片、铁槽复延拉铁洋师以益其技；铜工纯熟矣，而铜条、铜板复延拉铜洋师以广其能。

他总结了马江学堂前任几年来办学的教训，做出相应的改革。他认为首届制造学生仅习法文，不通英文，出洋后专在法厂学习，不免局限一隅，所以在他到任后，原本只习法文的轮机厂艺徒，改让他们兼习英文。他得意地称："此班学生如果艺成，不独用为船上管轮，且可备将来选赴英厂学工，藉以广储才技。"（光绪四年五月二十八日吴赞诚奏折）

在吴赞诚的苦心经营下，马江学堂相较之前有了切实的发展。

到了光绪五年（1879），一批洋教习合同期满，即将归国，一时间，师资显得十分紧缺。这时，严复已留学英国两年零四个月。由于留学生的状况定期要禀报船政大臣，吴赞诚对严复的情况相当熟悉。他从严复在英国的优异考绩以及郭嵩焘等的鉴定，觉得让严复回国充任后堂教习，这是再恰当不过了，这样，在光绪五年（1879）六月，严复便踏上了回国的征途。

王蘧常《严几道年谱》转引《近五十年见闻录》说，严复归国途中，夜遇狂风暴雨，轮船因出现故障，操作失控，在汪洋大海中，任滔天巨浪漂流。危急中，见有一岛，严复与其他乘客跳入水中，在波涛中时沉时浮，过了许久，总算爬上了海岛。上了海岛，却见杂草丛生，荒无人烟。为了驱逐野兽，他们朝天鸣枪。这时，赶巧有远洋轮船经过，听到鸣枪，知道有人遇险，放舟过来，严复他们才算从险境中摆脱。这富有戏剧性的一幕，对严复日后的人生旅程，似乎成了某种预示。

在浩渺无际的大海上，经过了一个多月的航行，严复回到了阔别已久的故乡，回到了他学习生活了 5 年的母校。27 岁的严复走上了马江学堂的讲台，成了一名年轻的海军学堂教官，从此迈出了他 20 年海军学堂教育生涯的第一步。

在马江学堂，严复执教的正是他曾就读过的后学堂。在这里，除 4 名总教习为洋员外，余外的教习，均由学成的中国人担任。这是自同治十三年（1874）六月以来才有的新现象。

严复回马江学堂不久，吴赞诚由于身体原因，便不再担任福州船政大臣。光绪五年九月八日（1879 年 10 月 22 日），黎兆棠到任，接替了他的位置。

但学堂似乎很快就走向了衰败。一年以后，江南监察御史李士彬曾上奏折给朝廷，对学堂的状况进行了汇报。奏折中说：

> 近则专徇情面，滥竽充数，不一而足。学技艺者率皆学画、学歌词，提调、监工不谙洋务，并不过问，船政大臣亦为所欺。凡局中一切公事，该提调等任意把持，不肯举办。所造轮船，惟扬威、振远二只尚称合式，余则大半不商不兵，难以适用。局中及各船薪水，每月需银万余两，大家虚糜，船政大臣极欲整顿，竟有积重难返之势。至出洋学生，原不准流为异教，闻近来多入耶稣教门，其寄回家信有"入教恨晚死不易志"等语。该局帮办翻译黄姓，久为教徒，暗诱各生进教，偕入礼拜堂中。总办区姓，日吸洋烟、恋姬妾，十数日不到局一次，纵到亦逾刻即行，绝口不言局事。该学生等毫无管束，遂致抛荒本业，纷纷入教。

李士彬奏折上去，光绪帝查问此事，闽浙总督何璟及黎兆棠等曾联名辩陈，说：

> 查船政设立学堂，挑选生徒，分习制造、驾驶，按季考课，分别奖黜。臣兆棠抵工后，按照向章，依期面试，勤者优奖，惰者黜退，其有不堪造就及周知自爱者，别经访闻，亦即随时革去，从不稍事姑容。计数月

以来，革退者已十余人矣。绘画本西学大宗，制造必先绘图，不能毫发舛误。局中现有绘事院，专门督课，实学生所宜习者也。初习西学，必先调音翻切，或有类于歌词，论者不察，疑其有荒本业，非无因也。

从何、黎等人的辩折看，李士彬所言，容或有无知误解失察不明之处，总体来说，应当是客观事实。而何、黎等辩折中说"计数月以来，革退者已十余人矣"，正说明了问题的存在及严重性。

尽管学堂随着船政局的衰败越来越不景气，身为教习的严复，却十分认真地从事着他教书育人的工作。光绪六年十二月十八日（1881 年 1 月 17 日），黎兆棠在《出洋限满生徒学成并华洋各员襄办肄业事宜出力分别请奖折》中，提到了严复，所述虽然是他的留学生活，但从中也不难看出黎兆棠对这位他从前的属下是十分满意的。折中说："严宗光先在抱士穆德肄业，随入格林尼次官学，考课屡列优等；又赴法国游历，后复回该官学，考究数理算学、气化学及格致、驾驶、熔炼、枪炮、营垒诸学。五年六月，吴赞诚以工次教习需才，调回充教习。"严复被调到天津水师学堂任总教习，虽然不一定直接便是黎兆棠的推荐，但属于淮系的黎兆棠，他的意见，应当是发挥了重要的作用。

在马江学堂任职年余，由于淮系领袖李鸿章创建天津水师学堂，严复奉命调迁北上，出任总教习。

# 二　北洋水师学堂总教习

一年后，严复奉调北上，出任新创办的北洋水师学堂总教习。牛刀小试，工作对他来说游刃有余，复杂的人事则让他苦果初尝。

光绪帝登基后，发布上谕，任命李鸿章、沈葆桢分别督办北洋、南洋海防事宜。光绪五年（1879）冬，沈葆桢去世，海军建设规划遂由李鸿章一人全权负责。

由于李鸿章最初即负责北洋海军筹建，直到后来，北洋海军一直都是他的嫡系，他对北洋海军也格外看重。天津北洋水师学堂的创办，就与他培养自己的王牌这一主导思想直接有关。

李鸿章在光绪六年七月十四日（1880 年 8 月 19 日）片中申说创办学堂的理由：

> 再，中国驾驶兵轮船学堂，创自福建船政。北洋前购蚊船所需管驾、大副、二副、管理轮机炮位人员，皆借材于闽省，往返咨调，动需时日。且南北水土异宜，亦须就地作养人才，以备异日之用。北洋现筹添购碰快铁甲等船，需人甚众。臣于去年十月，奏明拟设练船，选募北省丁壮素谙风涛者，上船练习；尤必以学堂为根本，乃可逐渐造就取资不穷。

奏折中，李鸿章还就总办人选提出建议：

> 查前任船政大臣光禄寺卿吴赞诚，洞悉机宜，条理精详，曾在天津办理机器局有年，熟谙情形，前因患病奏准开缺调理，今夏臣缄商来津就医，刻已稍就痊可，精神尚健。拟请旨即令该大臣吴赞诚在津督同局员筹办水师学堂练船事宜，俾可从容就绪。

吴赞诚曾任福州船政大臣有年，又在天津机器局不少年头，请他出山任学堂总办，当然是适宜人选。

总办由吴赞诚出任，而地位同样十分重要的总教习——这一教务长的角色，该由谁来担当？这一问题，李鸿章也早有成算在胸。

　　光绪六年三月十一日（1880年4月19日）夜，李鸿章前往会晤路过天津的日讲起居注张佩纶，谈到水师将才，张佩纶《涧于日记》记载：

　　（庚辰三月十一日）夜，合肥来话，询及水师将才。现在"镇东""镇西""镇南""镇北"四船统带，曰邱宝仁，曰邓世昌，曰刘步蟾，曰林泰曾，以刘为最优。丁雨生论：张成近执；吕翰近滑；刘步蟾近粗；林泰曾近柔；蒋超英较为纯粹，而年过轻。伯潜称严宗光者，器识闳通，天资高朗，合肥已往闽调之来津矣。

　　从这段文字记载中知道，严复奉调天津水师学堂任职，得力于陈宝琛（伯潜）的推荐。而陈宝琛究竟在什么时候推荐了严复？从资料看，应该是在光绪五年（1879年）李鸿章提出创办天津水师学堂不久。

　　严复到天津的时间，是光绪六年七月初七（1880年8月12日）。但

天津水师学堂

在此以前，他于光绪五年（1879）腊月，就已经在福建为天津水师学堂招生 24 名。新年刚过，正月间再招生 3 名。这说明当时他已接到李鸿章的调令，并开始为天津水师学堂工作。

从福州出发，严复没有携带家眷，单身独自到了天津。到津后，他很快投入了工作。一方面，协助吴赞诚看校址，请人绘图纸，搞预算；另一方面，商订办学章程，计划招生工作。

这年冬天，吴赞诚旧病复发，打算回南方就医，顺便准备到上海招收生员。到了上海，病情加重，吴赞诚深感无法胜任天津水师学堂总办的重任，思考再三，郑重向李鸿章递交了辞呈，请他另找人选。

光绪七年四月二十三日（1881 年 5 月 20 日），李鸿章上奏朝廷，提议调久任福州船政局提调、二品衔分发补用道吴仲翔担任总办。

吴仲翔为人古板，谨小慎微。他到任后，严复虽然依旧负责学堂的组织及教学的安排，但与他的合作，显然不像与吴赞诚相处得那样轻松愉快。在他的手下，严复觉得束手束脚，无法施展自己的才华与抱负。

七月，学堂落成，建有房屋一百余椽，造型齐整，宽敞宏大，很为壮观。校园楼台掩映，花木参差，景色也极宜人。而高耸的观星台，更为园中一大景观，格外引人注目。

不久便是学生进校，天津水师学堂正式开张。

校规及开设课目等自然要在这之前订定。这些工作少不了由严复来做。

《天津新设水师学堂章程》刊载于《万国公报》第 361 卷，共七条：

一、挑选学生，无论天津本籍，或邻县，或外省寄籍良家子弟，自十三岁以上，十七岁以下，已经读书数年，读过两三经，能作小讲半篇或全篇者，准取。具绅士认保报名，并将年岁、籍贯、三代开报入册，届时由天津道或海关道面试，择其文理通顺者，选取百名左右，送赴水师学堂面复。察其体气充实、资性聪颖、年貌文理相符，果是身家清白，挑选六十名，取具本人家属甘结，亲邻保状，收入学堂；二月后，再行察看，倘口齿不灵，或性情恶劣，举止轻浮，即行别退。其系外省投习者，来往川资，皆由该学生自备。

二、初次挑选，恐读书世家子弟，尚多观望迟疑，不肯应试者，倘届时报名人数不多，拟先尽数挑选存记，再展一个月后，另行示期，补考一二次，以期足额。

三、学童在堂，以五年为期，未满五年，不得告退，亦不准应童子试，致妨功课。五年期满，果有兼人之资，中西学问并进者，准入考试。

四、学生初次选入学堂，以文理全通、读书甚多者为第一班；文理未尽通顺而读书已多者，为第二班；书读不多，文理未尽通顺而资性颖悟过人者，为第三班。

五、考取学童，除给饭食外，第一班每月给赡银一两，第二班每季给衣履费银二两，第三班每季给衣食服费银一两，各交家属具领。俟学生果有进益，再为递加，并随考核酌奖。

六、遴派官医一名住局，如学生偶有患病，在堂医治，准父兄前来看视；医药由局预备。倘或验系病重，准回家医治，不给药资，痊日来堂学习。

七、学生饭食，照水雷学堂定章办理。

五年学制，有四年在堂读书，一年在船上练习。在堂课程共设置10门：英国语言文字、地舆图说、算学至开平立诸方、几何原本前六卷、代数至造对数表法、平弧三角法、驾驶诸法、测量天象推算经纬度诸法、重学、化学格致。

作为英国皇家海军学院毕业的高材生，对严复来说教务长一席自是牛刀小试游刃有余，并不感到十分吃力。但从校门出来未久的严复，毕竟不免书生气，自负、清高，只知道做好工作是自己的本分，不明白在复杂的社会人事关系中，要寻找靠山，才能够飞黄腾达，立身不败之地。

李鸿章创办水师学堂，明是为北洋海军培养人才，暗是以这张王牌来加重自己在朝廷的分量，而他延揽人才的最直接目的，也在于扩大自己的势力范围。出乎他意料的是，他重用严复，严复并没有向他表示感激，除了公事，竟连他的府上也不大走动，他心中有些不悦。

严复还是我行我素。他不仅月旦人物，又喜议论时事，评弹社会政治。如他看到日本海军的不断强大，及日本留欧海军学生归国后的"用事图强"，再看国内窳败不堪，便不禁悲切忧叹，满怀愤激。他多次同人讲："几十年后，大清国土被列强瓜分将尽，我们就只有像老牛一样给人牵着鼻子走了！"这话传到了李鸿章耳中，他的不悦也就成了反感。

光绪九年（1883）中法战争爆发，领班军机大臣恭亲王奕䜣及李鸿章等力主和议。后奕䜣等人虽被逐出军机处，但实权在握的奕譞同样持苟安政策。他授权李鸿章设法寻妥协门径。李鸿章向德国求助，德国委托天津海关税务司德人德璀琳出面调停。在德璀琳的撮合下，李鸿章与法国海军军官福禄诺进行了谈判，并于1884年5月11日签订了《中法简明条约》。丧权辱国条约的签订，引起朝野一片哗然。就在条约签订的次日，孔宪毂、邓承修等二十余人联名上书，接着有御史47人会同翰林院弹劾，还有人将指斥李鸿章的文字四处传播，李鸿章一时间成为众矢之的，处境十分狼狈。

在这一过程中，李鸿章怀疑严复曾参与了一些活动，造了自己的舆

论，对严复十分光火。后来虽然证明这事与严复并没关系，但一段时间
内，严复在水师学堂的日子却很不好过。

# 三　"不预机要"的学堂总办

一校之长却"不预机要"，严复感到气恼；科第社会，严复无奈中重
操旧业，再温八股。四次乡试败北，他在举业梦幻中醒来。

李鸿章的冷遇使严复颇为被动，空有满腹才华与满腔报国热情却不被
重用，严复的内心非常苦闷。

他曾写信给他的从弟严观澜，诉说自己的郁闷。观澜劝他不要书生气
太足，要他多到李鸿章府上走走，增加点感情投资。

严复采纳了从弟的建议，逢年过节，或在李鸿章及其家人的生日庆
典，也随着大大小小的官僚前往李府拜节祝寿，这一招倒也灵验，李鸿章
对严复的态度有了改变。这事，严复在给观澜的信中曾经提及："用吾弟
之言，多见此老果然即有好处，大奇大奇！"

随着李鸿章态度的转变，严复的处境也相应有了不小的改观。光绪
十一年（1885），严复报捐同知，海军保案免选同治以知府选用，不久，
他被任命为水师学堂会办。在任职水师学堂教务长第十个年头，37岁的严
复当上了海军学堂的副校长。

李鸿章对严复的才情学问是清楚的，他早就希望能将严复拉到自己的
麾下，现在见严复已不像先前那样傲气十足，能随属下过来请示问安，便
也装出长者的大度，谆谆教诲，示以关怀。一次闲谈，他问严复："听说
你抽上了鸦片？"见到严复点头，他以关心的语气说："兄如此大才，抽

大烟坏了身子，岂不可惜！听我一言，日后戒了吧！"一席教导，让严复大为感动。

李鸿章要把严复攥在手中。在严复被任命为会办的次年，又提升他为总办，成了一校之长。隔一年，严复又以海军保案免选知府，以道员选用。

但就在严复官运亨通、事业上顺风扬帆时，家庭却接二连三发生了变故。

光绪十五年（1889），慈母去世。父亲早逝，一家有母亲撑持，弱儿女由母亲一个个抚养长大，在儿子有了出息时，她却离开了人世，这让严复十分悲恸。后来他的诗作《为周养庵（肇祥）题篝镫纺织图》中，谈起母亲，仍然流露出不胜悲楚之情：

> 辛苦二十年，各毕衿褵戒。
>
> 毛生远奉檄，稍稍供粗粝。
>
> 虽乏五鼎庖，幸免颜色菜。
>
> 谁知罔极天，欲养已不逮。
>
> 至今念慈颜，既老心愈瘝。

许多年过去了，想起慈母，严复的深心之中仍不能平静，他感激母亲的养育之恩，为自己不能再对母亲尽其孝道感到深深的遗憾。

母亲去世刚刚两年，接着妻子王氏病故。结发夫妇，伉俪情深，严复在感情上再次经受了沉痛的打击。过度的悲哀也给他的身体带来了不小伤害，他的健康受到了很大影响。

在妻子王氏去世后的次年，与严复在英国结下深厚情谊的郭嵩焘逝世。严复对郭嵩焘的知遇之恩铭心难忘，听到噩耗，大为伤心，当时他送了副挽联：

> 平生蒙国士之知，而今鹤翅翤翤，激赏真惭羊叔子；

入世负独醒之累，到处蛾眉谣诼，离忧何必屈三闾。

挽联中既表达了对郭嵩焘知遇之恩的感激，也表现了对郭嵩焘遭受顽固派打击的不平；比之屈原，又盖棺论定，对他的道德人品作出了极高的评价。

严复有着强烈的社会责任感与炽热的报国心，他希望能将自己所学报效国家，建功立业，一展宏图，但回国后的遭遇，使他无法实现自己的抱负。来到天津水师学堂后，无论是任教务长，还是副校长、校长，按理说都是实权差缺，但仍时时受到各种限制，并不能放手去做，也没办法将自己的想法付诸实施。在与从弟观澜的信中他说："兄自来津以后，诸事虽无不佳，亦无甚好处。公事一切，仍是有人掣肘，不得自在施行。至于上司，当今做官，须得内有门马，外有交游，又须钱钞应酬，广通声气。兄则三者无一焉，又何怪仕宦之不达乎？置之不足道也。"

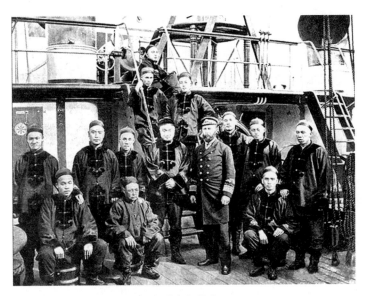

北洋水师官兵

腐败的官僚体制，官吏任免并不论实绩才干，"工夫在诗外"，要靠拉关系，找后台，如此才可以飞黄腾达，官运亨通。这对素性自负清高的严复来说确是一大难题。

在严复任职水师学堂期间，他常常"柴车野服，往来于京津之间"（林纾《畏庐文集·尊疑译书图记》），为校务奔忙；但由于置身圈外，缺少官场的关系网，做事每每事倍功半，不时碰壁。这时候他思想上的苦闷不难想见。他有一首《送陈彤卣归闽》诗，真实地展露了自己的情怀：

四十不官拥皋比，男儿怀抱谁人知？药草聊同伯休卖，款段欲陪少游骑。君来渤海从去春，黄尘埃壒愁杀人。末流岂肯重儒术，可怜论语供烧薪！钦奇历落不称意，高阳酒徒兀然醉。长躯八足两颐丰，高谈慷慨忧时泪。平生贱子徒坚顽，穷途谁复垂温颜？当年误习旁行书，举世相视如髦蛮。问君秋水剪双眸，何独异我稠人稠？无双岂独楚王信，千秋无复文信侯。君今长揖告我行，南风欲挂孤帆轻。闽之东门温泉温且清，荔阴如见挥巨觥。

诗中严复写了陈彤卣与自己的知己之交，写了达官显贵昏暗愚昧、不重学术，陈彤卣不为重用；更借此抒发了自己空有大志、无人能知、欲献策报国却无门的抑郁愤懑。"当年误习旁行书，举世相视如髦蛮"，顽固保守的观念对西学持轻蔑态度，学西学者仍被保守势力视作"假洋鬼子"，严复既感遗憾，却也无可奈何。

在举世重科举功名不重学术的时代，严复要实现自己的报国理想，也不得不思考重操少年旧业，温习八股制艺，希望博得一第，为社会所重。在《太夷继作有"被刖"诸语见靳，乃为复之》诗中，他抒写了自己参加科举考试的苦衷以及落第后的无奈：

少日贱子贱，身世随所遭。

与官充水手，自审非其脚。

不祥固金性，时时冶中跃。

每逢高轩过，气欲偃溟渤。

愯然为之下，肩耸足自躩。

窃问客何操，乃尔艺旁魄？

咸云科目人，转眴皆台阁。

不者亦清流，师友动寥廓。

忽尔大动心，男儿宜此若。

私携媲皇坟，背人事钻灼。

更买国子生，秋场期有获。

谁知不量分，铅刀无一割。

当时利市者，自有干与莫。

荧冥短檠灯，悽惨长屈蠖。

严复看到了由举业出身者的骄横自得，不可一世，盛气凌人；也目睹了进士群体在社会上地位的华贵得意：或为台阁势要，手操重权；或为清流之党，言倾朝野。他歆羡他们的荣耀，更看重他们的左右朝政，他觉得这才是大丈夫所为，于是，他开始重温少年旧梦，重理八股举业，暗中钻研揣摩，决意走举业之路。

但他自己已年华不小。从考童生、秀才起，来得太慢，也不切实际。好在当时有纳粟入监之例，成了监生，可以直接参加举人考试，这样，在光绪十一年（1885），严复"纳粟为监生"，"发愤治八比"（王蘧常《严几道年谱》），并于当年回到家乡，参加了乙酉科举人考试。

首次考试铩羽而归。接着，严复又参加了戊子（1888）科顺天乡试、己酉（1889）恩科顺天乡试、癸巳（1893）科福建乡试，但均告败北。

四次科试失败，严复固然沮丧，但反躬自省，他又不能不承认自己"技不如人"，在八股制艺的揣摩上有欠功夫。同上诗中又说：

> 昨者读君文，犹病得发药。
>
> 严整比治军，交通觇脉络。
>
> 始悟未成枭，不止禄令恶。
>
> 向令能如斯，一第自可博。
>
> 得失岂偶然，了了见强弱。

读郑孝胥的八股文，脉络经纬、开阖结构，令严复服膺。他觉得自己未能金榜题名，在于自己笔下尚欠"火候"，并不是"禄令恶"、运不济。但直到老年，这一未了情结仍还困扰着严复，他为自己终未能博取一第抱憾。同上诗中还说：

> 无何八股亡，大耻未由濯。
>
> 晓虽蒙荐赏，何异遭呼麖。
>
> 所以平生谈，于此尤刻轹。

由于八股废除，严复终于没能凭此博得一第，一洗四次落第的耻辱。后虽在宣统元年（1909）朝旨赐文科进士出身，在严复看来，却如嗟来之食，是被人可怜而得到的赏赐，所以谈起此事，严复终究是耿耿于怀，无法开释。

# 四　交恶李鸿章

经过甲午战争，严复彻底认清了李鸿章。他骂李鸿章任人唯亲、误国害民、不学无术、私心未净。他一度曾打算舍北就南，投奔张之洞而去。

光绪二十年（1894）四月，朝鲜爆发东学党起义，清政府应朝鲜国王请求，在五月初四（6月7日），派直隶提督叶志超率陆军1500人开赴朝鲜，并按《天津会议专条》，照会日本政府。

其实，日本在接到中国政府照会之前，已在国内秘密下达动员令，做好了出兵侵占朝鲜的准备。在清政府发兵的同时，日本成立了战时大本营，以护送公使、保护侨民为借口，先后出兵一万余人，占领朝鲜的战略要地，包围了驻守牙山的清军。

战争一触即发，国内舆论强烈要求清政府增派援兵，光绪帝也电谕李鸿章预筹战备。李鸿章唯恐损失北洋海军这张自己手中的王牌，反将希望寄托在列强调停。慈禧太后是李鸿章求和主张的支持者。

求助列强调停接连遭挫，幻想破灭，在国内舆论的谴责下，清政府严令李鸿章出兵，李鸿章不得不作出派兵增援的决定。

阴历六月中旬，由"济远""广乙""操江"三舰以及雇来的英国商船"高升"号等运送卫汝贵、马玉崑、左宝贵、丰陞阿率领的四支军队入朝。

就在"济远"等舰船返航时，在牙山口外丰岛遭到日本海军袭击。同一天，日本陆军4000余人进犯牙山，主帅叶志超弃城逃奔平壤，聂士成因众寡悬殊，北撤平壤。

北洋海军"定远"号

　　阴历七月初一（8月1日），光绪皇帝发布上谕，正式对日宣战。

　　宣战后，李鸿章在慈禧太后的支持下，继续采取消极抵抗的态度，非但不积极备战，还传令陆军可守则守，不可守则退；海军退守北洋各口，不得出洋。战略性错误，给日军提供了有利战机，在阴历八月十六日（9月15日），日军分兵几路，合攻平壤。平壤清军统帅叶志超下令大军后撤，引起军心大乱，造成诸军溃散。

　　平壤战败的次日，李鸿章迫于朝廷严命，让北洋海军统帅丁汝昌亲率十余艘舰艇，护送援军。阴历八月十八日（9月17日），当北洋海军舰艇返航时，在大东沟以西黄海海面，遭遇日本舰队袭击。北洋水师在丁汝昌指挥下，奋起还击。

　　一番激战，重创了日本"比叡""赤城""西京丸""松岛"等五舰，击毙"赤城"舰长板元。黄昏时分，日舰被迫退出黄海，向南逃窜。大东沟一战，北洋海军更是损失惨重。"致远"舰为鱼雷击中，管带邓世昌并舰上 240 余名官兵殉国；"经远"舰中弹起火沉没，管带林永升与舰上 200 余官兵殉国。两舰被救生存者极少。此外尚有三舰沉没。

黄海一战后，李鸿章为保全自己的实力，竟无视海军将士的抗敌要求，命北洋舰队藏身威海卫军港，造成了坐以待毙的局面。

以后的战局，清军节节败退，北洋海军在光绪二十一年（1895）正月，全军覆没。

严复对时局发展十分关注，因为北洋水师学堂校长的身份，又有许多同学在北洋海军供职，他对战事的了解也相对比别人更多一些。

前方一败涂地，朝廷上李鸿章之流意存畏葸，所用非人，贻误战机，严复对此痛心扼腕。他对李鸿章的投降退让政策所造成的惨败局面感到愤怒，深为国家的命运担忧。

在与朋友的信中，不难看出他的这种思想，阴历八月二十四日（9 月 23 日）、九月初五（10 月 3 日）、十月十日（11 月 7 日）他给好友陈宝琛连续写了三封信，除通报形势外，也表达了他对朝政的失望及对李鸿章的愤慨。

八月二十四日（9 月 23 日）信中说：

前托孙香海代呈一械，知经伟览。近者时局滋不可问，平壤卫汝贵所带淮军十余营，自本月十三四后为倭所围，城外筑台十四□□□夹击，糜烂溃涣。统领朱保贵（左宝贵）死之，余兵退走鸭绿东北，义州之九连城，尚不足以扼贼之北突也。自战后，东边告急之电，日数十至，合肥知事棘，乃饬刘盛休带铭军八营赴援，军从鸭绿之大东沟登岸，丁禹廷督海军十一船护送之。十七日倭亦以十一艘与我遘，自午至酉，恶战三时，倭沉三艘快船，力尽而退，我亦失致、经二远，并超、扬两艘；定远受千二百余弹，几沉不沉，铁甲之为利器如此。同学诸友，除方益堂一人外，无不见危授命，其尤异者，则镇远大副杨君雨臣，开□□战旗既升，乃身自猱登，以钉钉之，盖深知此仗之□□□竖降旛者，为此，所以令诸将之有死无降也。此□□□□□风，稔其平日在军，勤奋有为，条理详密，林开士倚之如右手，此人日后必为海军名将也。将弁死事甚众，刻所可知者，邓世昌、林永升、林履中、黄翰人建勋而已。闻方益堂闻炮即遁，仓促将黄建勋之超勇冲倒，方太无赖矣！子香、凯士居围坛中，故得不死。丁禹廷□□□伤，闻昨已乞假，让刘子香为海军提督矣。是役德酋汉纳根在军助战，故归述甚悉，据言军□□张道士珩不肯照发弹药，致临阵不应手，不然，倭之七艘快船可尽沉也。……以今日之事势为论，虽西晋、北宋之事复见，今日无□□□耳。

这封信谈的是平壤战役与大东沟一战，消息来源是亲身与战的德人汉纳根，所以格外详细。信中严复高度评价了北洋海军的英勇，对同学方伯谦的临阵逃跑也予以严厉谴责，斥其"太无赖矣"。而对张士珩不肯照发

李鸿章像

弹药，贻害无穷，称之"小人之贻误军国大局，岂浅也哉"。

九月初五（10 月 3 日）信中说：

事势至此，本为发难时所不料及，所最可痛者，尤在当路诸公束手无策，坐待列寇之所欲为。平壤告溃之后，东三省已成无险可扼之区……倭扬言冻河以前必犯京师，门户荡然，一无可恃，新集之卒，与御营之兵，真儿戏耳！刻人有戒心，士无固志，绝不知舟流之所届也。初二日翁常熟携一仆坐筤舆入节署，所与北洋深计熟虑者，一则议款，二则迁都而已。……闻倭于十七大仗之后，尚有余船七八艘在各海面游弋。畿辅门户洞开，门焉宫焉皆无人，且枪弹告乏，军储四万桿，有事以来已亡其半。曩合肥请以宋祝山赴奉，宋非三十营不可，廷旨已指的饷矣，然以无枪，尚不知何日成军。天津、保定见兵不及五千，再募不独乌合，且徒手□□□何。

这封信中，叙述了平壤战败后，清廷内部的混乱与缺乏主张，当道权要束手无策，不思抵敌，赔款割地或迁都逃窜，竟成为"妙计"；面临亡国灭种，将帅却讨价还价，不能舍身卫国，只计较个人得失。

十月十日（11 月 7 日）信中说：

时局愈益坠坏，九连、凤凰二城联翩皆告陷落，倭寇在旦暮间□□金、复二州境内者不下三百人，北趣则与东股合袭奉天，南首则旅口必危。其地兵皆被遣，粮复未屯，龚照玛一市井小人，岂能坚守？旅口不守，则北洋海军不败自废，而且门户既失，堂奥自惊，倭来畿辅间恐不在冻河后也。如何？如何？……十月以来，淮人用事者渐渐剪落，闻俟刘岘庄到直，则合肥以原品休致去矣。……且刘岘庄何如人，岂足以夷大难，徒增一曹人献丑而已！

这封信中，分析了凤凰、九连诸城失陷后的形势，认为清廷派刘坤一（字岘庄）为钦差驻守山海关，是用非其人。后来刘坤一辽河一战，全军溃败，果真验证了严复的看法。

严复不仅对时局了如指掌，对所以造成如是败局，也有精辟看法。八月二十四日（9月23日）信中说：

> 合肥用人实致偾事，韩理事信任一武断独行之袁世凯，则起衅之由也；信其婿张蒉斋□侵润招权，此淮军所以有易将之失；欲同邑之专功，所以有卫汝贵之复众；任其甥张士珩，所以致军火短给，而炮台皆不足以毙敌。……今然后知不学无术私心未净之人，虽勋业烂然之不足恃也。

李鸿章用人唯亲、不学无术、私心未净，此其致败原因之一。

九月五日（10月3日）信中说：

> 臣主平时于洋务外交绝不留意，致临事之顷，如瞀人坠眢井，茫无头路如此。今日之事，夫岂倭之狡逞，实中国人谋之不臧，其事前泄沓虚矫，□□怠傲，不必论矣。即事起之后，复所用必非人，所为必非事。……方益堂竟以不免，悲叹悲叹！然卫汝贵、叶志超辈□事，百倍益堂，乃荷宽免，则有人庇之耳。故虽杀百方伯谦，于军实又何补耶？

君臣不懂洋务外交，不了解外情，坐井观天，夜郎自大，临事自不免如盲人掉入深井，不知头绪。所用非人，赏罚不公，无法服众，更不能够鼓舞士气。这是致败的又一层原因。

十月十日（11月7日）信中说：

> 国家□□绝不留神济世之才，徒以高爵重柄，分咐庸奴，及事起，则环顾中外官，二十二行省无一可用者，以此亡国，谁曰不宜？

用人不明，平时不留心济世之才，事到危急，更不知何人可用。真才埋没，欲报效国家为国献策而无门，重权在握的"庸奴"却无策可施，国家的灭亡，便在情理之中。这同样说的是人才问题。

严复坚决主张抗敌，反对投降议和。他说："近者之事，有谓营伍既如是之不足恃，海军扶伤救弊，恐亦无济，不如早和，宁忍眼下之亏，事后认真振作，则东隅之失，或收桑榆。此论固矣，然自走观之，不外偷活草间苟延残喘而已。事后振作，恐必难期。何则？中国吃亏，固不自今日而始有也，事后振作，皆安在耶？沈隐侯有言：后病深于前病，后著不及前著，正中国今日之事势也。而且舐糠及米，国本愈伤，上下之礼学俱亡，渊丛之鱼爵益□增，（此番汉奸官民中不知凡几。）知者不为，为者不知，几何不沦胥及此耶！"在严复看来，求和投降，是偷活草间，苟延残喘，这是一。而所谓"东隅之失，或收桑榆"，也不经一驳。首先是于史无证，在历史上从没有事后振作的事发生；其次，国家根本受到伤害，民族精神、传统思想丢失消亡，国家的重振便也失去了基础。严复认为，就当前情势论，急则治标，"借洋债，募洋将，购洋械以与倭争□□之命而已"。尽管这一办法未必可行，但他保国护民，免致亡国灭种，这一思想无疑是正确的。

甲午之战使严复对李鸿章完全失望。他指斥李鸿章用人唯亲，误国匪浅，觉得在他手下难有所作为。他曾幻想过舍北就南，到张之洞那里做事，或许可以大展宏图。在他给从弟观澜的信中，表露了这一思想。信中说：

> 兄北洋当差，味同嚼蜡。张香帅于兄颇有知己之言，近想舍北就南，冀或乘时建树耳，然明年方可举动也。此语吾弟心中藏之，不必告人，或致招谣之谤也。

这封信写在光绪二十年十二月二十日（1895 年 1 月 15 日）。

张之洞（1837—1909），字香涛，直隶南皮人。同治二年（1863）进士。曾任翰林院侍讲学士、内阁学士等职。光绪七年（1881）任山西巡抚。光绪十年（1884）升两广总督。中法战争中极力主战，起用冯子材在镇南关大败法军。光绪十五年（1889）调湖广总督，兴办湖北枪炮厂、汉阳铁厂和枪炮厂、大冶铁矿、湖北纺织织布缫丝制麻等四局，后又训练新军，兴办新式学堂，筹办芦汉铁路等，成为洋务派重要代表。戊戌变法初期支持维新派，不久又刊发《劝学篇》攻击维新思想。

严复对张之洞抱有幻想，正是为他早期的勋业建树打动，在他眼中，"张孝帅有总督两江之命，力完气新，极足有为"（与陈宝琛书），投靠他，当能有所作为。所以在甲午年，严复三番致意陈宝琛，说明他对张之洞的渴慕，并希望陈宝琛替他向张之洞一通声气。

光绪二十年八月二十四日（1894 年 9 月 23 日）信中说：

> 今者数月内时事殆不可知，公何不作一书与楚督张香帅，劝其作速筹款，设法购办军火为先，即使不及眼前之事，然□□永，国祸益深，苟其不为，将终无及事之一日矣。张香帅能用先机大度之言，日后撑拄光复，期之一二人而已，他督抚持禄保位，公意中尚有何人耶？

平壤战败与大东沟海战不久，严复便写信给陈宝琛，希望他转达自己对张之洞的建议，让他抓紧筹款、购办军火，以便在危急的时局中可以重建勋业，或日后能为光复柱梁。严复称张为"一二人而矣"，可见他对张之洞的期望之高。

既然以"一二人而矣"许之，严复对张之洞新近的举措便十分关心，在九月初五（10 月 3 日）给陈宝琛的信中说：

　　湖广张帅有何措施，走于此老惓惓之诚，□□无已，故于其行事，尤欲闻之。从者如有赐覆，经寄津水师学堂或津卫大狮胡同大牲字号后严公馆当不失也。

　　这时的严复，他对张之洞是仰慕心仪的。在甲午之战前方惨败、朝廷当权重臣手足无措时，严复对张之洞寄予厚望，希望他能成为朝廷梁柱，所以对他在当时所采取的措施十分关心，他急切想得到陈宝琛的复函介绍。

　　光绪二十年十月十日（1894年11月7日）给陈宝琛的信中，严复又急不可待地再为张之洞筹划，并提出请陈宝琛为之绍介的想法：

　　张孝帅有总督两江之命，力完气新，极足有为，果其措理得宜，则后来藉用恢复，但此时真须一著不错，又当如居火屋，如坐漏舟，一□□□□□拼命踏踏实实做去，或有望头，不然将随风而靡耳。孝帅素为公忠体国之人，想必有一番经纬也。复爱莫能助，执事胡勿为之介耶？

　　这时的战局已经一败涂地，不可收拾。朝廷上争执不休，纠缠于派系斗争，全不为国家的命运担忧。严复希望张之洞树立危机感，踏踏实实地扩充力量，发展队伍，替国分忧。但由于素来同张之洞没有联系，不能直接替他筹划计谋，急于与张建立关系，于是，他直言不讳地提出，请陈宝琛为他介绍。

　　后来，严复终于没有舍北就南，到张之洞的麾下，他仍然在天津水师学堂供职。内中原因当不难推测。严复寄予厚望的张之洞亦非具容人大度的人，对严复这样的志士才人，他并不喜欢，也不想网罗门下。严复渐渐认清了张之洞的真实面目，断绝了这新生的幻想。

# 五　初涉译坛

　　《国计学甲部》与《支那教案论》的翻译，标志着严复已涉足译坛。初期的译笔不免稚嫩，但已经显现出严译的独特个性。

　　在19世纪90年代初，严复已开始试笔译书。《国计学甲部》（残稿）及《支那教案论》大约都是这早期的译著。

　　《国计学甲部》，法国巴黎法典学堂讲师齐察理著，写作时间不详。原书中谈到国计学的含义，说："国计学者，所以论人群之伦脊。而是伦脊，则专关于养欲给求，与一切民力之从于利实而后动者。至于他端，非吾事矣。"由此已可以看出著者的宗旨与全书内容的大端，是"关于养欲给求，与一切民力之从于利实而后动者"。

　　这部书严复仅译了3000字左右，写了两条按语、一条夹注。夹注中说："群学之有公例，而公例之必信，自我观之，且由心志之自由。脱非自由，则自然之用不彰，其得效或以反此。"这里体现了严复对心志自由或者说对民主的鼓吹。

　　《支那教案论》为英国人宓克著，原书出版于光绪十八年（1892）。严复在与张元济的信中谈到翻译本书的缘起，说："此书前经合肥饬译，鄙处之稿，不记何人借去。书衡比部既有抄本，正好付印。"显然，严复翻译此书，乃是奉李鸿章之命进行的。

　　《〈支那教案论〉提要》中，严复谈到了原著者的撰著宗旨及该书的内容大要。

　　关于撰者的宗旨，严复说："原著成于光绪十八年。时长江教案蜂起，作者盖深忧夫民教不和，终必祸延两国；而又悯西人之来华传教者，胶执成见，罕知变通，徒是己而非人，绝不为解嫌释怨之计，故著是书以讽之。"

关于书中的主要内容，严复概括为："书凡四篇：首发端，次政治，次教事，终调辑大旨。谓吾华崇尚虚无，散布流言之积习，实足为教案之媒；而要无非教士处置之失当，有以推波而助澜。至于助以兵戎，坚以盟约，尤足动华人仇耻之念，而自塞其流行之机。其言真洞见症结矣。"

在翻译中，严复撰有按语九条。

这里有必要介绍一下当时的教案发生情况。

19 世纪以来，西方各国教会纷纷派遣教士来华传教。传教士或为单纯传教，更多的是兼做情报工作。他们有不平等条约做保护，在中国刺探收集各种情报，霸占土地兴建教堂，给地方百姓带来了严重危害。这引起了百姓的愤怒。19 世纪末，各地发生了反洋教的教案约四百多起，尤以 70 年代发生的天津教案影响较著。

天津教案后，各地反洋教的斗争更如火如荼，不仅长江流域及江南地区，其他地方也教案迭起。

综合评价当时的反洋教斗争，首先应该肯定其民族自卫反帝爱国的性质；同时也要指出，由于这一斗争处于自发状态，主体又是农民，其中不免带有落后保守与盲目排外的成分。

由于满清政府的腐败及当时中国的积贫积弱，教案的发生，往往成为帝国主义列强敲诈欺凌中国的口实，如天津教案发生后，驻京的英、法、美、俄、普、比、日七国公使联合照会清朝政府，提出抵命、惩凶、赔款、道歉、驻军等条件，他们又调集军舰在天津近海耀武扬威，施加压力，满清政府在避战求和、曲全邻好的思想指导下，竟然基本上接受了这些条件。

严复翻译此书，宗旨正在于告诫国人，"方今时势艰难，外侮日逼，小民逞血气于前，而国家偿金币割土地于后"，要避免冲突，不给帝国主义列强以把柄。

这种动机自然有它善良爱国的一面，但问题在于，列强侵略欺凌中国，一方面是因当时的中国落后；另一方面正因清政府的腐败软弱，妥协投降，助长了他们的气焰。何况，任人欺凌而不反抗，只能加速中国的灭亡。民众的正义斗争，则正是列强终于无法吞并中国的关键所在。

按语中，严复比较了中西文化民俗传统的同异，提出了一些很有新意的见解。如论"自杀"说："至所论自戕一节，亦未深知事实。中国常云：死有重于泰山，有轻于鸿毛，其所旌奖称述，皆舍身成仁，杀身取义之事，所以立人纪而维世风，正相生相养之极致；而小谅轻生，则亦邦常清议所不与也。但中西教化既异，中国殉君、殉亲、殉夫等事，在西国皆谓可以无死。而教门争执，至于被杀焚躯，则指为绝大义烈。甚至睚眦小忿，拔刃相仇，旁观亦称其勇。不知此自华人观之，正亦闵其轻生，而断断可以无死者也。"这里就中西对"自杀"的不同认知，说明了不同的文化传统所造成的认识上的差异，针对原著的观点，严复提出了不同的看法。

又中国的"真教"是什么？有没有"儒教"？严复也发表了独到的见解。他认为外人称儒教为中国的"真教"，其实不妥。理由是："则孔子不语神，不答子路事鬼之问，不若耶稣自称教主，谟罕蓦德自称天使之种种炫耀灵怪也。……名为教者，必有事天事神及一切生前死后幽杳难知之事，非如其字本意所谓，文行忠信授受传习已也。故中国儒术，其必不得与道、释、回、景并称为教甚明。"凡"教"便"炫耀灵怪"，孔子不语神怪，儒家之不能称教显然。严复以为"孝则中国之真教也。百行皆原于此，远之以事君则为忠，迩之以事长则为悌，充类至义，至于享帝配天，原始要终，至于没宁存顺。"孝在传统文化中的确是相当核心的内容，但宗教的标准：一要有教主，二要有教义，三要有戒律修持，缺一不可，称"孝"为教，自不合适。但这一提法又确实新颖别致，抓住了中国传统文化的核心。

严复不同意原著中提出的"莫若任外人之力，痛惩此藐法之徒"的说法，并对此做了批驳。他说："此节所论，律以中土事理，至为怪谬。夫中土官民之间，恩同父子，虽至顽梗，自有家法，岂有不顾他族侐处，转借其力，以相惩创者？"他不同意用外国力量对付百姓，尤其不赞成在外族欺压我们的时候去借助他们的力量，这里边表现了严复的民族气节与尊严。

《国计学甲部》及《支那教案论》的翻译，表明了严复已涉足译坛。它们虽然是早期译著，却也已经显示出了严复翻译上的一些特点，如选题上均为社会学著作，都关系到社会民生，目的均在于用来服务于社会及人的改造；加按语的形式，在日后的严译中也形成通例。应该说，早期译著既为严复日后的翻译积累了经验教训，也打下了一定的基础。

第三章

# 一卷生花《天演论》

# 一　救亡保种的呐喊

中华民族已到了最危险的关头，变革则生，不变革则亡，严复在他的文章中喊出了要求维新图强的时代强音。

光绪二十一年三月二十三日（1895 年 4 月 17 日），李鸿章在日本签订了丧权辱国的《马关条约》，内容有五个方面：（一）承认日本对朝鲜的控制；（二）割让辽东半岛、台湾省及附属岛屿澎湖列岛、钓鱼岛；（三）赔偿日本军费二万万两白银；（四）增开沙市、重庆、苏州、杭州四个通商口岸，允许日本商船驶入这些口岸；（五）允许日本人在通商口岸设立各种工厂。这一条约的签订，加速了帝国主义瓜分中国的步伐，俄、英等国争先恐后掠夺在华权益，强租海港，划分"势力范围"，中国面临着被瓜分的严重危机。在这一危若朝露的形势下，有识之士提出了维新图强、救国保种的口号，并掀起了一场维新变法的运动。

严复自光绪二十一年正月初十至十一日（1895 年 2 月 4—5 日）在《直报》上发表《论世变之亟》，在以后的几个月内，先后又发表了《原强》《辟韩》《原强续篇》《救亡决论》几篇甚具影响的论文，呐喊救亡保种，从理论上为维新变革造势。

《论世变之亟》开篇便说："呜呼！观今日之世变，盖自秦以来未有若斯之亟也。"开门见山，疾呼国家危急，强调形势的严峻。为什么会出现这种局面，严复认为是由于统治者"不能知运会之所由趋，而逆睹其流极"，既不能顺应历史发展的规律，也便不可能"后天而奉天时"，"裁成辅相，而置天下于至安"。他指出："即如今日中倭之构难，究所由来，夫岂一朝一夕之故也哉！"日本的欺凌中国，中国败给日本，正是统治者长期以来不顾历史"运会"、腐败消极所导致的必然结果。

文中比较了中西不同的文化特点，谓："中之人好古而忽今，西之人力今以胜古；中之人以一治一乱、一盛一衰为天行人事之自然，西之人以日进无疆，既盛不可复衰，既治不可复乱，为学术政化之极则。"中国人守旧，西方人求新；中国人消极而任自然，西方人积极而富于进取。中国的统治者怕人民智慧打开，只求江山稳如磐石，为了达到这种目的，实行愚民政策，以读经书、行科举牢笼知识分子，消磨其壮志，结果便是"民智因之以日窳，民力因之以日衰"。

统治者的如意算盘打得固然精明，但他们没有料到在泰西"高颧深目之伦，杂处此结祍编发之中"，仍然潜伏着"王治"以外的威胁。冬烘

《直报》书影

守旧的清朝重臣们目光短浅，无视这种威胁，在他们眼中，那是"犬羊夷狄"，不足以动我毫毛。而在有识之士指出问题的严重后，他们却群起攻之，骂之为"誉仇而背本"，长敌人志气，灭自家威风。在他们看来，西人的强大，无过于"善会计""擅机巧"而已，不值得效法。

严复认为："不知吾今兹之所见所闻，如汽机兵械之伦，皆其形下之粗迹，即所谓天算格致之最精，亦其能事之见端，而非命脉之所在。"严复称他们的看法是皮毛之见，未能抓住问题的实质。本质何在？严复指出："苟扼要而谈，不外于学术则黜伪而崇真，于刑政则屈私以为公而已。"学术上黜伪崇真，政刑的"屈私以为公"，这在中国的传统文化中也被提倡，可惜的是"彼行之而常通，吾行之而常病"，人家是实实在在付诸实际，我们却仅局限于口头。

为什么会这样呢？严复一言以蔽之曰"则自由不自由异耳"。中国古代的统治者怕提"自由"，但西方人却说"唯天生民，各具赋畀，得自由者乃为全受"，不仅注重人的自由，也极力宣扬"天赋人权"，"侵人自由，虽国君不能"。

在归纳了中西的差异后，严复说："粗举一二言之：则如中国最重三纲，而西人首明平等；中国亲亲，而西人尚贤；中国以孝治天下，而西人以公治天下；中国尊主，而西人隆民；中国贵一道而同风，而西人喜党居而州处；中国多忌讳，而西人众讥评。其于财用也，中国重节流，而西人重开源；中国追淳朴，而西人求欢虞。其接物也，中国美谦屈，而西人务发舒；中国尚节文，而西人乐简易。其于为学也，中国夸多识，而西人尊新知。其于祸灾也，中国委天数，而西人恃人力。"两种文化孰优孰劣，严复并未作直面回答，说是"并存于两间，而吾实未敢遽分其优绌也"。将两种不同文化对比展示出来，让读者去衡鉴，去思考，这体现了严复的审慎与严谨。

　　泰西的强大，这已成事实。不直面列强的威胁，不奋发图强，靠压制人民，阻遏维新，只能适得其反，加速灭亡。严复在文中指出："惟其遏之愈深，故其祸之发也愈烈。不见夫激水乎？其抑之不下，则其激也不高。不见夫火药乎？其塞之也不严，则其震也不迅。三十年来，祸患频仍，何莫非此欲遏其机者阶之厉乎？且其祸不止此。"

　　文中对保守顽固势力只求苟安，置国家安危于不顾，严复作出了凌厉的声讨。他说：

　　盖谋国之方，莫善于转祸而为福，而人臣之罪，莫大于苟利而自私。夫士生今日，不睹西洋富强之效者，无目者也。谓不讲富强，而中国自可以安；谓不用西洋之术，而富强自可致；谓用西洋之术，无俟于通达时务之真人才，皆非狂易失心之人不为此。然则印累绶若之徒，其必矫尾厉角，而与天地之机为难者，其用心盖可见矣。善夫！姚郎中之言曰："世固有宁视其国之危亡，不以易其一身一瞬之富贵。"故推鄙夫之心，固若曰：危亡危亡，尚不可知；即或危亡，天下共之。吾奈何令若辈得志，而自退处无权势之地乎？孔子曰："苟患失之，无所不至。"故其端起于大夫士之怙私，而其祸可至于亡国灭种，四分五裂，而不可收拾。

　　形势已经到了危急存亡的关头，不维新变法、学习西方、寻求富强之路，只有"亡国灭种，四分五裂"。这篇文章，严复突出强调了形势的严峻与维新变法的迫切。

　　光绪二十一年二月初八至十三日（1895年3月4—9日），严复在《直报》上发表《原强》；三月初四（3月29日）在《直报》上发表《原强续篇》。严复对《原强》一文并不满意，他在光绪二十二年（1896）十月给梁启超的信中说："今者取观旧篇，真觉不成一物。……《原强》如前所陈，拟更删益成篇，容十许日后续呈法鉴何如？"这便有《原强修订稿》

的问世。但《修订稿》并未在梁启超主编的《时务报》上刊出，而是收在《侯官严氏丛刻》中。《修订稿》比原稿增加了近一倍的篇幅，比较完整地体现了严复的思想。以下主要结合《修订稿》做一些介绍。

这篇文章开头即说："今之扼腕奋胗，讲西学、谈洋务者，亦知近五十年来，西人所孜孜勤求，近之可以保身治生，远之可以经国利民之一大事乎？"文章的大旨在谈"保身治生""经国利民"，已昭然可见了；而他的切入点，则是从西洋的有关理论谈起。

文章首先介绍了达尔文及其进化论观点，说：

达尔文者，英之讲动植之学者也。承其家学，少之时，周历寰瀛。凡殊品诡质之草木禽鱼，哀集甚富。穷精眇虑，垂数十年，而著一书，曰《物种探原》。自其书出，欧美二洲几于家有其书，而泰西之学术政教，一时斐变。论者谓达氏之学，其一新耳目，更革心思，甚于奈端氏之格致天算，殆非虚言。

这使西洋"学术政教，一时斐变"的理论到底是什么？严复概括作了说明：

其书之二篇为尤著，西洋缀闻之士，皆能言之，谈理之家，摭为口实，其一篇曰物竞，又其一曰天择。物竞者，物争自存也；天择者，存其宜种也。

在介绍了达尔文生物进化论后，严复又介绍英国实证主义哲学家及社会学家斯宾塞的优胜劣汰学说，说：

斯宾塞尔者，亦英产也，与达氏同时。其书于达氏之《物种探原》为早出，则宗天演之术，以大阐人伦治化之事。……斯宾塞尔全书而外，杂著无虑数十篇，而《明民论》《劝学篇》二者为最著。《明民论》者，言教人之术也。《劝学篇》者，勉人治群学之书也。其教人也，以浚智慧、练体力、厉德行三者为之纲。其勉人治群学者，意则谓天下沿流讨源，执因责果之事，惟群事为最难，非不素讲者之所得与。

文章正是以达尔文和斯宾塞的学说为理论依据，阐述了自己的救亡图强见解。

严复指出生民之大要有三："一曰血气体力之强，二曰聪明智虑之强，三曰德行仁义之强"，认为"未有三者备而民生不优，亦未有三者备而国威不备者也"。

当时中国的情形如何呢？甲午一战，中国惨败于蕞尔岛国日本。"而南北虽属一君，彼是居然两戒；首善震矣，四海晏然，视邦国之颠危，犹秦越之肥瘠"，臣民置国家的危机存亡漠不关心，熟视无睹，由此看出"君臣势散而相爱相保之情薄也"。

总结中国危败的因素，严复说："将不素学，士不素练，器不素储。一旦有急，则蚁附蜂屯，授之以扞格不操之利器，曳兵而走，转以奉敌。其一时告奋将弁，半皆无赖小人，觊觎所支饷项而已。至于临事，且不知有哨探之用，庶革之方。甚且不识方员古陈大不宜于今日之火器，更无论部勒之精详，与夫开阖之要眇者矣。"为将的不学无术，不了解军事的发展，抱残守缺，又无公忠爱国之心，多贪婪纳赂之私；上阵兵士，则缺乏训练，多临事招募，"乌合之众"，以此与强敌相抗，结果可想而知。

以上是就抗敌拒外言之，从国内社会政治来讲，"法弊之极，人各顾私，是以谋谟庙堂，佐上出令者，往往翘巧伪污浊之行以为四方则效"，"至于顾问献替之臣，则不独于时事大势瞢未有知，乃至本国本朝之事，其职分所应知者，亦未尝少纡其神虑"，一些所谓的新派人物，虽以豪杰自许，实不过"徒剽窃外洋之疑似，以荧惑主上之聪明"，更有乱中投机，借国难而大发私财。

内外交困，"民力已茶，民智已卑，民德已薄"，不败才是咄咄怪事。

但严复认为，当时的西方列强，也尚未到完善无缺的境地。"盖世之所以得致太平者，必其民之无甚富亦无甚贫，无甚贵亦无甚贱；假使贫富贵贱过于相悬，则不平之鸣，争心将作，大乱之故，常由此生。"西洋强国，科技固然已十分发达进步，但其"有益于民生之交通，而亦大利于奸雄之垄断。垄断既兴，则民贫富贵贱之相悬滋益远矣"，"夫贫富不均如此，是以国财虽雄而民风不竞，作奸犯科、流离颠沛之民，乃与贫国相若，而于是均贫富之党兴，毁君臣之议起矣。且其奢侈过深，人心有发狂之患；孳乳甚速，户口有过庶之忧"。深层潜在的危机同样存在，这也是导致其终将衰败的根由。

至于中国，积贫积弱可谓到了低谷，但列强欺凌，却也是我们发愤图强的机遇。

正如病人，倘若以常人待之，使他"日从事于超距赢越之间，以是求强，则有速其死而已矣"。

又如医治痼疾，既要有一个循序渐进的过程，也需要对症下药，确定合理的治疗方案，用药过猛，只能加速患者的死亡。在当时的中国，寻求富强，则应该是"相其宜，动其机，培其本根，卫其成长"，这样，便会"其效乃不期而自立"。

从这种思想出发，严复提出："是以今日要政，统于三端：一曰鼓民力，二曰开民智，三曰新民德。"此"三者诚进，则其治标而标立；三者不进，则其标虽治，终亦无功"。

要鼓民力，当务之急，要割除二事：一是戒鸦片；二是禁缠足。

开民智，便要讲西学，行选举，别开用人之途；同时要废除八股、试帖、策论诸制科取士。

新民德为三者中最难之一端，"是故居今之日，欲进吾民之德，于以同力合志，联一气而御外仇，则非有道焉使各私中国不可也。""然则使各私中国奈何？曰：设议院于京师，而令天下郡县各公举其守宰。是道也，欲民之忠爱必由此，欲教化之兴必由此，欲地利之尽必由此，欲道路之辟、商务之兴必由此，欲民各束身自好而争濯磨于善必由此。"只有设立议院，实行民主选举，让百姓当家做主，他们才会以主人公的态度爱国兴国。

鼓民力、开民智、新民德，此三者是根本，有了根本，诸多治标的举措，如练兵、筹饷、开矿、通铁道、兴商务，便可以顺利行施。"有其本则皆立，无其本则终废"。

文章结尾，严复又提出"标之所最亟而不可稍或辽缓者"一事，即"必朝廷除旧布新，有一二非常之举措，内有以慰薄海臣民之深望，外有以破敌国侮夺之阴谋，则庶几乎其有豸耳。"他呼吁变法维新之亟，并引梁启超的话说："万国蒸蒸，大势相逼，变亦变也，不变亦变。变而变者，变之权操诸己；不变而变者，变之权让诸人。"强调变法乃大势所趋，不得不变。

《原强续篇》则由治病须先探明病源说起，剖析了当日中国的痼疾所在与病起之源。

严复认为："今日之东事，横决大溃，至于不可收拾者，夫岂一朝夕之故，而审其原者谁乎？"战争未发之前，"上下晏定，深忌讳而乐死亡"，朝廷上下偷生苟安，纸醉金迷，纵不乏有识之士指出危机深重，也被顽固势力目为妖言蛊惑。战争发生之后，却又既不能对敌国了如指掌，做到知彼；也不能清醒认识自己，做到知己，轻敌大意，盲目自信。既遭惨败，更斗志消沉，胡猜乱疑，或说日本人有强国暗助，或说为我国能人为之主谋，或说有清廷津要权贵与之勾结，所谓"自视太高，视人太浅，虚骄之气不除"，所以终于不能明白战败的根源所在。

回顾历史，严复指出，清朝武功之盛，"莫著于高宗，而衰端即伏于是"。道光、咸丰两朝，军队窳败已到了极点。而平定太平天国运动与捻军起义的曾国藩、李鸿章的湘军、淮军，"不外以匪之术治匪，其营规军制，多一切苟且因应之图，断然不足以垂久远"。至于甲午中日战争时，军队更糜烂败坏，不可救药。

日本的轻易取胜，却滋长了骄狂心态。他们以为"天下之兵皆若所遇于北洋之易钦；不言所攻者之甚瑕，独信攻者之实坚，举国若狂，中毒尤剧，虽有明识，将莫能救。继此以往，必有乘其蔽而覆之者"。

问题尚不止于此，"彼不务和其民，培其本，以待其长成而自至，乃欲用强暴，力征经营以劫夺天下。其民才未长也，其民力未增也，其民德未和也，而唯兵之治，不知兵之可恃而长雄者，皆富强以后之果实。无其本而强为其实，其树不颠仆者寡矣"。不从民力、民智、民德入手，培养根本，却穷兵黩武，竭尽民脂民膏，"害农商，戕民物，戾气一消，其民将痛。倘军费无所得偿，吾不知倭之所以为国也"。

《马关条约》迫使中国给日本的巨额军费赔偿，无疑是"倭患贫而我适以是拯之，以恣其虐我"，所以"和之一言，其贻误天下，可谓罄竹难书"。

目前中方情势却迥异日本。日本人的侵略激起了国人的愤慨，抗日卫国，在这一主题下，中国百姓日益团结到一起，斗志愈发高涨。既然"和则终亡，而战可期渐振"，便应"唯有与战相终始"。

文章最后一段，严复建议，无论 10 年还是 20 年，都要同日本打下去，拼死战斗到底；从朝廷君主论，遇有教唆投降者斩之；从群臣言，当绝了"望和"的念头。举国上下，同心同德，对列强不抱任何幻想，这才是唯一的出路。

《辟韩》发表于光绪二十一年三月十三日至十四日（1895 年 4 月 7—11 日）的《直报》上。文章针对唐代古文大家韩愈《原道》中提出的道统说及圣人史观，进行了犀利的批驳。

针对韩愈的圣人缔造世界论，严复说："如韩子之言，则彼圣人者，其身与其先祖父必皆非人焉而后可，必皆有羽毛、鳞介而后可，必皆有爪牙而后可"，不然，"则未及其生，未及成长，其被虫蛇、禽兽、寒饥、木土之害而夭死者，固已久矣，又乌能为之礼乐刑政，以为他人防备患害也哉"？而对韩文的辟佛老，严复也提出异议："老之道，其胜孔子与否，抑无所异焉，吾不足以定之。至其明自然，则虽孔子无以易。韩子一概辟而辟之，则不思之过耳。"

针对韩愈提出君主劳心、百姓劳力、君民相资、天经地义，严复说："且韩子胡不云：民者，出粟米麻丝、作器皿、通货财以相为生养者也，有其相欺相夺而不能自治也，故出什一之赋，而置之君，使之作为刑政、甲兵，以锄其强梗，备其患害。然而君不能独治也，于是为之臣，使之行其令，事其事。是故民不出什一之赋，则莫能为之君；君不能为民锄其强梗，防其患害则废；臣不能行其锄强梗，防患害之令则诛乎？"严复觉得韩愈的话应该反着说，国君、官吏都是老百姓养活的，是为保护他们而设的，不称职便该废除。

但"自秦以来，为中国之君者，皆其尤强梗者也，最能欺夺者也"，历代的君主，都是豪横强梁，是"窃国大盗"。他们既从百姓那里窃得国家，又担心百姓觉悟后夺回，于是制定了多如猬毛的律令来束缚百姓。这些律令，十有八九只能是"坏民之才，散民之力，漓民之德"。百姓是国家真正的主人，窃国之君为了"长保所窃而永世"，必然对百姓采取愚民政策，削弱他们的力量，使他们不能觉悟，不萌生反抗的想法。

在西人眼中，国家是大众的，王侯将相只是大众的公仆；在中国，"天子富有四海，臣妾亿兆"，以百姓为奴虏。在西方，百姓地位尊贵，超过王侯将相；在中国，百姓地位卑贱，都是奴生子。这一不同的对比，一旦中西发生战事，西方国家的百姓，会为公产公利并为自己而战；中国百姓，却是奴隶为主人去死。"夫驱奴虏以斗贵人，固何所往而不败？"

这篇文章对几千年的封建君主专制制度发起了猛烈的攻击，对封建道德进行了尖锐的批驳，如巨石投水，引起了轩然大波，让封建卫道者们惊恐莫名。

有位叫周同愈的人读了严复的文章，不胜愤慨，写信给严复，谴责他的《辟韩》。

严复回信周同愈，说："退之文章俊伟而调直，自唐以来所推重，仆岂能为异辞？"说自己对于韩愈的文章，同样颇为推重；所不赞同的，是他所说的道统。"仆固甚尊韩退之，然不敢其尊真理。"爱韩愈，更爱真理，为维护真理，即便"亲如吾父，尊如吾君"，也应当"辟之"。因"是非之公，则天地人物之所共有，吾又安得殉其所私尊亲者，使天下后世相疑误乎"？

严复还说，本人的"辟韩"，并不是仇视韩愈，而是他的理论不合乎"今法"；若不合乎"今法"，不仅韩愈可辟，即使孔、孟之道，甚至尧、舜、禹、汤、文、武、周公，也皆可辟。这不是好为高论，故作惊人语，是因为其"道"导致了国家危亟，民族垂危，为了挽救国家危亡，我们应该在所不辞。

当《辟韩》在《时务报》转载后，又有人署名屠梅君写了《辨〈辟韩〉书》，称："今《辟韩》者，溺于异学，纯任胸臆，义理则以是为非，文字则以辞害意，乖戾矛盾之端不胜枚举。……若《辟韩》之言，岂直厌与惑而已。殆将俾知德者忧，而无德者幸。苟至无德者幸，则天下之乱可知已矣。"对严复《辟韩》一文，进行了恶毒的攻击谩骂。

屠梅君即屠仁守，官御史，参加过上海强学会。严复怀疑这篇文章出于张之洞之手，"令屠墨君出名也"，以屠仁守的名誉发表，实际上是屠仁守受张之洞指使所作。张之洞不仅指令屠仁守用文章攻击严复，还企图对严复加以迫害，后得郑孝胥出面调解，此事算是不了了之。

与封建卫道者截然不同的是，维新志士深为严复这篇文章拍手称快。谭嗣同在致汪康年的信札中即说："《时务报》二十三册《辟韩》一首，好极好极！究系何人所作，自署观我生室主人，意者其为严又陵乎？"对严复《辟韩》一文，顶礼有加，激赏备至。

光绪二十一年五月一日至八日（1895年5月24—31日），严复在《直报》上刊出的《救亡决论》，是他的又一篇很有影响的力作。

这篇文章探讨了救亡图强的途径，进一步阐述了他的变法维新思路。

文章开篇说："天下理之最明而势所必至者，如今日中国不变法则必亡是已。"指出了当时中国变法维新的急迫重要、刻不容缓。

而变革应当从哪方面入手？严复认为："莫亟于废八股。夫八股非自能害国也，害在使天下无人才。"

严复总结八股取士的危害有三大端：一是锢智慧；二是坏心术；三是滋游手。"八股取士，使天下消磨岁月于无用之地，堕坏志节于冥昧之中，长人虚骄，昏人神智，上不足以辅国家，下不足以资事畜。破坏人才，国随贫弱。此之不除，徒补苴罅漏，张皇幽眇，无益也，虽练军实、讲通商，亦无益也。何则？无人才，则之数事者，虽举亦废故也。"

那么，救亡之道又是什么呢？严复认为，废八股，讲西学，国家便可以有救了。

文章中，严复回顾了中国学术的发展，论述了中国当前所应抛弃割除的尚不止八股，即如治古文词，为古今体，书法的摹写碑刻、篆、隶，学术的标识汉学，以及创作上的或宗秦汉，或尚唐宋等等，从经世治用的角度讲，都可以一言蔽之曰："无用"。至于谈说性理，以"修己治人"为旨归的宋明理学，"褒衣大袖，尧行舜趋。訑訑声颜，距人千里。灶上驱虏，折棰笞羌。经营八表，牢笼天地"。像这样，再用一言以概括，曰："无实。"

破坏人才的八股宜废，空谈心性、游谈无根、不切时事的"宋学汉学，词章小道"，也都应当束之高阁。而"西学格致，则其道与是适相反"，它们"一理之明，一法之立，必验之物物事事而皆然，而后定之为不易。其所验也贵多，故博大；其收效也必恒，故悠久；其究极也，必道通为一，左右逢原，故高明"。所以，"一言救亡，则将舍是而不可"。

考察有清一朝历史，严复认为当以圣祖康熙朝为全盛。康熙"勤苦有用之学，察究外国之事，亘古莫如"。其学拉丁文，为西学文字之祖；于天算、兵法、医药、动植物等学问，无不讲，更无不精；还授洋人侍郎卿衔，以备顾问。这些，都说明了康熙朝对西学这一实用之学的重视。可叹的是，两百年后，他的子孙处在危急存亡的关头，却不能"追祖宗之活精神，而守祖宗之死法制"，不知道"不法祖宗，正所以深法祖宗"。

既然"驱夷之论"已行不通，便不能不了解外国的情况；要通晓外国的情况，便不能不学习西学。"此理不明，丧心而已。救亡之道在此，自强之谋亦在此。早一日变计，早一日转机，若尚因循，行将无及。"

严复在文章中对所谓的"天不变，地不变，道亦不变"的论调也进行了批驳，说：天在变，地也在变，所不变者，"独道而已"。但此"道"指的是"有实而无夫处者宇，有长而无本剽者宙；三角所区，必齐两矩；五点布位，定一割锥"，这是自然科学的定律；以及"能自存者资长养于外物，能遗种者必爱护其所生。必为我自由，而后有以厚生进化；必兼爱克己，而后有所和群利安"，这是求生保种的基本道理，至于"君臣之相治，刑礼之为防，政俗之所成，文字之所教"，这些为维护封建君主统治因时而订的纲常教化，却并非不变之道，当与时推移，顺应形势的发展做出变革。

世界的发展很快，"一事之来，不特为祖宗所不及知，且为圣智所不及料"，祖宗及先圣先哲无法预知今天的事情，以他们的东西来应付今天的问题，"员柄方凿，鲜不败者矣"。

针对有些人"意欲扬己抑人，夸张博雅，则于古书中猎取近似陈言，谓西学皆中土所已有，并无新奇"这种盲目的自大，严复也给予了批评。他认为"祖父之愚，固无害子孙之智，即古人之圣，亦何补吾党之狂。争此区区，皆非务实益而求自立者也"。

"始于作伪，终于无耻"，严复认为友人用来概括当时中国风气流弊的这八个字，可谓中的之言。

在当时形势下，微言大义、隐约其词，自不能发聋振聩；大声疾呼，又不免惊世骇俗。为了挽救民族危亡，严复说自己"宁负发狂之名，决不能喔咿嚅呢"。他要挺身而出，"明目张胆为诸公一言道破"，说破时局的危急，说破弊端所在。在文章的最后，他尖锐指出：

四千年文物，九万里中原，所以至于斯极者，其教化学术非也。不徒嬴政、李斯千秋祸首，若充类至义言之，则六经五子亦皆责有难辞。嬴、李以小人而凌轹苍生，六经五子以君子而束缚天下，后世其用意虽有公私之分，而崇尚我法，劫持天下，使天下必从己而无或敢为异同者则均也。因其劫持，遂生作伪；以其作伪，而是非淆、廉耻丧，天下之弊乃至不可复振也。此其受病至深，绝非一二补偏救弊之为，如讲武、理财所能有济。盖亦反其本而图其渐而已矣！否则，智卑德漓，奸缘政兴，虽日举百废无益也。此吾《决论》三篇所以力主西学而未尝他及之旨也。

中国所以会有今天积贫积弱、任列强欺凌的局面，严复认为是"教化学术之非"造成的。封建君主专制的始行者秦始皇、李斯自然是千秋罪魁，而维护这种制度的六经五子也不得辞其咎，同有其罪责。时势如此，民风如此，绝非举办一两件新政所能奏效。从根本上解决，则要学习西方，在民力、民德、民智三方面齐手并进，才会有理想的结果。这也是严复力主西学不言其他的原因所在。

《论世变之亟》《原强》《辟韩》《救亡决论》等文章的发表，透露出严复爱国的炽烈、救亡保种的热诚，显示了他超人的见识及时论写作的不凡才华。系列议论的问世，俗世为之震惊，严复的名字开始为人所知，他的社会知名度也越来越高了。

# 二 投身维新实践

鼎力支持维新报刊，热诚促进新政实施，为维新运动提供舆论阵地，维新理论家也拿出了他的具体行动。

严复并不限于口头上呐喊救亡维新，他也积极投身到了维新运动的实践中，尽自己的力量，做了诸多踏踏实实的事业。

《马关条约》签订后，康有为发动一千余名在京举人联名上书，要求变法，史称"公车上书"。

为宣传维新，各地竞相办报。光绪二十一年（1895），康有为在北京创办《万国公报》（次年更名《中外纪闻》），上海则于光绪二十二年

（1896）由汪康年创办《时务报》。梁启超先是在《万国公报》任主笔，《时务报》兴办后，又应汪康年之聘，出任《时务报》主笔。

严复对新兴报刊投以极大关注。他不仅在《直报》不断刊发政论，在《时务报》创办后，也与他们建立起了良好的关系。

他深知办报不易，为表示自己的支持，除了精神鼓舞，更出资赞助。光绪二十二年八月十八日（1896年9月24日），严复写信给汪康年、梁启超，信中说：

此中消息甚大，不仅振聩发聋、新人耳目已也。不佞曩在欧洲，见往有一二人著书立论于幽仄无人之隔，逮一出问世，则一时学术政教为之斐变。此非取天下之耳目知识而劫持之也，道在有以摧陷廓清、力破余地已耳。使中国而终无维新之机，则亦已矣；苟二千年来申商斯高之法，熄于此时，则《时务报》其嚆矢也。甚盛！甚盛！

寄上汇票百元，到时乞与察入，付据。区区不足道，聊表不佞乐于观成此事之心云尔。

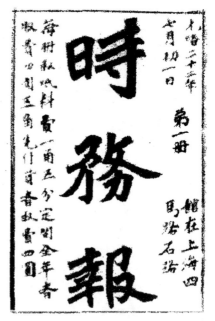

《时务报》书影

同年十月，在致梁启超的信中，对《时务报》的影响，再次予以盛赞，说："《时报务》已出七帙，中间述作率皆采富响闳，譬如扶桑朝旭，气象万千，人间阴晻，不得不散，道人木铎之义，正如此耳。风行海内，良非偶然。"

　　除了在经济上赞助，道义上誉扬鼓吹，严复也不忘将得意之作交《时务报》发表，他的力作《辟韩》等便在《时务报》转载，并产生了轰动效应，这无疑为《时务报》站稳脚跟形成了极大推助，提供了强有力支持。

　　对通艺学堂的创建，严复也做了许多工作。

　　通艺学堂由张元济创办，校址位于北京宣武门内象坊桥。"通艺学堂"这一名称，据说便是严复所取。

　　而在学堂筹建过程中，严复不仅替张元济考虑学堂名字，为他出谋划策，还积极替他引荐师资。光绪二十二年十二月十四日（1897年1月26日）张元济在致汪康年的信中谈道："现同志日益，愿来学者已有二十余人。明年拟于天津聘一教习，常驻馆内，学舍也已赁妥。"这里说的"天津聘一教习"，此人姓严名君潜，为严复的侄儿，教授英文，来自严复的推荐。

　　到通艺学堂讲学授课，是严复对学堂的又一种支持。

　　光绪二十四年八月初三（1898年9月18日），严复到通艺学堂，以《西学门径功用》为题，作了演讲。

　　讲稿由赫胥黎《化中人位论》（即《人类在自然界的位置》）说起，从人与猕猴的区别在于前者能言语，谈到了"生人之事，以炼心积智为第一要义"。

　　论及"学以穷理"，演讲稿分其为三种：一是考订，二是贯通，三是试验。"试验愈周，理愈靠实矣，此其大要也"。

　　而为学穷理，要求得登峰造极，达到极致，"第一要知读无字之书"，"西人后出新理，何以如此之多，亦即此而是也"。

　　至于学问的用途，严复将它归纳为专门之用与公家之用两种。对它们的具体内含与不同功用，演讲中也作了具体说明。

　　其后，在光绪二十四年（1898）四、五月份，严复又曾两次赴通艺学堂"考订功课，讲明学术"。八月份，因进京陛见，住在通艺学堂，又登台"演讲西学源流旨趣，并中西政教之大源"。消息传出，"除本学堂肄业诸生外，京官之好学者，相约听讲，不期而集者数十人"。据《国闻报》九月十八日《严观察登堂宣讲》载："严观察登台说法，口讲指画数点钟之久，孜孜不倦"，"有闻其论者，退而语人曰：西人之精义妙道，乃至如此，此真吾辈闻所未闻；或者严君别有心得，亦未可知"。由此看来，演讲产生了相当不错的效果。

创办《国闻报》《国闻旬刊》，是严复在维新时期所做的最重要的事情。

光绪二十三年（1897）夏，严复与同仁王修直、夏曾佑、杭辛斋相商，创办一份报纸来宣传维新、介绍西学，经过约五个月的筹备，在当年的十月二十六日（11月20日），《国闻报》正式出刊。

《国闻报》在体例上仿英国《泰晤士报》，"日报之后，继以旬报"，旬报即《国闻汇编》。

办《国闻报》的宗旨，在《〈国闻报〉缘起》上说得明白："将以求通焉耳。夫通之道有二：一曰通上下之情，一曰通中外之故。""上下之情通，而后人不自私其利；中外之情通，而后国不自私其治。人不自私其利，则积一人之智力，以为一群之智力，而吾之群强；国不自始其治，则取各国之政教，以为一国之政教，而吾之国强。"以报刊介绍中外情况，扩大人们的见闻，增进人们的智慧，汲取国外治理国家社会的经验，富民强国，正是严复他们办报的命意所在。

《国闻报》每日二张，八开，毛边纸，用四号铅字排印，每日版面文字约8000到10000字；旬报十日一册，约30000字，用三号铅字排印。日报每月定价为制钱300文，旬报每册制钱150文。一年共33册，全年订阅者，每份售制钱4000文。

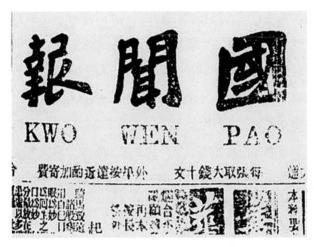

《国闻报》书影

在栏目设置上，日报首登当日电传上谕，次登路透社电，主笔所写议论，天津本地新闻、京城新闻，保定、山东、山西、河南、陕西、甘肃、营口、牛庄、旅顺、奉天、吉林、黑龙江、青海、西藏等地方新闻，后登外洋新闻。鉴于东南各省新闻已登载于当地各报，《国闻报》不复登载。

报馆设翻译与采访。翻译选俄、英、法、德、美、日、墨等国报纸百余种，聘十余位通晓外文的人士编译；采访记者有几十位之众。

办报之初，严复他们有大致的分工。严复、夏曾佑主要负责旬报，王修植与杭辛斋主持日报。

旬报自光绪二十三年十一月十一日（1897 年 12 月 4 日）创刊，到次年正月二十五日（1898 年 2 月 15 日）停办，总共出了六期。旬报除刊登西方报刊摘要译文外，最重要的是刊载了严复的译著如《斯宾塞尔劝学篇》《天演论悬疏》等。

旬报停刊后，严复与夏曾佑也投入到了日报的编辑工作中。

严复为《国闻报》写下了大量的社论。据王栻先生考证，大约有 27

篇之多。篇目如下：《〈国闻报〉缘起》《天津国闻报馆启》《驳英〈泰晤士报〉论德据胶澳事》《论胶州章镇高元让地事》《论胶州知州某君》《书中国备赴美国费城商会事》《论俄人为中国代保旅顺大连湾事》《再论俄人代守旅顺大连湾事》《论中国之阻力与离心力》《论沪上创兴女学堂事》《中俄交谊论》《拟上皇帝书》《鸦乘羊者》《如后患何》《论中国教化之退》《有如三保》《道学外传》《道学外传余义》《保教余义》《保种余义》《论治学治事宜分二途》《论中国分党》《说难》《时务报各告白书后》《论译才之难》《八月初三日侯官严复先生在通艺学堂演说西学门径功用》。

这些议论文字又以时评政论为主要内容，由其议论，颇可以看出严复思想上的敏锐与他对国家命运的关切。

《论俄人为中国代保旅顺大连湾事》及《再论俄人代守旅顺大连湾事》，就俄国所谓的"代保旅顺大连湾"这一件事，分析了未来事态的发展及此事本身所可能带来的连锁反应。

对俄军进驻旅顺大连湾，在当时清朝政府大员中不乏这样的意见：他们认为中俄亲善，关系日密。甲午之战，中国所失辽东土地，正赖俄国干涉，日本才归还中国。如今俄国不要中方任何兵饷费用，愿替我看管旅顺大连，守卫北洋门户，诚为千载难逢的大好事。日后倘若有人进犯我土，俄军自然会将它拒之门外。从今以后，清朝政府可以高枕无忧了。

对这种看法，严复在文章中进行了批驳。他一针见血地指出："吾闻国必自立也，而后人与之，未有内不自治，而谓依人而立，可以长治久安者也。"作为一个国家，不能富强自主，便不可能独立自存，依靠他国，自然无法保证其长治久安，这是明摆的道理。

他还认为，说俄人的"代保""实有贪我旅大之心"，实为"久踞"侵占，这虽不能断定，但就中国的现状及事态的实际发展看，他日的收回自守，这种希望也很渺茫。

理由之一：甲午之前，两港有完备的军事设施与雄厚的海陆部队，日本偏师袭击，不数日便告沦陷。目前大清既已耗尽老本，精疲力竭，重振两港，恢复甲午以前的状态已是无望。而俄国既已驻军，必不肯去，还会找出堂皇的借口说，你们已被日本战败，还是由我们代守更好。

理由之二：今旅大两港炮台多失，要防守，便要筑台购炮；而海军驻扎，又须修建船坞。俄人既为经营，将来也自不肯离去。

基于这两点，严复指出："嗟乎！吾中国不急谋自立之道，乃以此重大之事累及他人，使其一日不能卸责，而转幸托付之有人，得以自逸自慰，偷目前苟且之安。吾虑疾雷迅至，不及掩耳，外患既乘，内忧并作，曾不瞬息，并求此目前之安，而亦恐不可得也。悲夫！"他抨击了当权大员只图一己苟安，置国家命运主权于不顾；又郑重警告他们，不急谋自立之道，内忧外患一旦并发，将恐怕"求此目前之安"，"亦恐不可得也"。

文章中，严复还就事态的发展作了预测，认为，在中国来说，俄人代守，"不过徒拥其虚号"；在旁观者视之，"则并此虚号而亦不我予矣"。且由此为肇端，英国要舟山，日本占威海，必然相继发生，中国既不能抵敌，也只有拱手相让。不仅英、日，法国也必然要打南洋各海口的主意，如厦门、三沙澳，必以能得其一方而后快。

中国是块肥肉，列强觊觎着从这里得到利益，既然清政府软弱可欺，各国便也竞相希望在此利益均沾。俄国的代守，起因于德国占据胶州湾；德国占据胶州湾，又因三国干涉还辽后，它所得到的利益不如俄法那样多的缘故。

就德国侵占胶州湾一事，严复认为，这只是其重大图谋的第一步。而清朝政府的"犹降气下心，不权利害缓急，始终以求和为本谋，而不一思变计，不筹一饷，不征一兵，不简一器"，这与"大盗入门，举家相顾，坐而待戮者"，并无二致。

　　严复在文章中分析了日、德两国的不同情况，批评了昔日轻敌与今日惧敌均不可取。他指出，鉴于以下几点，可与德战：一、德国远隔数万里之遥，由德到华，至速也需三十七日，其运兵转饷艰难；二、战船用煤及修船所用船坞，都不能自给，须依靠他人；三、欧洲各国对德国都存二心，都想遏制它的嚣张气焰，德国因此"内顾之多忧"；四、华洋贸易，德据其首，各通商口岸多有德国商人，战争会给他们带来巨大损失。由这些原因决定，有朝一日我对德宣战，"其必不能与吾久持而不下也明矣"。

　　"不与德人战，则胶州必不还；胶州不还，则俄人代守旅大之师必不退；旅大之俄师不退，则英、日舟山、威海之请必日亟"，说到底，驱逐胶州湾德军，一切问题便可迎刃而解，所以严复呼吁："吾愿谋中国者，权衡于二者之间，而急求所以自立之道。仁人志士、义夫侠子，苟有血气心知，而怀保群爱国之心者，存亡危急，间不容发，其亦知所自处矣。"为了国家，为了保种，全国上下应该同心同德，当机立断，向德国宣战，赶走入侵的德军。这是严复在对当时的国际国内形势综合分析后得出的结论。

　　《驳英〈泰晤士报〉论德据胶澳事》一文，就英国《泰晤士报》发表言论赞颂德国强占胶州湾，进行了抨击。文章认为，"夫所谓开化之民，开化之国，必其有权而不以侮人，有力而不以夺人"，"凡横逆之事，不欲人之加诸我也，吾亦毋以施于人"，德国借端教案，强占胶州湾，"此不特以野蛮生番之道待吾中国，直以野蛮生番之举动自待而已矣"。而在被称为地球开化国之首的英国，又为"一时名士大夫所会合"的《泰晤士报》，却盛赞德人这一"野蛮生番"的行为，严复认为，这岂不是说明英之国民"其亦犹有野蛮生番之性也欤"？

　　文章中，严复又举以前英国希腊的一起交涉案为例，说道："乃昔之英人犹不自护其短，而今之英人，反护他人之短，则是英之民智转卑，民德转坏，其国家之治化，且视昔为退矣。"

这篇文章以社论的形式，既对英国《泰晤士报》的错误立场加以谴责，也对素称开化之民的英国"名士大夫"深表遗憾。

《论胶州章镇高元让地事》《论胶州知州某君》对驻守胶州湾总兵章高元不战而退、拱手让地及某知州媚敌投降作了笔伐。

文中分析中国官吏惜命自私、不顾国家安危的原因说：

中国之州县官，非人所为，夫人而知之矣。上司重叠，皆得制吾之死命；同僚比肩，互相搏噬，以争腐鼠；其下则门丁胥役，幕友官亲，相为环伺，咸以本官为其发财之机器，而又不顾其机器之损坏。盖州县者，无人不可责备，即无日不有处分者也。彼其人者，观此地狱而顾若有所恋而不能去者何也？将有所求耳。慈祥恺悌，恩如父母，非爱民也，为其所求耳；严刑峻法，恶过焰摩，亦非有仇于民也，亦为其所求耳；苞苴所及，上穷碧落，下入黄泉，非好施也，为其所求耳；胁肩耸体，媚于优倡，排挤夤缘，幽于鬼蜮，非不惮劳也，俱为其所求耳。

腐朽的官僚体制，导致了官场的腐烂败坏，造成了官吏的自私唯我，无人肯公忠为国。像这类人，严复说："其形体虽存，其人心已死，其不知人间有羞耻事久矣。"行尸走肉，无心肝、不知廉耻之人，在国家危难时刻，自不会奢望他能舍己卫国，以身许国。

有关时政的议论，是严复这些评论文章中的又一中心内容。

《有如三保》对守旧派以己度人、阻挠变法、诬蔑维新人士进行了批驳。

严复认为，目今中国国门已被打开，闭关锁国自不现实。而不正视现实，不维新图强，"亡国灭种"，绝非危言耸听。

对一些"自鸣孔教之人"所鼓吹的"保教",严复批评道:"其持孔教也,大抵于耶稣、谟罕争衡,以逞一时之意气门户而已。不知保教之道,言后行先则教存,言是行非则教废。"孔子说"毋意,毋必,毋固,毋我",希望人不要主观、武断,他绝不会以邻国为夷狄,从而不去了解研究他们的情况,来筹谋对付的方略,以此论,这些反对学习西方、守旧顽固的"保教"分子,若孔子地下有知,必不以他们为功臣。

国家危在旦夕,值此形势,严复认为最宝贵的是"砥节砺行",首先保种、保国,而不是空谈"保教",这样,"孔教固不必保而自保矣"。

《保教余义》一文,严复进一步论述了所谓"保教"的荒唐。他认为,首先,孔子的思想在不同时代有不同的发展,代各相异,所谓"保教",实不知所保;其次,由于中国民智未开,在广大的民间,并不信孔教,所谓"虽国家奉此以为国教,而庶民实未归此教也"。严复批判了"以新法之有碍孔教为辞"、排斥抵制新法的保守派,对他们置国家主权不顾,却因孔庙被毁而"大哗然"作了辛辣的讽刺。

《保种余义》驳斥了中国"地大人多,灭亡不易"的谬论。指出中国所以人多,是其"文化未开""嗜欲重"所造成的。而恶劣的生存条件,只能导致"谬种流传,代复一代"。又人口的膨胀与资源的不足,必然引发动乱。所以在这篇文章中,严复提出了控制人口,优化出生率的问题。

《论中国教化之退》由《春秋》三世说谈起,指出当时的中国已与衰世相近。"今支那之民,非特智识未开也,退化之后,流于巧伪,手执草木,化为刀兵,彼此相贼,日趋于困。"处于衰世,愚昧,虚伪,自相残杀,不求发展,长此以往,"再数百年,谓为种灭,虽未必然,而涣散沦胥,殆必不免"。严复大声疾呼,希望国民惊醒振作,发愤图强,变革维新,以求保种救亡。

《论中国之阻力与离心力》从物理学的阻力、离心力谈起,说道:

"此二力均能改物，而离心力尤甚。因物遇阻力时，若无离心力，则物不过失其本形，而别成新形；设再加之以离心力，则此物遂灭而别为他物矣。"而将"此说以论群学，则其验尤不爽"。

接着，文章娓娓道来，论述了离心力对于中国当时社会的严重危害："今者中国幅员万里，人民数百兆，天下之人，举皇皇然若有不终日之势。问其何故，则必以为欧洲各强国之阻力也。从大至小，无论何事，考其情状，无不见屈于西人。谓为阻力，诚阻力也。然试思此阻力之何以行于吾土，而吾竟无拒力哉？则知吾中国有离心力之故也。"

这种离心力究竟表现在哪些方面，文章认为："其情状之可见者，朝野乂安，除外侮之外，晏然无事，野无盗贼，即偶有，亦旋擒搜荡平之。士林无横议，布帛菽粟之谈，远近若一，即有佻达，亦其小小。朝士彬彬，从容文貌，威仪繁缛，逾于古初。听天下之言，无疾言也；观天下之色，无遽色也；察天下之行事，无轻举妄动也。而二万里之地，四百兆之人，遂如云物之从风，夕阳之西下，熟视不见其变迁，逾时即泯其踪迹，其为惨慄，无以复逾。究其本原，其细已甚。"沉闷、僵化、麻木，缺乏生气与活力，如一潭死水，又像一盘散沙，显得死气沉沉，看不到团结向上奋发进取的气象。

由于这种离心力，读书人只知道"习帖括，工摺卷"，以八股举业为生命。在考试不公、大家计议罢考时，却有人打着如意算盘：别人不应试，我一人去考，岂不可以稳中？再看商人，当他们因政府抑制商业，生意难做时，也曾商议罢市，但同样有人盘算借他人罢市，自己反道而行，大发横财。复从朝中官员构成看，恰恰又是这些八股士子或捐金买官的商人。他们没有治国的方略，无真才实学，除了"以伪应伪"、瞒哄欺骗，便是率意臆断。由这批人把持朝政，为朝官的主流，政治的败坏不难想见。

《论治学治事宜分二途》剖析了科举取士的弊端，指出无论书院还是学校，其所授课，无非八股试帖，以及诗赋杂体，都"不切于当世之务"。至于儒生，则除了应试要考的内容外，一无所知，在见识上，甚至不如"市侩贩夫"。以见识不如市侩贩夫的儒生，来治理国家，政事的紊乱可知。

如何解决这一问题呢？这篇文章提出了自己的见解："天下之人，强弱刚柔，千殊万异，治学之材与治事之材，恒不能相兼。"适宜做官从政的人入仕，适合做学问的人专攻学问，并不论其是否由举业出身，这才是解决问题的途径。

有学问的人是否一定要做官才是最佳选择呢？作者认为，这主要看国家的政策取向是否得当，能否让农、工、商各行业的人才"自由于农、工、商之事"，且"优其体制，谨其保护"。只要尊重知识，让他们充分施展才能，大展怀抱，享有民权，这些人才便不一定非要跻身仕途，竞相走此独木小桥。

"农工商之学人，多于入仕之学人，则国治；农工商之学人，少于入仕之学人，则国不治"。有知识的人在农工商各行各业中多于在官场的，国家便繁荣；反之，国家便衰败落后。这种见解是相当精辟深刻的。

《论中国分党》一文，就西人所说的中国存在守旧、中立、维新三党这一说法，提出了不同意见。

文章认为，西人以孙中山等为维新党，是由孙为"其教中人，尝大言欲行其教于中国"，所以对他称许。而对孙中山的支持，"不过自保其国权，与孙文无涉"。从文章中对孙中山的认识看，作者显然对以"排满"反清推翻清政府为己任的革命派深为不满。这表现了作者的局限，自无疑义。

但文章对"中立党"即维新派的分析，却显得入木三分，深刻尖锐。作者说，谈维新的人，在当时社会，为数极少。就在这极为有限的人中，真正了解西学真谛，以西学救国，不存私欲者，更为数寥寥，数人而已。

其他的，或是为了显得自己开明、时髦；或是见西人的船坚炮利，所向披靡，以为这便是它们强大的原因，故去效法；或是极守旧的人，久负盛名，不愿让人看出他对西学的无知，而了解一点西学的皮毛，用来向世人炫耀其博洽。作者认为，这三者，"有维新之貌，而无维新之心者也"。

至于"守旧党"，既称守旧，便应当有旧可守。但这些人，"问以七略九流之家法，不能如也；课以三千年之朝章国故，不能举也；责以子臣弟友纲常名教之职，不能践也"，既不能通晓旧有学术文化，也不能明白历朝制度，更不能践行传统道德纲常，称其为党，也自不算适当。

作者对假维新派与守旧分子的批判，鞭辟入里，毫不留情。

《道学外传》也是一篇力作。文章为道学家作了生动逼肖的漫画，所谓"面带大圆眼镜，手持长杆烟筒，头蓄半寸之发，颈积不沐之泥，徐行偻背，阔颌扁鼻，欲言不言，时复冷笑"，具体形象、惟妙惟肖地写出了道学家的实质，如铸鼎象物，毕现尺幅。

道学家玩的是深沉，貌似学有素养，学贯中西，其实不学无术，只知循规蹈矩，墨守成规，正如文中所说："度其四五十年间，日日均可读书，质虽驽下，无一得之智，无远略之怀，但能循途守辙，日诵数十行，时日既多，意者亦必有可观者焉。试入其室，笔砚之外，有《四书味根录》《诗韵合璧》《四书典林》，无他等书。其尤博雅者，乃有《五经汇解》之经学，《纲鉴易知录》之史学，《古文观止》之古文，《时务大成》之西学。"仅此而已。

但在当时中国，朝廷与地方官吏中，又每每能见到这类道学先生。让他们掌握着中国的命运，岂不让人担忧着急！作者担心国家让他们断送，后代子孙被他们引入歧途，所以"不惮刻酷之讥，轻薄之责"，为他们画像，希望当道者不可用此等之人，家长不可延此等人为师。作者的用心可谓良苦。

《国闻报》介绍中外情况，它的最终目的还是为了宣传维新、推动维新运动。由严复撰写的大量社论，以救亡图存、护国保种为中心内容，正体现了这一宗旨。

除此以外，《国闻报》还做了许多切实推动维新运动发展的工作。

为康有为主持创建的保国会摇旗呐喊，作舆论鼓吹，这是《国闻报》的重要特色之一。

刊载了保国会章程，这对于在北京受到顽固派围攻，处境维艰的维新派，自然是有力的支持。报纸以《京城保国会题名记》为题，发表了梁启超等参加保国会的 186 名会员签名名单。以《三月二十七日保国会上演讲会辞》为题，刊发由麦孟华记录的康有为向全体会员所做的演讲。发表梁启超在保国会会议上的演说稿。同时，刊发《书保国会题名记后》《闻保国会事书后》，抨击顽固派对保国会的诋毁围攻，为保国会大唱赞歌。

大力宣扬维新，为维新运动作舆论阵地，是《国闻报》引人瞩目的又一个特色。

《国闻报》连载了都察院不允代奏的梁启超等百余名举人的《公车上书请变通科举摺》，从而使这一以要求废止八股取士制度为主要内容的重要文章，冲破顽固势力的封锁，得以公诸于世。

百日维新期间，《国闻报》更对维新变法的系列新政给予强有力的宣传，不仅刊出光绪皇帝有关变法的全部上谕及维新人士的变法条呈，还不时以按语或评论的形式，盛赞各种新政，这在当时报界，是绝无仅有的。

《国闻报》对时局时政大胆激烈的议论讥弹，以及它与维新派间的密切关系，招致了顽固派的嫉恨。严复等《国闻报》创办人对此早有心理准备。办报伊始，他们已经预料到了各种可能的出现，从而采取了相应的一些防范措施。措施有三项：

一、不公开出面。严复他们不挂主办名誉，报馆馆主由不知名的福建人李志成充任。撰写评论文章，不署真名。报馆有事相商，不在报馆，多聚集在王修植家中。

二、馆址设在天津紫竹林海大道租界地面，这里的管辖权属于洋人，可避免地方封建官府的纠缠。

三、自光绪二十四年三月（1898年3月27日）起，对外说法是报馆盘给了日人西村博，用日本"明治"年号，实际主办人仍是严复他们，严复仍有大量评论文章揭诸报端。

这些措施，对保护报纸，的确产生了富有成效的作用。

光绪二十四年（1898）三月间，有地方官上奏朝廷，弹劾严复，说他与人合股办《国闻报》，名誉上盘给了日本人，但北洋水师学堂的学生仍为报刊译稿。

朝廷因此派直隶总督王文韶调查其事。王文韶委天津海关道李岷琛去办。李岷琛致函日本驻天津领事查询，得到的回复是报馆已由李志成盘给日本人西村博。四月十九日（6月7日），王文韶就调查结果上奏朝廷：

> 查该领事所称，前开《国闻报》馆者，系闽人李志成。今年三月接开者，系日人西村博，自行经理，皆确有主名，不言另有人合股。道员严复素日讲究西学，偶以论说登报则有之，合股之说，即或因此而起，实未闻有勾串情事。至水师学生代为译报一节，查水师学堂学生，遇有西报，皆当翻译，原以备考校而资练习，有足广见者，间亦付之报馆，或报馆人自向索取登入，尚非受雇代为译报，其刻载姓名，亦系报馆常例。将各等情查悉，具禀前来，臣覆查无异。

> 窃见迩来报馆林立，指摘时政，放言无忌，措词多失体要。《国闻报》所登严复议论，亦时蹈此失。盖该道曩年游历泰西，熟谙洋务，狃其书生之见，欲以危言耸论，惊动当世，以冀力振时局，其心尚属无他。今

该道被参报馆合股，及与外人勾串各节，既查无其事，应仰恳天恩，免其置议。臣仍谕饬严复并学堂学生等，嗣后不得再有只字附登馆报，以自取戾。

从王文韶的奏折看，他有意替严复回护开脱，这是十分明显的。严复终于没有被朝廷罢免，不能说不得力于王文韶的帮忙。但更关键的因素还在于严复他们见识不凡，能料事于未发之先，早为设防，这样便未给顽固派以口实，使他们拿不出整倒自己的证据。

严复继续在《国闻报》上发文。《国闻报》对维新的热衷支持，一如既往。

在戊戌政变后的第七天，《国闻报》赫然登出《视死如归》一篇文字，不仅报道了"六君子"殉难的消息，并旗帜鲜明地表达了对他们的哀悼、致敬。

清廷对《国闻报》的恼火可以想见。不久，朝廷下旨查封《国闻报》，《国闻报》停刊。过了些时，《国闻报》又出刊了，但这时严复他们已经离去，报馆真的卖给了日本人。

# 三　光绪帝召见

《拟上皇帝书》似乎成了预兆，光绪帝真的召见了严复。他面对一朝天子，陈述了自己的维新主张，畅谈了自己的改革思路。

严复学问渊博，中西淹贯，有很强的入世精神。他留心治世之学，对时局政治也都具有精湛深刻的认识。他希望能出为王佐，替国分忧，为国家擘划筹谋大政方针，富国自强，振兴中华。但出身限制，作为武职，虽然身为北洋水师学堂校长，他却没有这样的机会。严复常因此耿耿不乐，满腹愁肠与牢骚。在给友人的信中，他便吐露自己的这一衷肠。

吴汝纶与严复介于师友之间，半师半友。严复十分敬重列名"曾门四大弟子"、为桐城派后期重要作家的吴汝纶，服膺他的古文；吴汝纶也十分欣赏严复的中西淹贯、见解宏通。两人建立了极深厚的交谊。在给严复的回信中，吴汝纶劝慰严复说：

> 独执事博涉，兼能文章。学问奄有东西数万里之长，子云笔札之功，充国四夷之学，美具难并，钟于一手，求之往古，殆邈焉罕俦。窃以谓国家长此因循不用贤则已耳，如翻然求贤而登进之，舍执事其将谁属？然则执事后日之事业，正未可预限其终极。即执事之自待，不得不厚，一时之交疏用寡，不足芥蒂于怀，而屈、贾诸公不得志之文，虞卿魏公子伤心之事，举不得援以自证。尚望俯纳刍荛，珍重自爱，以副见慕之徒之所仰期。

吴汝纶说，扬雄般的古文功夫与精通西学，这是极难兼有的，但你严复具备。你的学问有数万里之长，如此大才，一旦国家振作起来，需要求贤，不找你找谁呢？你的前途正不可限量，所以不要发牢骚了，一时得失不必挂怀，更不要以屈原、贾谊、虞卿、魏公子这些不得意的古人自况，要自我珍重，不要让企慕你的人对你失望。

这时的严复，随着他的《论世变之亟》《原强》《辟韩》《救亡决论》等文章的发表，声名鹊起，"朝之硕臣，及铮铮以国士自期许者，咸折节争集先生之庐"（林琴南《江亭饯别图记》），仰慕他的人越来越多，他的交友圈不断扩大，严复成了文坛上的大名士。

光绪二十三年十一月二十三日（1897年12月16日），贵州学政严修奏请设经济特科，招揽人才。次年正月，恭亲王奕䜣等联名上奏，对严修的奏折表示赞同，请旨"京官三品以上，外官督抚学政，各举所知，无限疆域，无论人数，悉填姓名籍贯，并其人何所专长，咨送总理衙门，定期考试，再由臣衙门会同礼部奏请试期，钦命题目，简派阅卷大臣在保和殿试以策论，差次优劣，分别去留，录取者再请殿廷复试一场，另请简派阅卷大臣，详定等第，以昭慎重"。光绪帝批准了这一奏议。

经济特科就这样拉开了序幕。各地遵照皇帝上谕，纷纷荐举当地名儒硕学。据资料统计，被推荐上去的人数有 200 余人。严复也名列其中。

荐举严复的是顺天府尹胡燏芬，他总共推荐了五人，除严复外，还有王修植、钟天纬等。

此外，詹事府詹事王锡蕃在《保奏人才折》中也推荐了严复。他给严复的评语是："北洋水师学堂总办候选道严复，本船政驾驶学生，出洋学习，于西国典章名理之学，俱能探本溯源，精心研究，中学亦通贯群籍，著述甚富，水师情形，尤其所熟知专习，久在北洋供差，奉公之外，闭户寡合，其立品尤为章卓。"认为严复是"通达时务"之材，应"量才器使"。

对于严复应荐经济特科，吴汝纶并不赞成。他从历史的经验出发，认为"特科徒奉行故事耳，不能得真才。得矣，亦不能用"，所以在他给严复的信中，劝严复"回翔审慎，自重其才，幸勿轻于一出也"。他建议严复慎重考虑，不可率然行事，以免轻贱了自己，为人笑柄。

经济特科后因戊戌政变发生，终于没能举行。但严复却因王锡蕃的推荐，被光绪帝召见，圆了陛见皇上的梦想。他的《拟上皇帝书》，似乎成了预兆。

《拟上皇帝书》于光绪二十四年正月初六至十四日（1898 年 1 月 27 日—2 月 4 日）发表在《国闻报》上。

文章开篇以"跛者不忘履，眇者不忘视"为譬，指出在危急存亡之秋，君臣上下张皇失措，满朝文官武将见短识浅，无人能替国分忧为国筹谋，"见兔既不思顾犬，亡羊复不思补牢"，这种局面十分危险，自己也深为之忧虑痛惋。

出于救亡保种的热诚，严复替皇帝设想，为他剖析中外大势，提出了图治的宏观思路。

综论国内外情势，严复认为："惟中国之积弱，至于今为已极矣。此其所以然之故，由于内治者十之七，由于外患者十之三耳。"当前的中国，固然是积弱到了极点，但造成这一局面的原因，属于"内治"、为治理不善造成的，占十分之七的成分；外国侵略欺凌则仅占十分之三。

为什么这样说呢？严复作了具体阐析。

他指出，外患在今日已是登峰造极，成了头号问题，但溯其源头，在明末清初，便早已孕育了恶胎，为今日局面的出现，埋下了种子。明朝末年，倭寇之患十分猖獗，倘若君臣上下为天下苍生计，早做对策，那么便会"一见而不再见焉"。正是由于当时君臣上下盲目自大、不思对策，这便使倭患"再见三见屡见"，以致有"甲午"惨败。

甲午战争以中国失败告终，但失败的影响，远大于失败自身。由于战败，中国的积弱为列强尽窥，老底被人家看得一清二楚。在这样的情况下，即便想像以前那样不思图强、苟延岁月，恐怕已不可能。

但各国对中国仍有疑惧。他们认为中国的不振是由于不知外情、不思振作造成的；一旦了解外情，发愤图强，以其地大物博、人口众多、君权的威严，很快便能强大，成为世界强国。他们揣度自甲午挫败，中国将从此思治图强，所以由这以后，他们格外留心探察中国的新情况、新动向。

严复认为，外人对我国的关心，并非"有爱于中国"，而是担心"中国之终于不振，致启戎心，破各国平权之局，兵事大起而生民涂炭"。他们希望以中国的强大，来消除"侮夺觊觎之心"，图通商之利。

　　基于这种认识，严复指出：当今外患虽烈，但并不是我国的病根；病根在于内治不修、积重难返。

　　所说的内治，表现在"法既敝而不知变也"。

　　文中指出："天下有万世不变之道，而无百年不变之法。"所谓"道"，指的是"有国有民所莫能外"的东西，如"相为生养、相为保持之事"。而"法"，则仅是"古之圣贤人，相一时之宜，本不变之道，制为可变之法，以利其群之相生养、相保持而已"，是服从于"道"，根据当时情况制定的对当时适用的东西。外人深知"穷则变，变则通，通则久"的道理，所以他们"一国既立，为之主者，率皆一姓相传，累千余年而不变"。中国不明白这一道理，穷而不思其度，所以只有易代换姓才能变革，除前朝弊政，一新政治。

　　因此严复指出："且夫王者之大事，莫大于法祖而敬天矣。敬天则当察天意之所趋，法祖则当体贻谋之所重。"所谓敬天，则应当体察天意所在，而天意所在，正在百姓之中。以当今的情势论，百姓呼唤变法，呼唤救亡图存，这是民情，也是天意所在。

　　从法祖论，严复认为，若不思变法，使"社稷倾危""种姓降为皂隶"，这便不能称得上是"孝"。"祖宗之贻谋，莫重于保世垂统"，若丢失祖宗创下的江山，自不能算是祖宗的孝子。所以严复说道，变法并不是"轻改祖、父之道"，人们尽可以消去这种不必要的顾虑。

　　但讲变革、图富强，也非容易的事情。严复认为："盖古今谋国救时之道，其所轻重缓急者，综而论之，不外标、本两言而已。标者，在夫理财、经武、择交、善邻之间；本者，存夫立政、养才、风俗、人心之际。势亟，则不能不先事其标；势缓，则可以深维其本。盖使势亟而不先事标，将立见覆亡，本于何有？顾标必不能徒立也。使其本大坏，则标匪所附，虽力治标，亦终无动。是故标、本为治，不可偏废。"

严复承认，处在当今，变革不易，说："故今者审势相时，而思有所改革，则一行变甲，当先变乙；及思变乙，又宜变丙。"由于问题的"胶葛纷纶"，如果"支节为之"，不从宏观整体着眼，则"不特徒劳无功，且所变不能久立"。

总结以前的洋务新政，严复指出，其"大抵皆务增其新，而未尝一言变旧。夫国家岁入之度支有限，而新政之日增无穷，新旧并存，理自竭蹶"，这一教训启示来者，正确的方法应该是"除旧布新，相因为用"。

严复建议朝廷，在变法之前，有三件事是亟应该先做的，这便是：一、联各国之欢；二、结百姓之心；三、破把持之局。

"联各国之欢"，实际上是要皇帝亲身去体察外情，"知中西政俗之异同。知其异同，则有以施吾因应修改之治"。

"结百姓之心"，目的却在于了解民意，顺应民心。百姓拥有民主，

光绪皇帝像

他们便会为国而战，为自己而战，不再是奴隶为主人去战。"民主之兵，最苦战而不易败。"

"破把持之局"，就是要改革人事制度，一方面使无学无术的"侥幸者"不得借拉关系走后门行贿赂掠取权势；另一方面靠立法度循章办事，使官吏的权力受到制约，避免个人把持。"不破把持之局，则变法为虚言"，守旧势力手握大权，权倾朝野，为保其既得权益，自然会顽固地反对变革，反对维新，所以严复认为"破把持"既十分艰难，也势在不得不行。

就在这篇《拟上皇帝书》发表半年后，光绪帝真的召见了严复。七月二十九日（9月14日），严复在乾清宫觐见了光绪帝，《国闻报》详细报道了该事，并记录了君臣谈话的内容。报载：

上月二十九日，严又陵观察蒙恩召见乾清宫，垂询办理海军并开办学堂事，甚为详细。语次，上问："本年夏间，有人参汝在天津《国闻报》主笔，其中议论可都是汝的笔墨乎？汝近来尚在《国闻报》馆主笔否？"严对曰："臣非该馆主笔，不过时有议论，交于该馆登报耳。"上又问："汝所上报之文，其中得意文章有几篇？"严对曰："无甚得意者，独本年正月间有《拟上皇帝书》一篇，其文颇长，当时分作六七日登报，不知曾蒙御览否？"上云："他们没有呈上来，汝可录一通进来，朕急欲观之。"严对曰："臣当时是望皇上变法自强，故《书》中多此种语，今皇上圣明，业已见之行事，臣之言论，已同赘疣。"上曰："不妨，汝可缮写上来，但书中大意是要变什么法？"严对："大意请皇上于未变法之先，可先到外洋一行，以联各国之欢，并到中国各处，纵人民观看，以结百姓之心"云云。上微叹曰："中国就是守旧人多，怎好？"此外闻垂问事甚多，约奏对三刻钟之久。严观察既退，遂回寓，将春间登报稿本上紧修缮，以备进呈，想日内已经御览矣。

从这则报道看，光绪帝与严复的谈话问到了办理海军、开办学堂，乃至《国闻报》主笔及严复的变法主张等，会谈时间有"三刻钟"，严复应该是比较具体地陈述了自己的见解。光绪帝的感叹及其让严复送上《拟上皇帝书》，可以看出严复所谈颇合光绪帝的思路。严复总算有了次陛见皇帝、面陈治国方略、一逞所学的机会。对这次陛见，严复十分看重，也很觉得兴奋，这是情理中的事情。

但就在严复觐见乾清宫不到一个星期，八月初六（9月21日），由于袁世凯的告密，慈禧太后发动了戊戌政变，囚禁了光绪帝，对外宣称光绪患病，由慈禧太后听政。

戊戌政变后，康有为、梁启超因闻风避逃幸免于难，谭嗣同、杨锐、林旭、刘光第、康广仁、杨深秀六人被斩于北京菜市口，时称"戊戌六君子"。

政变发生的当天，严复也在北京。大学士王文韶闻知有人提出严办严复，便暗中示意他早日离京，暂时躲避为妙。严复得到王文韶的暗示，很快返回了天津。

由于在百日维新中严复并没有参加实际的政治活动，慈禧政权后来也并未对他再加追究。他仍然在水师学堂做他的总办。

但严复毕竟目睹了政变的惨烈，顽固派对维新运动的绞杀，令他极为愤慨。在他的诗歌中，真实地记录了当时的这一情绪。

他的五言古体《哭林晚翠》中有云：

> 相见及长别，都来几昼昏。
>
> 池荷清逗署，丛桂远招魂。
>
> （余以戊戌六月晤晚翠而晚翠以八月遇难。）

投分欣倾盖，湛冤痛覆盆。

不成扶奥弱，直是构恩怨。

忆昨皇临极，殷忧国命屯。

侧身求辅弼，痛哭为黎元。

大业方鸿造，奇才各骏奔。

明堂收杞梓，列辟贡玙璠。

岂谓资群策，翻成罪谤言！

衅诚基近习，祸已及亲尊。

惝恍移宫狱，呜呼养士恩。

人情方翕訾，天意与偏反。

夫子南州彦，当时士论存。

一枝翘国秀，三峡倒词源。

荐刿能为鹦，雄图欲化鲲。

杨谭同御席，江郑尽华轩。

卿月辉东壁，郎星列井垣。

英奇相楮柱，契合互攀援。

重译风皆耸，中兴势已吞。

忽惊啼晚鸩，容易刈芳荪。

古有身临穴，今无市举幡。

血应漂地轴，精定叫天阊。

犹有深闺妇，来从积德门。

抚弦哀寡鹄，分镜泣孤鸳。

加剑恩牵犬，争权遇愤豚。

空闻矜庶狱，不得见传爰。

投畀宁无日，群昏自不论。

浮休齐得丧，忧患塞乾坤。

上帝高难问，中情久弗谖。

诗篇同乘机，异代得根原。

莫更秦头责，休将朕舌扪。

横流看处处，只合老邱樊。

林晚翠即"戊戌六君子"之一的林旭。他是严复的恩师沈葆桢的孙女婿、友人沈瑜庆的女婿。在这首悼念林旭的诗中，严复叙说了他与林旭的相交始末，称扬了林旭的盖世才华，高度肯定了林旭与杨锐、谭嗣同、江标、郑太夷等共创的维新局面。而对他的忠心为国却被冤杀，对维新大好局面的被毁，也表示了极大的愤慨与惋惜。同时，还向残杀维新志士的顽固派发出了强烈的控诉。

又有《戊戌八月感事》，既表达了他对光绪帝实行维新的赞许，对他今为阶下囚的同情，对"六君子"的痛悼；也表达了自己决不屈服，要继续为推进社会变革做出努力的决心。诗中说：

求治翻为罪，明时误爱才。

伏尸名士贱，称疾诏书哀。

燕市天如晦，宣南雨又来。

临河鸣犊叹，莫遣寸心灰。

"求治"本为图强富国，却成了罪状；光绪的英明用贤，却让他们因此丧生；一代英才被斩菜市口，光绪称疾避位的诏书也多么的哀楚无奈；北京城上空的苍天为之悲泣，雨水就是苍天哀泣落下的眼泪；面对着贤才的被杀，没有理由心灰意懒。诗人愤怒了，他的悲愤喷薄欲出，略无掩饰、毫不顾忌地用白纸黑字写了下来。

# 四　"以人持天""与天争胜"的《天演论》

　　如巨石投水，《天演论》的出版震撼了整个中国社会；"天下谁人不识君"，严复一时间骤享大名。

　　《天演论》原名《*Evolution and Ethics*》（今人译作《进化论与伦理学》），是 19 世纪英国生物学家赫胥黎宣传鼓吹达尔文进化论的一部通俗性读物。

　　严复最初接触进化论，是在他留学英国时期。当时达尔文还在世，他的进化论学说已经风靡欧洲。而社会达尔文主义倡导者斯宾塞的庸俗进化论著作，及以"达尔文的看家狗"自居的赫胥黎阐述宣扬达尔文主义的著作，也正在社会上风行。这些理论，都让年轻的充满求知欲望的严复大为欣赏，并在脑海中留下了难以磨灭的印象。

　　回国以后，充斥满目的贫穷与落后，与他在西方所看到的经济繁荣、物质文明形成了太大的反差；而所见所闻中的愚昧保守，也与西方的进步开化积极进取截然相反。这对于已接触过进化论原理的严复，当然会有强烈触动。

　　最让严复震惊的，还是中日甲午战争中大清王朝的惨败。这粉碎了他所有的美梦与幻想。他清醒认识到唤起民族觉醒的刻不容缓。他决定以《天演论》的翻译，向人们敲起祖国危亡的警钟。

　　严复所以选择赫胥黎的《进化论与伦理学》，而不用达尔文或斯宾塞的作品，自有他的考虑。对此，吴汝纶《天演论序》中有段说明文字，做了很好的揭示：

　　天演者，西国格物家言也。其学以天择、物竞二义，综万汇之本原，考动植之蕃耗。言治者取焉。因物变递嬗，深研乎质力聚散之几，推极乎古今万国盛衰兴坏之由，而大归以任天为治。赫胥黎氏起而尽变故说，以为天不可独任，要贵以人持天。以人持天，必究极乎天赋之能，使人治日极乎新，而后其国永存，而种族赖以不坠，是之谓与天争胜。

　　赫胥黎既鼓吹物竞天择、适者生存的进化论观点，又主张以人持天、与天争胜，这与严复维新图治、救亡保种的思想恰相合拍，所以他不取斯宾塞的纯任自然淘汰的庸俗进化论，而毅然决然地选择了赫胥黎氏的著作。这一思想，在他的《天演论》自序中也有明白昭示："赫胥黎氏此书之旨，本以救斯宾塞任天为治之末流，其中所论，与吾古人有甚合者。且于自强保种之事，反复三致意焉。"

　　出于警诫国人自强保种的目的，严复对赫胥黎此书的翻译，并非字字直译，全盘照搬。在翻译过程中，他不仅写了大量按语，来阐述自己的社会政治见解，就连文本翻译中，也根据自己的思想观点，进行了改造发挥。如书名，严复不赞成原作者将进化论与人类社会关系、道德哲学割裂开来的做法，也不同意他的反"进化伦理"观，认为自然进化的规律同样适用于人类社会，故取名"天演论"以替代原

《天演论》书影

名。由此已可见出严译《天演论》的一般特色。而正文的更改，只要对读原著与《天演论》，也不难发现。

这一特点，在吴汝纶致严复的信中也说得极为清楚：

> 抑执事之译此书，盖伤吾土之不竞，惧炎黄数千年之种族，将遂无以自存，而惕惕焉欲进之以人治也。本执事忠愤所发，特借赫胥黎之书，用为主文谲谏之资而已。必绳以舌人之法，固执事之所不乐居，亦大失述作之深旨。

吴汝纶认为严复翻译《天演论》是为了警醒国人，服务于他救亡图存的宗旨；赫胥黎原书仅是他服务于自己目的的工具；而译者之志并不在单纯地翻译西书，固不必受原文束缚。这都显然抓住了严译《天演论》的精神。严译《天演论》就是严复自己的天演论，这种说法是有它的道理的。

严复翻译《天演论》的时间，应当在光绪二十二年（1896）夏天，也有人说更早。在他翻译这本书的过程中，吴汝纶给了他许多具体的帮助，这称得上是一段文坛佳话。

吴汝纶对严复翻译《天演论》，早有所知。在严复译事约略告竣之际，他曾写信给严复，说："尊译《天演论》，计已脱稿；所示外国格致家谓顺乎天演，则郅治终成。赫胥黎又谓不讲治功，则人道不立，此其资益于自强之治者，诚深诚邃。"对严复翻译此书的重大意义，已给予了充分认同。这事在光绪二十二年七月十八日（1896 年 8 月 26 日）。

《天演论》翻译脱稿不久，严复趁便托人将译稿带给吴汝纶，请他指教。吴汝纶很快阅读一遍，并在光绪二十三年二月初七（1897 年 3 月 9 日）致函严复，谈了自己对译稿的意见。

他首先对译稿做了极高的赞誉，称："虽刘先主之得荆州，不足为喻"，"盖自中土繙译西书以来，无此宏制。匪直天演之学，在中国为初凿鸿蒙，亦缘自来译手，无似此高文雄笔也"。在谈了拜读后的喜悦以及钦佩之情后，也诚恳提出了自己对于译稿的一些修改意见："若以译赫氏之书为名，则篇中所引古书古事，皆宜以元书所称西方者为当，似不必改用中国人语。以中事中人，固非赫氏所及知，法宜如晋宋名流所译佛书，与中儒著述，显分体制，似为入式。"约十天后，在另一封信中，吴汝纶补充谈道："《天演论》凡己意所发明，皆退入后案，义例精审，其命篇立名，尚疑未惬。卮言即成滥语，悬疏又袭释氏，皆似非所谓能树立不因循者之所为。下走前钞副本，篇各妄撰一名，今缀录书尾，用备采择。"吴汝纶十分仔细地阅读了译稿，又抄了副本，以备斟酌，可见他对这部书稿的高度重视。

严复对吴汝纶所提意见，也进行了充分考虑，并按照他的建议，做了相应修改。原文翻译中发挥过多的，将它们移置文后案语；不再用"卮言""悬疏"之名，改为"导言"；每节按吴汝纶的意见，标出小题。小题除个别为严复拟定外，基本上采录了吴汝纶的拟题。

吴汝纶还应严复的恳求，为《天演论》做了篇肯切的序，向读者推荐。这篇热诚精彩的序文，见于《天演论》卷首。

《天演论》译成后，先在《国闻汇编》上分期刊出。全书出版，却到了光绪二十四年（1898），由天津嗜奇精舍石印。

在内容上，严译《天演论》主要表现在如下几个方面：

1. "不变一言，绝非天运"

天地自然乃至社会人类，"不主故常"，一刻不停地在发生变化，既非上帝创造，也不可能凝固不移，一成不变。所谓"故事有决无可疑者，则天道变化，不主故常而已。特自皇古迄今，为变盖渐，浅人不察，遂有天地不变之言"，既说明了天地自然的渐变不断，也批评了"浅人"愚昧，固执"天地不变"的谬误。

天地的变化，有动物化石为证。"试向立足处所，掘地深逾寻丈，将逢蠯灰。以是蠯灰，知其地之古必为海。"沧海变桑田，此为地在变化的铁证。"自哥白尼出，乃知地本行星，系日而运"，波兰天文学家哥白尼的理论发现，则证明了天体运行的规律。

那么，变化的规律又表现在哪些方面呢？严复通过案语，对此也作了说明。

他先引斯宾塞的话说："天演者，翕以聚质，辟以散力。方其用事也，物由纯而之杂，由流而之凝，由浑而之画。质力杂糅，相剂为变者也。"接着一一解释道："其所谓翕以聚质者，即如日局太始，乃为星气，名涅菩剌斯，布濩六合，其质点本热至大，其抵力亦多，过于吸力。继乃由通吸力收摄成珠，太阳居中，八纬外绕，各各聚质，如今是也。"天体由于引力相吸引，聚合而成。"所谓辟以散力者，质聚而为热，为光，为声，为动，未有不耗本力者，此所以今日不如古日之热。地球则日缩，彗星则渐迟，八纬之周天之皆日缓，久将进入而与太阳合体。又地入流星轨中，则见陨石。"由于热、光、声、动等力的释放，"今日不如古日"热，地球变小，彗星及八纬之周天变缓。"所谓由纯之杂者，万化皆始于简易，终于错综。"各种事体的发展由简到繁，由直朴到复杂。"所谓由流之凝者，盖流者非他，由质点内力甚多，未散故耳。动植始皆柔滑，终乃坚强。草昧之民，类多游牧；城邑土著，文治乃兴，胥此理也。"动植物由柔弱变坚强，人类由游牧到安居而文治兴。"所谓由浑之画者，浑者芜而不精之谓，画则有定体而界域分明。"由粗到精，由无条理到规范化。这些特点，正揭示了从自然到人类社会发展的一般规律，戳穿了宗教神学的唯心主义谎言。

"故知不变一言，决非天运。而悠久成物之理，转在变动不居之中。是当前之所见，经二十年卅年而革焉可也，更二万年三万年而革亦可也。

特据前事推将来，为变方长，未知所极而已。"自然在变，社会在变，"祖宗之法"当然也要变。除旧布新，革除弊政，这正是社会发展的必然。

2. "物竞天择，适者生存"

自然界的一切都在变化发展，强者存，弱者亡，适应者生，不适应者灭。《天演论》开篇一段文字便揭示了这一道理：

赫胥黎独处一室之中，在英伦之南，背山而面野，槛外诸境，历历如在几下。乃悬想二千年前，当罗马大将恺彻未到时，此间有何景物。计惟有天造草昧，人功未施，其借征人境者，不过几处荒坟，散见坡陀起伏间，而灌木丛林，蒙茸山麓，未经删治如今日者，则无疑也。怒生之草，交加之藤，势如争长相雄。各据一抔壤土，夏与畏日争，冬与严霜争，四时之内，飘风怒吹，或西发西洋，或东起北海，旁午交扇，无时而息。上有鸟兽之践啄，下有蚁蝝之啮伤，憔悴孤虚，旋生旋灭，菀枯顷刻，莫可究详。是离离者亦各尽天能，以自存种族而已。数亩之内，战事炽然。强者后亡，弱者先绝。年年岁岁，偏有留遗。

大自然中万物存在着自求生存的斗争，它们必须经受住夏日炎热、冬季严霜，乃至鸟兽践啄、蚁蝝咬啮的考验，才能够不灭，这种考验是严酷无情的。

"以天演为体，而其用有二：曰物竞，曰天择。此万物莫不然，而于有生之类为尤著。物竞者，物争自存也。以一物以与物物争，或存或亡，而其效则归于天择。天择者，物争焉而独存。则其存也，必有其所以存，必其所得于天分，自致一己之能，与其所遭值之时与地，及凡周身以外之物力，有其相谋相剂者焉。"物竞天择是自然规律，一物能存而不灭，在于它能够顺应天时地理，又与它周围的环境相适应。而存在，则是它与别物竞存的结果。"天择者，存其最宜者也。夫物既争存矣，而天又从其争之后而择之，一争一择，而变化之事出矣。"世界的发展，就孕育在竞存天择之中。

人种的生存同样也不例外。生存在世间，既要适应周围的环境，与自然争；同种之间，也存在竞争。如《天演论》中说：

使生生者各肖其所生，而又代趋于微异。且周身之外，牵天系地，举凡与生相待之资，以爱恶拒受之不同，常若右其所宜，而左其所不相得者。夫生既趋于代异矣，而寒暑燥湿风水土谷，洎夫一切动植之伦，所与其生相接相寇者，又常有所左右于其间。于是则相得者亨，不相得者困；相得者寿，不相得者殇。日计不觉，岁校有余，浸假不相得者将亡，而相得者生而独传种族矣，此天之所以为择也。且其事不止此，今夫生之为事也，孳乳而寖多，相乘以蕃，诚不知其所底也。而地力有限，则资生之事，常有制而不能逾。是故常法牝牡合而生生，祖孙再传，食指三倍，以有涯之资生，奉无穷之传衍，物既各爱其生矣，不出于争，将胡获耶？不必争于事，固常争于形。借日让之，效与争等。何则？得者只一，而失者终有徒也。此物竞争存之论，所以断断乎无以易也。

人种的竞存同样也残酷无情，严复在案语中感叹道："嗟乎！岂惟是动植而已，使必土著最宜，则彼美洲之红人，澳洲之黑种，何由自交通以来，岁有耗减；而伯林海之甘穆斯噶加，前土民数十万，晚近乃仅数万，存者不及什一……物竞既兴，负者日耗，区区人满，乌足恃也哉！乌足恃也哉！"从美洲红人、澳洲黑人、白令海堪察加土民的锐减而濒于灭绝，严复疾呼：人多不足恃。这对保守派以中国人多自恃，再发出严厉的警告。

3. "与天争胜"、图强保种

竞存决定了人类为生存而斗争，既与天斗，也与人斗，既要保群，便要变革图强。

《天演论·群治》中说："凡脆弱而不善变者，不能自致于最宜，而日为天行所耘，以日少日灭。故善保群者，常利于存；不善保群者，常邻于灭"。要在竞争中处于优胜不败的地位，不被淘汰出局，便必须改造人类，改造自然，使人成为更具有适应自然能力的人，使自然成为更适宜人生存的自然。

《天演论·进化》中说："嗟乎！今者欲治道之有功，非与天争胜焉，固不可也。法天行者非也，而避天行者亦非。夫曰与天争胜云者，非谓逆天拂性，而为不祥不顺者也。道在尽物之性，而知所以转害而为功。……然溯太古以迄今兹，人治进程，皆以此所胜之多寡为殿最。百年来欧洲所以富强称最者，其故非他，其所胜天行，而控制万物，前民用者，方之五洲，与夫前古各国最多故耳。"欲求"治道""有功"、图强发展，便必须"与天争胜"；但"与天争胜"，绝非对抗自然规律、破坏自然生态平衡，而是要"尽物之性，而知所以转害而为功"。如河中铁桥、沿河石坝，"岁以勤修""时以培筑"，便可以在自然的不断侵剥腐蚀中永固不坏，久为人用。又如草木，既择良种，又必须将它种植在宽广肥沃的土地中，还要防虫鸟蠹伤，牛羊践履，不时浇溉，免其霜冻，持之以恒地养护，才能葳蕤繁茂。

要图强必须变革，不断发展，"进者存而传焉，不进者病而亡焉"。而要达到富强，"欲郅治之隆，必于民力、民智、民德三者之中，求其本也"。

在《天演论》的结尾，严复引英国诗人丁尼生的一首诗说："挂帆沧海，风波茫茫。或沦无底，或达仙乡。二者何择？将然未然。时乎时乎！吾奋吾力。不竦不戁，丈夫之心。"以此昭示了他译书警世、鼓舞国人、奋发图强的用意。

《天演论》的问世，产生了严复料想不到的影响。还在手稿未版的时

《天演论》书影

候，吴汝纶"手录副本，秘之枕中"；梁启超、卢靖也都"借抄"，劝严复将它"早日付梓"；连自视甚高、目空天下的康有为也为之折节叹服，说"眼中未见有此等人"，"《天演论》为中国西学第一者也"。

《天演论》刊印出版以后，更一时风行，洛阳纸贵，在当时社会激起巨大震荡。

胡汉民《述侯官严氏最近政见》中说："自严氏书出，而物竞天择之理，厘然当于人心，而中国民气为之一变，即所谓言合群，言排外，言排满者，固为风潮所激发者多，而严氏之功盖亦匪细。"

蔡元培《五十年来中国之哲学》中说："他译的最早，而且在社会上最有影响的，是赫胥黎的《天演论》（Huxley: *Evoltion and Ethics and other Essays*）。自此书出后，物竞、争存、优胜劣败等词，成为人人的口头禅。"

胡适《四十年自述》中谈到，在他上学时，老师杨千里让学生买《天演论》作读本。出作文题目便是论"物竞天择、适者生存"。胡适说："这种题目自然不是我们十几岁小孩能发挥的，但读《天演论》，做'物竞天择'的文章，都可以代表那个时代的风气。"

鲁迅《琐记》中也记下了当年自己对《天演论》一书的喜爱。文中说：

> 看新书的风气便流行起来，我也知道了中国有一部书叫《天演论》。星期日跑到城南去买了来，白纸石印的一厚本，价五百文正。……一口气读下去，"物竞""天择"也出来了，苏格拉第、柏拉图也出来了，斯多噶也出来了。

对于鲁迅爱读《天演论》，酷嗜新学，本家的一位老辈曾批评了他，并给他看许应骙弹劾维新领袖康有为变法的文章，但鲁迅并不因这篇文章中对维新运动的诋毁，便打消自己对新知新学的神往，也"不觉得有什么'不对'，一有闲空，就照例地吃侉饼，花生米，辣椒，看《天演论》"。《天演论》中不少篇他还能背诵，《天演论》的思想也对早年的鲁迅产生了深刻影响。

《原强》《辟韩》等论文的发表已使严复名声大噪，《天演论》的问世更使他享有盛誉。"天下谁人不识君"，这时的严复，已经是天下闻名、无人不知了。

## 第四章

# 窈哀兮浮萍，
# 泛淫兮无根

# 一　上海避难

庚子事变发生，严复逃离天津，来到上海。他召开名学会，作逻辑学报告；参加唐才常发起的"国会"，并当选为副会长。

戊戌政变后，严复回到了天津，依旧做他的水师学堂校长。死水一般的沉寂，让他感到窒息，但衣食无忧，阖家相聚，生活却是安逸温馨的。

就在次年，也就是光绪二十六年（1900），京津地区义和团运动日益高涨，随后不久，美、英、法、德四国公使照会清朝政府，限其两月之内务必剿除，扬言若不剿除，他们将出兵"代为剿平"。

五月初一（5月28日），各国驻华公使议定联合出兵。五月十四日（6月10日），俄、英、美、日、德、法、意、奥八国联军凑集军队2000人，由英国海军将领西摩率领，乘火车由天津进犯北京。

京津一带陷入战乱，位于天津的北洋水师学堂自然无法维持下去。为了避难，严复携继室朱氏夫人，仓皇逃离了天津，除随身行李外，大量书籍信札甚至手稿等，都抛在了天津的寓所。

几日后，严复到了上海，在闸北长康里赁了房子，暂时有了住处。

他忘不了的仍是开启民智的工作。未过多久，他便张罗着召开"名学会"，作逻辑学报告。据王蘧常《严几道年谱》记载："开名学会讲演名学，一时风靡，学者闻所未闻。吾国政论之根柢名学理论者，自此始也。"可以看出，严复在知识圈里所做的逻辑学演讲，取得了成功，产生了相当不错的影响。

当时上海，游日归来的维新志士唐才常，正在策划着"起兵勤王"的政治活动。上年冬天，他已经成立了"正气会"。看到义和团运动蓬勃发展，日趋高涨，在庚子年，他改"正气会"为"自立会"，并建立"自立军"，准备伺机起事。

唐才常希望团结更广大的力量，形成更洪大的声势。在这年六月，也就是严复到上海不久，唐才常以"救国保种"为号召，邀约各方名流，到张园召开"国会"。冯自由《革命逸史》对这次会议作有较详细的记录：

> 才常于事败之前一月，尝于六月间，假庚子拳匪事变，人民须自行保种救国为辞，邀请沪上当代名流，开大会于张园，美其名曰国会。莅会者有容闳、严复、章炳麟、文廷式、叶瀚、张通典、吴葆初、宋恕、龙泽厚、沈荩、马湘伯、毕永年、戢元丞、狄葆贤等数百人。公推香山容闳为会长，侯官严复为副会长，才常为总干事，林锡圭、沈荩、龙泽厚、狄荷贤为干事。成立后大招清吏之忌，以时值拳祸猖獗，无暇禁阻。上海各日报中为之鼓吹者有同文沪报，是报即东文学社教习日人田野橘次所设，才常等在沪活动甚得其力。时国会中参与分子至为复杂，除才常及其密友数人外，鲜有得参预自立军机密者。余人大都震于国会民权之新说，乘兴来会，非有如何确定之宗旨也。逮开会后，首招毕永年、章炳麟二人之反对。永年以乡谊力劝才常断绝康有为关系。才常利保皇会资，坚不肯从。相与辩论一日夜，失望而去。炳麟责才常不当一面排满一面勤王，既不承认满清政府，又称拥戴光绪皇帝，实属大相矛盾，决无成事之理，因宣言脱社，割辫与绝。未几汉口自立军事败，参与国会诸首要咸被清吏指名通辑，容闳、严复以是先后出亡英美避之。

需要指出的是，冯自由所记载的这些事情，并非都发生在张园大会上。如"国会"选举，便发生在几日后的愚园首次会议上。孙宝瑄《日益斋日记》对这次选举有具体记载：

七月一日。是日上海同志八十余人，大会于愚园之南新厅，群以次列坐，北向。浩吾（叶瀚）权充主席，宣读今日联会之意：一、不认通匪矫诏之伪政府；二、联络外交；三、平内乱；四、保全中国自立；五、推广中国未来之文明进化。定名曰中国议会。令大众以为然者举手，举手者过半，议遂定。乃投票公举正副会长。令人各以小纸自书心中所欲举之正副姓名，交书记者。书记收齐点数，凡举正会长以举容纯甫为最多，计四十二人；举副会长以严又陵为最多，计十五人。于是容、严二公入座。容公向大众宣讲宗旨，声如洪钟。在会人意气奋发，鼓掌雷动。

严复被公选为副会长，纯是因他社会影响大、知名度高的缘故。他虽作了"国会"副会长，对唐才常自立军的机密，却并无太多了解。他为"国会"所做的具体工作，从资料看，大概也仅是将容闳所撰的英文宣言译成汉文而已。在唐才常事败，清廷下令通缉"国会"要员时，通缉令中没有严复的名字，严复躲在租界，仍然写他的文章，译他的书，这恐怕与他没有参与具体政治活动有关。

## 二　开平矿务局空头总办

出于生计的考虑与做些实业的思想，严复应聘到了已卖给洋人的开平矿务局。"名为总办，其实一无所办"，这一状况令他十分不满。

水师学堂因义和团运动及随后发生的八国联军入侵而停办。严复离开了生活 20 年的天津，到上海避乱。他脱离了海军界，没了固定工作，也失去了稳定可观的经济收入。为了谋生，他不能长久地闲居上海，要找一份

开平矿务局旧址

事做。

不久，开平矿务局总督张翼与他联系，提出请他到矿务局任总办，月薪五百银圆。这是很丰厚的待遇。严复考虑后，应承了下来。

光绪二十七年（1901）三月，严复赴开平矿务局报到，走马上任。

开平矿务局由唐廷枢创办，光绪五年投入生产。光绪十八年（1892）唐廷枢病逝，李鸿章任命侍役出身的张翼接替。

庚子年（1900），八国联军入侵天津，曾借口张翼通"匪"，将他拘捕。放出后，张翼为寻求洋人保护，委天津税务司德人德璀琳负责联系。当年七月，德璀琳找到了英商墨林在华的美国代表胡佛，订立"卖约"，将开平矿务局卖给了墨林，开平矿务局变成了英人公司。

张翼不满意德璀琳的擅作主张，不同意在"卖约"上签字，他自己直接与胡佛联系，并与之签订了"移交约"及"副约"。"移交约"的签订，承认"卖约"的内容；"副约"中，张翼也仅仅增加"该局改为中英公司"这一内容及"张大人翼仍为该公司驻华督办"的条款。

张翼已将矿务局卖给了洋人，对清廷却称只是"加入各国商股"，

"改为中外合办"，腐败的清廷对此并未置疑。

这时的开平矿务有限公司章程规定：督办为张翼，德璀琳为代理。督办下设华总办二人，洋总办二到三人。张翼延聘严复出任的，便是华人总办这一职位。

严复对开平矿局的内幕并不知情。到任后，他很快发现局中上下事体都由洋人把持，他的"总办"一职，形同虚设，并没有任何实权，自己只是空头总办而已。

到任约两个月，他在给张元济的信中说道：

顾华人之权未尽失也，勉为更张，犹可振起。及乎一旦权失，或为外人所乘，彼则假剔弊之名，以一网取华人而尽之。继则以洋人或附于洋者代其位，从此遂为绝大漏卮，利虽至厚，于地主人无与焉。与此言开平，岂止言一开平已哉。此主权既失之后，万事所以不可一为也，又何怪往者刚赵之徒之痛恶此等事乎？彼欲绝之而不知所以绝之者，此所以降而加厉耳。呜呼，亦足悲尔！

时隔三月，严复在给张元济的另一封信中，再次谈起自己在开平的情况，说：

复在此间，名为总办，其实一无所办，一切理财用人之权都在洋人手里；且有合同所明约者，押墨未干，而所为尽反。经此一番阅历以后，与洋人做事，知所留心矣。

就在这时，廉泉（惠卿）开办报馆，仰慕严复的大名，希望骋他出任主笔，兼译西书，并搬出吴汝纶等人来做严复的工作。

吴汝纶在给严复的信中，针对严复的顾虑，说："窃料此后报馆不致仍前阻挠，其能久持不折阅与否，则全视办理得法不得法。若起手谨慎，渐次拓充，当可自立不败。"

对当时报纸的"客气叫嚣"，肆口谩骂"宫廷枢府"，吴汝纶颇露不满，说这不合做臣民的道理。他以为报刊文章只要见解不错，立论用笔不妨和婉，大可不必咄咄逼人。

他还为主人代下说辞，称："廉郎所以仰烦者，固在报馆主笔，尤欲得大才译英美要册奇书，以为有此一事，足以维持报馆。台端所译，又可压倒东亚。"吴汝纶同时寄来了报馆章程给严复参考，希望他早做定夺，并予函复。

收到吴汝纶的信后，严复再三斟酌，他觉得可赴者有三：一、士为知己者用，吴汝纶与自己半师半友，平生知己，到报馆自是乐事。而京城为读书人汇集的地方，在刚刚经历庚子事变、新遭大难之后，趁此机会做文章、启民智，"于世局至为有益"；二、尺有所短，寸有所长，自己的长处不在"奔走会计"、做实业，而在"言论思想"、写文章；三、开平待遇固然优厚，也举家安定，但"事权尽失"，不可能干出什么名堂，久而久之，对于自己寄予厚望的同事旧友必然唾骂自己无能。有这三点，严复觉得自己应该舍开平而赴京城。

换一角度再想，他又认为自己不可去者有四点：一、就开平在先，京报的聘请在后，督办张翼此刻将要远出，同事中梁姓已经辞职，自己再提出离开，一时怕找不到合适人选；二、在公司新旧交替时到任，坐席未暖，便要告退，不知情的人会以为开平局一无是处，这对督办与此局的发展不利，人家待我厚，我不可以不义害人；三、报馆提出主笔之外再兼译书，一心二用，心力不济，且自己已答应为别人翻译《名学》，不可悔约；四、友人宓克等又有别事相托，即使有点闲暇，也不容再有旁骛。

严复权衡得失，最后仍决定暂留开平。但吴汝纶的面子他也不好驳得，于是答应在报馆开馆后，日寄一篇论说，以表支持。

有了这段开平矿务局的具体实践体验，严复对路矿问题的思考也更切深入实际，更加具体化了。《路矿议》一文，正是他深思熟虑后的一些见解。

这篇文章发表在《外交报》第十二、十三两期。

文章比较全面地阐述了作者兴修铁路、开办矿务的主张与构想。

文章开篇，作者即以欧洲国家为例，谈了他们兴修铁路后所带来的巨大利益，以及兴办铁路对国家商业经济所产生的重要影响，指出："欧洲五十年以前无铁路。乃至于今，则如顿八纮之网，以冒大陆矣。若英伦，若法兰西，若比利时，国中铁路所经，不独都会也，村庄镇集，靡所不通。……由是产宏民富，民富而文明之治以兴。此其理无他，不过使市廛棣通，食货川流，尅捷程期，省节运费，化前者之跋涉险阻以为平夷利安已耳。"

欧洲国家铁路建设十分发达，从都会城市到镇集村庄均通上了铁路，而中国这样的大国，境内铁路线总长仅六百英里，只相当于面积小于中国直隶（保定）的比利时铁路线长度的十分之一多。

由于铁路的兴建，欧美国家经济得以腾飞，钢产量增加了二十倍。其"铁非能徒盛也，其所以盛者，乃建造铁路以及诸铁功之故"。

在煤炭资源上，中国具有丰富的藏量，但不兴铁路，交通不便，年产不过五吨。文章打比喻说："盖铁路如人身之脉络，无脉络，则人身之气血不行，而枯痿之疾至；无铁路，则邦国之利源不广，而贫弱之患兴。"中国"拥腴矿而不知开，绝利源而不知濬"，却举国上下"以贫窭为忧"，作者认为这并非因为我们的民族野蛮，也不因为我们的人民缺乏聪明智慧，关键的原因，正在于"铁轨不施，销路不广。则虽发之，亦货弃于地故耳"。由此作者呼吁："是故使中国而不求富强，则亦已耳。必求富强，其要著发端，在开铁路。"

如何兴办铁路，作者认为，应当以商办为方向。而官办，或官督商办，不仅会因条条框框的束缚，相互牵制，影响进度，并且会增加各种大量的开资，给国家经济带来困难。"任公司之商业，而股分则杂华洋而兼收之。如是，则不独邱山之母财，有所从出，而办法亦可以期成"。

作者建议政府，在政策上，"宜以宽大而无诈虞为宗。于中外开瀹利源张皇商业之人，必不可以歧视。外人固所重也，而华民亦不可以畸轻，匡翼劳来，惟力是视。钦设路矿总局所定章程，亦必主开通利源，俾民自由为宗旨，而保持中国固有主权之义，与不悖而并行"。在保证国家主权的前提下，实行宽松自由的经济政策，只有这样，才能吸引中外商人投资认股，进而切实地把路矿事业兴办起来。

至于路矿的管理，作者认为应实行"执简驭繁"之术。除路矿大臣外，设精通中外路矿的洋参议一员，以备决策顾问，各省毋须派驻专员，将其权授之各省藩司便可。

所建铁路，作者认为可分两类：一类是商兵干线，为全国交通的命脉。干线连接京城与沿海沿江各大城市，为国家的产业，"时平则为全国商途所辐凑，有事则为调发师旅所邅行"。另一类是支线，联络僻远州县以及开办的矿区。支线应由商民自筹资金建造，采取集资办法。国家路矿总局仅监督其账目出入，根据每年的收入征取税金；再就是每两年召开一次铁路会议，各路华洋总办与会，讨论通用铁路章程，制订法令。这样，"则一国之干支诸路，其纲维皆汇于总局，而国家无难筹不訾之经费；且于天下之铁轨，可时止而徐收之。此时一路方通，国家辄增一岁入之经款；而领办营造之商会，各得自由，通国之民业，又不期而自进"，于公于私，利益均沾，国家的经济，也自然而然地得到了发展。

关于矿政，文章中也谈了具体的兴办思路，指出："其商民筹本探察矿脉一切经始之事，国家不必过而问之也。华洋之民，欲开某处某矿，则请之于本省之州县藩司，藩司以告总局，总局察其情形而准驳之。既开，则视其开采之如法。凡将开矿务处所，其州县则具图说以呈于总局。承矿之家，必能筹集股本，足敷首两年之用者，方准开办。"国家路矿总局对矿厂的经营管理等并不干预，只是在他们发生官司纠纷，州县不能排解，或地方百姓因开矿受到影响，需要索赔时，总局出面裁决。此外就是征取税收。

承办矿山的时间，一般以五十年为常期。期满便收归国有。

为切实可行，文章还特地制订了路矿总局官制图及路矿总局办理庶务章程，由此可以看出作者的经世之才。

但严复的经世之才在开平矿务局却得不到施展。他自己对这种"名为总办，实无所办"的状况也不满意。他打算在适当的机会辞去这空头总办，去做些更能够发挥自己所长的工作。

# 三　"道若隐沦"的京华三年

京师三年，他虽为总纂，却"道若隐沦"，除了非做不可的事，便是一头钻进自己的小天地，译自己喜爱译的书。

光绪二十七年（1901）岁尾，清廷任命张百熙为管学大臣。张百熙上任伊始，便以京师大学堂为整顿重点，提请吴汝纶为大学堂总教习，提议设置京师大学堂编译书局，以严复为译书局总纂。

起初，吴汝纶与严复对此似乎都不热心。据梁启超在《新民丛报》上说：

回銮后所办新政，惟京师大学堂差强人意，自管学以下诸职司，皆称得人。……总教习吴君挚甫（吴汝纶），译书处总办严君又陵（严复），闻皆力辞。虽然，今日足系中外之望者，只此一局，吾深望两君稍自贬抑，翻然出山，以副多士之望也。

朋友的劝说，加之辞而不准，最后吴汝纶同意出山，但他提出先要到日本考察学政。严复则上任作了译书局的总纂。

吴汝纶从日本考察回国，时隔不久，便病逝于家乡桐城，时间在光绪二十九年正月十二日（1903 年 2 月 9 日）。

吴汝纶病卒的噩耗传到京师，传到了严复的耳中，他不敢相信自己的耳朵。他为平生第一知己吴汝纶的去世感到十分悲恸，已到知命之年的严复流下了眼泪。他凄楚伤感地同人说："不才又陵以往每译书成，总要呈汝伦先生指正。先生年迈，眼却不花，往往一眼便能抓住问题的要害。不才从先生处所得到的，远非文字的斟酌改易。所以每当书成，便求先生作序。惠施去而庄周亡质，伯牙死而钟期绝弦。从今以后，世上还有谁能为拙稿作序呢？"（见《〈群学肄言〉译余赘语》）

他撰写的一副挽联，既反映了自己与吴汝纶的深挚友谊，对吴汝纶的一生也作了高度的评定。挽联写道："平生风义兼师友；天下英雄惟使君。"

还写了《挽吴挚父京卿》诗，表达自己惊闻噩耗后的痛惋之情。诗中说：

> 仙舟几日去东瀛，梁木归来忽就倾。
> 难遣此哀惟后死，忍将不哲累先生。
> 人间鸡瓮方为帝，海内雄文孰继声？
> 地下倘逢曾太傅，定知老泪各纵横。

吴汝纶的死，严复失去了平生知己，也失去了一位令他尊敬的师长。对他的打击可以想见。

译书局初创伊始，要做的工作很多。对于身为总纂的严复来说，当务之急便是抓紧制订出一份《京师大学堂译书局章程》，以便于译书局工作能够正常运作。

过了些时，章程制订了出来，分"局章""薪俸""领译合约""章程条说"诸多部分。章程条款反映出译书局的基本情况。

章程开篇一段，谈的是译书局编制设置，以及各自不同的分工：

设员总译一人，以总司译事。凡督率、分派、删润、印行及进退译员等事皆主之。分译四人，分司迻译。其不住局而领译各书者无定数。笔述二人，以佐译员汉文之所不及。校勘二人，即以笔述之员兼之。润色二人，分司最后考订、润色及印书款式之事。图画二人，一洋一华，司绘刻图式。监刷一人，主刻刷印行一事。书手四人，司钞录。司帐一人，司支应及发行书籍。

从这段文字可以知道译书局编制设置的具体情况以及局中人员不同的职责分工。译书局固定编制 19 人，另有兼职翻译人员若干，不住局。

"局章"规定了译书局的译书内容范围、译书规则以及对总译、译员各自不同的要求、奖惩条例。

"薪俸"规定了从总译到司帐不同的薪水报酬。"领译合约"是约请兼职译员译书时所订的合同条款。"章程条说"是对"章程"的解释说明文字。"条说"概括译书局译书内容，分三大类：一是统挈科学，即基础学科，有名学、数学；二是间立科学，介于基础学科与应用学科中间的内容，有物理、化学；三是及事科学，即应用学科，有天文、地质、人体解剖、社会学、历史、动物、植物等。除此以外，还有"专门专业之书"，如"哲学、法学、理财、公法、美术、制造、司帐、卫生、御舟、行军之类，或事切于民生，或理关于国计，但使有补于民智，则亦不废其译功"。

译书局有它的译书宗旨："一曰开瀹民智，不主故常；二曰敦崇朴学，以棣贫弱；三曰借鉴他山，力求进步；四曰正名定义，以杜杂庞。"

章程还明确规定："现在所译各书，以教科为当务之急"，"教科书通分二等：一为小学，一为中学"，"各门课本，拟分两项办法：一、最浅之本，为蒙学及寻常小学之用；二、较深之本，为高等小学及中学之用。"

由这诸多条文看，章程的内容是颇为周密细致的。严复为制订章程花费了不少心血，这是显而易见的。

在严复的组织安排下，译书局井然有序地开张了。工作人员除严复外，另有常彦、曾宗巩、胡文梯、魏易、林纾、陈希彭、严璩等。

林纾并不懂外文，他靠着通外文的朋友口述，自己"耳受手追"，已译有《巴黎茶花女遗事》《黑奴吁天录》。两书畅销海内，为世人耳熟能详，也使这位不通外文的"译才"享誉译坛。在译书局，他所从事的，正是他擅长的"笔述"一职。

译书局三年时间，在严复的翻译生涯中，也是极为重要的时期。他的几部主要译著，多在这一阶段出版或译成。

光绪二十九年（1903），严复在他的得意门生熊季廉的鼓动怂恿下，编成英语文法手册《英文汉诂》。在此书的《叙》中，严复谈到了它的编纂缘起、动机及过程，说：

十稔以还，吾国之习英文者益众，然学者每苦其法之难通，求之于其浅，又罕能解其惑而餍其意。癸卯，南昌熊子访不佞于京师，殷然诹诿，意谓必纂是编，乃有以答海内学者之愤悱。窃念吾国比者方求西学，夫求西学而不由其文字语言，则终费时而无效。乃以数月之力，杂采英人马孙摩栗思等之说，至于析辞而止。旁行斜上，释以汉文，广为设譬，颜曰《英文汉诂》。庶几有以解学者之惑而餍其意欤？未可知也。虽然，文谱者，讲其所已习，非由此而得其所习者也。诚欲精通英文，则在博学多通，熟之而已。使徒执是编以为已足，是无异钞食单而以为果腹，诵书谱而废临池，斯无望已。

严复指出他编写此书的宗旨，在于为学习英语者解惑释疑，为他们提供一部可以说明英语文法规则的手册。他认为只有了解文法，学习英语者才能事半功倍。但同时他又告诫读者，文法仅是对通行语言规律的总结，像练习书法，书谱不等于临池，要学好英语，还必须"博学多通"，多读多看，培养自己的语感，否则，就像抄了食谱便以为肚子已饱，只能是欺骗自己罢了。

后来，严复又作《〈英文汉诂〉卮言》，更深入地阐述了在当时形势下学习英语的必要。他认为："居今日而言教育，使西学不足治，西史不足读，则亦已矣。使西学而不可不治，西史而不可不读，则术之最简而径者，固莫若先通其语言文学，而为之始基。"要通西学，要读西学，在当时译著甚少而人们对西方了解又不多的情况下，通其语言，是十分必要的途径。

文中还针对一些人对学习西语、西学的种种杞人之忧，进行了批驳，指出："彼治西学习西语者，固不尽为人才，亦不尽及国民之平格，然使果有人才而得为国民之秀杰者，必不出于不通西语不治西语之庸众，而出于明习西语深通西学之流，则今日之厘然可决者矣。"昧于西学，不了解世界大势，难以成为"国民之秀杰"；学习西学、精通西语，自也不会丢失我国真正的"国粹"。"果为国粹，固将长存。西学不兴，其为存也隐；西学大兴，其为存也章。盖中学之真之发现，与西学之新之输入，有比例为消长者焉。"历史的发展，证实了严复这一预见的英明。

除了译书，编写《英文汉诂》，严复在这段时间内还做了另一件值得一提的事情，这便是评点《老子》。

光绪二十九年（1903），熊季廉将自己评点的《老子》文稿呈严复审正。严复认真阅读了稿子，对熊批"芟薙十九"，"而以己意列其眉"，写下了大量的新评。熊季廉对严批十分赞赏，将它给友人看，友人极力怂恿将它印出。为了正式刊印，熊季廉又请严复增加了一些内容。在他东渡日本后，便在日本将严评《老子》刻印了出来。

日本东京刻本题名《侯官严氏评点〈老子〉》，原文及王弼注用黑体，严评及夹注用红字套色，制作精美，但文中颇多错讹。此本有夏曾佑及熊季廉叙。夏叙分析了道家学派的沿革及严评的特色；熊叙则介绍了严评的缘起经过。对了解严评《老子》，皆具有价值。

夏《叙》述及严评，谓："吾友严几道读之，以为其说独与达尔文、孟德斯鸠、斯宾塞相通。"这可以说是抓住了严评的一个十分重要的特点。如第五章严评"天地不仁，以万物为刍狗"一语，谓："天演开宗语"。又评"天地不仁，以万物为刍狗；圣人不仁，以百姓为刍狗"四句，谓："此四语括尽达尔文新理。至哉！王辅嗣。"又二十九章严评："老子以天下为神器，斯宾塞尔以国群为有机体，真有识者，固不异人意。"第三十章评："故孟德斯鸠谓伐国非民主事，藉使为之，适受其蔽。何则？事义相反，不两存也。"三十七章评："文明之进，民物熙熙，而文物声名，皆大盛，此欲作之宜防也。老子之意，以为亦镇之以朴而已。此旨与卢梭正同，而与他哲家作用稍异。"三十七章评："夫甘食美服，安居乐俗，邻国相望，鸡犬相闻，民老死不相往来，如是之世，正孟德斯鸠《法意》篇中所指为民主之真相也。世有善读二书者，必将以我为知言矣。呜呼！老子者，民主之治之所用也。"四十六章评："纯是民主主义。读法儒孟德斯鸠《法意》一书，有以征吾言之不妄也。"四十八章评："日益者，内籀之事也；日损者，外籀之事也；其日益也，所以为其日损也。"这些评语，正昭示了严复以评国学典籍《老子》来弘扬西学的真实命意。

这一批评方法，使严批《老子》显示出了强烈的时代色彩与鲜明的个性特征，发挥了在特定时期的特殊作用。

如前所说，在被聘为译书局总纂的当初，严复原本并无兴趣，也不准备前往任职，后经朋友动员，他才答应肯去。去得勉强，严复的工作也便没有很大的热情。京师三年，他虽然身为总纂，却"道若隐沦"，除了非做不可的事，便是一头钻进自己的小天地，在个人的一块自留田中默默耕耘，译自己喜爱译的书。

到了光绪三十年（1904）春天，严复终于辞去了自己并不喜欢的译书局总纂一职，决定离开京师，到上海去。

临行前，同乡故友在陶然亭设宴为他饯行，大家赋诗酬唱，各述心情怀抱，林琴南有《江亭饯别记》记录了当时的情况。席上，严复也作有《甲辰出都呈同里诸公》的长诗。诗云：

> 中国山川分两戒，南岭奔腾趋左海。
> 东行欲尽未尽时，盘薄嶙峋作奇怪。
> 慢亭拔地九千尺，一朵芙蓉倚天碧。
> 建溪流域播七府，未向邻封分一滴。
> 江山如此人亦然，学步羞称时世贤。
> 旧学沈沈抱根底，新知往往穷人天。
> 共道文章世所惊，谁信闽人耻为名。

入门见嫉古来有，黄钟瓦釜皆雷鸣。

忆昔戊巳游京师，朝班邑子牛尾稀。

即今多难需才杰，郭张陈沈皆奋飞。

孤山处士音琅琅，皂袍演说常登堂。

可怜一卷茶花女，断尽支那荡子肠！

诸君且尽乘时乐，酒盏诗钟恣欢谑。

君知国有鹤乘轩，何必神惊燕巢幕！

乾坤整顿会有时，报国孤忠天鉴之。

但恐河清不相待，法轮欲转嗟吾衰。

自惭厚糈荄非才，手版抽将归去来。

颇似庐岑结精舍，倘容桐濑登钓台。

长向江湖狎鸥鸟，梦魂夜夜舠棱绕。

岂独登临忆侍郎，还应见月思京兆。

诗中所说"郭、张、陈、沈"：郭为郭曾炘，字春榆，官侍郎；张为张元奇，字珍五，官侍御；陈为陈衍，字石遗，官学部主事；沈为沈瑜庆，号涛园，官巡抚。"孤山处士"指林纾；"皂袍演说常登堂"状林纾在北京大学教书的风采；"可怜一卷茶花女，断尽支那荡子肠"指他翻译《巴黎茶花女遗事》轰动文坛，打动了无数读者。由于这首诗所赠对象是同乡友人，所以诗中谈到了福建的山水、福建的人文、福建人在京城的事业。作者劝慰同乡友人：既然福建人秉性方正，不屑于趋时；又学有根底，才华惊世，遭小人嫉妒挤兑，便是很正常的事。大家不必为小人居于高位不平，也不必因自己不得志而心灰。"乾坤整顿会有时"，总有一天朝廷要励精图治，诸位的济世之才必将大用。说到自己，严复则不免黯然伤神。他感叹自己的渐渐衰老，怕难有等到"河清"之日；说自己不愿享受优厚的俸禄而做不出事来；讲自己要像陶渊明那样辞官归田，要像严子陵那样过钓鱼隐居的生活。诗中表露出了严复在这一时期的苦闷情怀。

陶然亭聚会后，严复打点行装，于三月三日（4月18日）起程，奔赴上海。

# 四　从复旦公学到安徽高等学堂

同时异地任两所高等学院校长，这使严复疲于奔命、穷于应付。改革遭受挫折，他对中国社会的认识更加清醒了。

严复虽然在几年前便已从开平矿务局辞职，但他同督办张翼的来往并未完全割断。在他离开开平的次年，直隶总督袁世凯上折朝廷，弹劾张翼出卖开平矿务局。朝廷如梦初醒，责令张翼"赶紧设法收回"。张翼十分恐慌。他想到了严复，希望严复代他起草奏折，回击袁世凯的参奏。严复答应了下来，代写了《为张燕谋草奏》。

光绪三十年（1904），张翼提出亲赴伦敦办理交涉开平矿权事宜，十月初五（11月11日），朝廷允准。这时，张翼再次想到了早年留学英国、精通西学的严复，他恳请严复一道同行，许他月薪千元的报酬。这年冬天，严复随从张翼一行，登上了远洋客轮。

严复他们在腊月初一（1905年1月6日）才到了伦敦。这时，孙中山刚从美洲到了英国，得知严复已在伦敦，专程前往他下榻的地方拜会。由于两人思想不合，谈话中发生一场争执。

严复认为变革需要有一个过程，不能操之过急，更不可以诉诸暴力。他对孙中山说："以中国民品之劣，民智之卑，即有改革，害之除于甲者将见于乙，泯于丙者将发之于丁。当今之计，惟急从教育上著手，庶几逐渐更新乎！"

孙中山对严复的教育救国论不能同意，说："俟河之清，人寿几何！君为思想家，鄙人乃实行家也。"

话不投机，这次会晤不欢而散。

不久，严复也因与张翼意见相左，提前回国。途中，他顺便游览了法国、瑞士、罗马、意大利，然后乘坐德国邮船返程。

阴历四月，严复回到了上海。夏天，他应上海青年会邀请，作了题为《政治讲义》的演讲。演讲分八次，经整理，次年由商务印书馆出版。

关于这次演讲的缘起与所讲的内容，在《政治讲义》中有具体交代：

不佞近徇青年会骆君之请，谓国家近日将有立宪盛举，而海上少年，人怀国家思想，于西国政治，所与中国不同者，甚欲闻其真际。不揣寡昧，许自今日为始，分为八会，将平日所闻于师者，略为诸公演说。非敢谓能，但此所言，语语必皆有本，经西国名家所讨论，不敢逞臆为词，偏于一人政见。数会以后，诸公将见此是格物穷理实事求是之学，固无虑意见之偏，宗旨之谬也。

显然，这一讲座是上海青年出于对立宪及西方政体的关心，邀请严复来讲的。讲座中，严复分别讲了国家的产生、国家的职能、国家的不同类型、民权自由、政治自由、西方国家的立宪、专制政体与民主政体的不同等项内容。演讲曾在当时引起了不小的轰动，受到了舆论的盛赞。

严复在伦敦与孙中山会晤时，曾谈了他的教育救国思想。这一思想，应该说在他的脑海中形成已久。还是光绪二十八年（1902），他就在《外交报》发表了题为《与〈外交报〉主人书》的长文，便系统阐述了他的这一认识。在文章中，他不仅谈了开办学堂、引进西学的迫切，还将他认为是办教育的最佳方案列于文末。这篇文章使得作为"教育家"的严复，更为世人所了解。

严复的教育思想在当时得到了不少人首肯。各地教育部门也争相延请他到自己那里去从事一定的工作。

就在严复离开译书局以后，先是南洋公学的主办人伍光健抛出彩球，表示有意请严复过去接替自己主持学校工作；稍后，复旦公学校长马相伯等也向严复致意，希望聘他过去任教务长一职。严复对复旦公学的差使动过念头，很快又因顾虑到那里复杂的人事关系而作罢。

大约也就在这个时候，安徽方面与严复联系，请他到安徽高等师范学堂任校长一职。亲朋好友知道这事，认为当地风气颓堕，都劝严复回绝。但严复对这一校之长的位置终是眼热，想着有职有权，当可干一番事业，便应承下来，并与对方商定，在次年正、二月份之交，走马上任。

由于中间别生枝节，严复到安徽高等师范学堂报到的时间并不在正、二月间，而是到了七月。具体到达高师所在地安庆的时间，在光绪三十二年七月二十七日（1906 年 9 月 15 日）夜三点半钟。

严复到了安庆两个多月后，复旦公学因校长马相伯去了日本，群龙无首，致函严复，请他过去接任校长一职。严复在十月十四日（11 月 20 日）写给外甥女何纫兰的信中说："本日复旦诸生以书恳我为之校长，经诺之矣，不识能兼顾否？"看来此时严复个人已经同意，但能否在做安徽高师校长的同时，兼任复旦公学校长，还要由有关部门批准。

大概是复旦公学一时难找到更合适的人选，时隔不久，有关方面竟同意了这一方案。严复的工作自然更忙了。他常穿梭似的奔走于两地之间，去处理他作为校长不得不处理的各种事务。

复旦公学校长的差使并不易做。严复任校长不久，学校便出现了严重的财政危机。由于资金吃紧，学校的员工有两个月都没有拿到工资。大家

复旦公学旧址

靠薪水吃饭，不发工资，少不了找校方主事。严复一时在复旦处在十分尴尬的境地。

无奈中，他想出了寅吃卯粮的办法。他多次到南京去面见两江总督端方，商量着预支一部分明年的经费，以求渡过难关。

身兼两职，让严复吃足了苦头。他自知精力不济，无暇两顾，也向端方提出辞去复旦公学校长职务的请求。

在严复软磨硬泡下，端方答应先将明年正月的两千金经费预支给他；辞职一事，却暂时没有允准。

严复仍不得不继续做他的复旦公学校长。他必须整顿校纪。为此，他请示端方，打算对"延欠校款"的叶景莱及"造报稽延"的张桂辛两位庶务予以除名。同时，限于经费，他对原先的编制，也做了精简。"干事仅设三员"，"监学系严教员兼允"，"会计系教员张汝辑兼充"，"文案则去年之监学周明经良熙改充"，月薪各给五十元。

复旦的事情大让严复苦恼，经费问题始终困扰着他。由于经费吃紧，必要的校舍建设也无法进行。严复在光绪三十三年（1907）二月给夫人朱明丽的信中说道："复旦事甚难办。此次到宁，须与端督院破脑决断。若不起校舍，吾亦不能办也。"

严复仍不停地提交辞呈，同时，他也不断将自己物色的继任人选向端方汇报。他在给端方的一封信中谈道：

> 复旦监督一席，若一时难得其人，许复举贤自代，则窃意夏道敬观与此校交涉凡三四次，于其中办理情形极称熟悉，其人亦精明廉干，似可派充。若我宪必求精通西学之人，则复忆去年学部秋试，所得最优等游学美国专门教育之两进士，一熊崇志，一邝富灼，皆广州人，于教育一道实有心得。现经邮部指调差遣，用违其长，未免可惜，若调其一，使之接理，必能胜任愉快。

由于严复几次三番递交辞呈，辞得坚决，并且身兼两校之长，确非长久之计，两江总督最终还是批准了严复的辞呈，决定由道台夏敬观接任。夏敬观出任复旦公学校长，是在光绪三十三年（1907）盛夏。严复终于如愿以偿，如释重负。

但严复在安徽高等学堂的日子同样也不好过。早在他接到安徽巡抚的聘书，准备上任之际，就接到过一封匿名要挟的信函。信中警告他不要到任。巨大的阻力使严复生畏，他因此函复安徽方面，回绝了此事。到了二月份，恩铭接任安徽巡抚，再提此事，并立下重金聘约。严复因见对方盛意殷殷，最后下了决心，并于光绪三十二年（1906）七月正式走马到任。

到了安徽高等学堂，看到学堂的守旧、涣散，严复十分不满。他下决心要做一番严厉的整顿，以期使学堂有一个崭新的局面。

他首先从严肃学生考试纪律入手。高等学堂，既是传道授业、培育英才的地方，便要名副其实。他要求高等学堂培养出来的学生，个个具有真才实学，而不允许有人来此镀金、混文凭。

他制定了严格的考试制度，规定不仅要求新生入校要经严格考试，合格方准入校；而且即将毕业的学生，也必须考试及格，方准毕业。

安徽高等学堂原是自由散漫出了名的，这样一来，那些原本就是走了门路进校，到校后又不肯刻苦学习的富家子弟，首先就要露出马脚。几次考试下来，已经有三十余名即将毕业的学生，因为成绩极差，按规定被除名，开除校籍。

但严复对确有见解的学生，却十分爱惜，青眼有加。一次他查阅考卷，发现一位名叫王恺銮的学生，以《张巡论》为题，写了篇史论。他发现这篇文章截然不同于以往论者的一味歌颂，却对人们一向公认的英雄大加讨伐，他愣住了。

文章并不是对张巡的全面评价，仅就其"杀妾飨军"一事，展开立论。作者认为，张巡的勇烈固可称道，但他的杀妾飨军之举却是"野蛮行径，忍心害理"，对于战事，并无益处。再者，天赋人权，人来到世上，不分男女，一律平等，无食则共忍其饿，不应该让女子成为男人的食物。人吃人，这也与人的文明不合，性同豺狼。

读完文章，严复深深为作者的说理打动。他很欣赏这篇作文议论的犀利、讲理的透彻。但阅卷教师的评分，只给了40分。

严复对这篇文章有点爱不释手，他动手将文章中几句过于偏激稚嫩的语句作了改动，叫人传唤王恺銮过来，当面表扬勉励，并赏银十元。

阅卷教师知道此事，很难为情，趁人不在，取出卷子，重新划了分数，40成了90。

由这件事，严复深感教师素质对于提高学堂质量的重要，他觉得单抓学生考核并不全面。

考学生后，严复便接着提出对教师进行一次考试。

考教师不同于考学生。在考核之前，他先是放风出来，说校长要亲自考核面试教师。由校长针对各位教师所任课程，提出问题，请教师作答，满意者便下聘书；不满意的，卷铺盖走人。

风声传出，一些水平欠缺又有点自知之明的人，便递交了辞呈，自动离去了。其中有几位日本教员，觉得这样离开，有损本国声誉，硬着头皮，等严复召见。待到召见，严复接二连三提出了一些问题，请他们回答，结果多不能答出。既不及格，便也无话可说，只能老实地接受校长严复的训诲。严复严肃不客气地当面同他们说："诸位学业不精，在此传道，不免误人子弟。请回国踏踏实实研究几年，有了真才实学，再来这里教书。"几位日本教员面红耳赤，只得告退了。经过这番考试，滥竽充数的教员被清洗出去。

接着严复对教工队伍进行了换血改造。他调整了人事，引进新的人员。一番整顿后，学校的面貌有了很大改观。

但这些举措，首先在学生中引起不满。他们看到有学生遭到除名，便担心这事终要落到自己头上。毕业生面临毕业考试，未毕业的学生，面临着即将到来的夏考，惶惶不可终日。

对严复嫉恨最深的还是当地绅士。他们的亲信从学校教工中被辞退，断了内线；他们的子弟被学校除名，让他们大失面子。于是，他们便借助学生的恐慌，鼓动他们闹事。

他们先以教务长周鼎观的一些过失为借口，掀起了一场逐周风潮。后又找人在《南方》《神州》上散布关于严复的流言蜚语，极尽攻击谩骂之能事。还有人用匿名信的形式，给安徽学使寄上"公愤书"。

　　在种种围攻之下，严复只得求助于抚台恩铭及学使沈曾植。他提出必须将滋事者二十余人严办，否则自己辞职。恩铭做严复的工作，请他继续留任，但他却不愿因严复得罪过多的地方缙绅。他做出姿态，说要与学使沈曾植商议，将皮球踢到了沈的那边。最后，为敷衍严复，只是查办了五位没有太大背景的学生。

　　严复对这种结果自然是不满意的。这事也让他彻底认清了安徽的形势。他觉得在这地方要想有一番作为，十分困难，于是便毅然向上边递交了辞呈。

　　严复辞职的消息很快传出，从提学到地方大小缙绅，纷纷登场，进行各种活动，以求在学堂中谋取职务。在给外甥女何纫兰的信中，严复谈到了这一情况："刻安徽大绅士则谋监督，小绅士则谋管理杂差，真所谓一骨裁投狗乱争者矣。至学堂吾所用之管理、教员，大抵多站不住，因提学司曾赴日本，带有得意速成留学生数人，正无处位置故也。提学脑筋有病，素为名士，人极糊涂；至学务尤为外行，加以妒吾名盛，口里恭维，背后反对，此堂之事，皆此老之助成也。嗟嗟！学堂本教育之地，而小人视为利薮，学生劣者不可沙汰，沙汰即起风潮，此后学界尚可问乎？"从这件事情看，严复对当时的学界也失望了。

　　严复离开安庆的时间是光绪三十三年四月二十六日（1907 年 6 月 6 日）。

　　严复离开安庆一个月，当地发生了徐锡麟刺杀恩铭事件。

# 五　人怕出名

　　盛名之下的严复，各种职务头衔不期而至，他既有被作为摆设时的百无聊赖，更多的还是疲于应酬后的心力交瘁。

辞去安徽高等学堂校长一职后，严复先到了南京。这里有一件事等他去做，那便是江、皖、赣三省出洋留美学生考试的阅卷工作。

这次留美学生原计划派遣 13 名，其中男生 10 名，女生 3 名。报考的人数并不少，大约有 200 余人，但真正参加考试者只有 80 人左右。就是这应考的几十名学生，文化程度也低得可怜，女子更甚。接到考卷，大多数对着发呆，不知从何动笔。英文水平尤差，有人勉强写了半纸，却文法不通，不成语句。

考试结果可想而知，能够及格的仅有五六人而已。为此，提学只得决定再进行一次补考。这样，严复在南京停留十日的计划也只好打破，他必须等补考阅卷完毕后，才能离开这里。

身为盖世名流的严复，自然不愁没有事做。

光绪三十四年（1908）七月，直隶总督兼北洋大臣杨士骧给严复来函，表示希望请严复到他那里，做他的"新政顾问官"，月薪三百，车马费另加二百，待遇不菲。严复答应了下来，并在七月底前往，三十日（8 月 26 日）到了天津。由于去得匆忙，连水烟筒、勾脚、眼镜这些必备的东西都忘了带去。

到了天津，住处安排在河北学务公所。与严复住在一起的有提学司卢木斋。住房很大，虽是盛暑，夜间却颇感凉爽。让严复烦恼不堪的是蚊蝇太多，但依人做客，也只得暂时忍耐了。

杨士骧的举措，无非是在清廷"仿行立宪"的形势下，做做样子。他的"新政顾问官"也并无多少实际的事情要做。严复到这里之后，在清闲中不免有些百无聊赖的孤寂。

学务公所的房子，严复不太满意。孙仲英得知后，说他有两处房子：一是大王庙旧宅，现无人住；一是新起的河北孙家花园内洋房，听严复挑选搬去。严复怕担人情，暂时没有接受。

过了些时，严复在这里仍没有多少事做。每天除了见客应酬，就是闷坐在家读书。杨士骧请他做一篇《奏请兴办海军折》，这对多年捉刀的严复并非难事，六七千言文字一挥而就。这样的文字也赢得了一片喝彩，严复觉得好笑。他在给外甥女何纫兰的信中谈起这事，说："我现在真如小叫天，随便乱嚷数声，人都喝彩，真好笑也。"他对这种胡乱捧喝的诡谀风气显得极为不满。

严复成了杨士骧"热心立宪"的摆设，杨士骧对于能给自己装潢门面的摆设，也自然崇礼有加。这竟也给严复招来了不少烦恼。最使严复苦恼不堪的便是接二连三有人上门，托他到杨士骧那里代为说项。这对于禀性清高自负的严复，简直比让人打了耳光都感到难受。

还有让严复不能忍受的，便是当年在天津时，一向被他鄙夷为"市井小儿"的人，这时竟都摇身一变，成了方面监司大员。小人得意，自命不凡，也总喜欢摆出俨然大人物的模样，这让严复觉得恶心。

天津这段生活，也有让严复留恋的事情。那便是他与女弟子吕碧城的交往。

吕碧城是北洋女子公学校长的千金，当时在女子公学读书。她早就仰慕严复的大名，渴望一见。听说严复到了天津，她十分高兴。严复刚到天津半月，她已前后五次去看了严复。

严复很欣赏吕碧城的高雅率真，明达事理。他很喜欢同吕碧城交谈，听她谈自己对一些问题的看法。在给外甥女何纫兰的一封信中，严复还专门引了吕碧城论自由结婚的谈话：

吕碧城像

　　吾一日与论自由结婚之事，渠云：据他看去，今日此种社会，尚是由父母主婚为佳，何以言之？父母主婚虽有错时，然而毕竟尚少；即使错配女子，到此尚有一命可以推诿。至今日自由结婚之人，往往皆少年无学问、无知识之男女。当其相亲相爱，切定婚嫁之时，虽旁人冷眼明明见其不对，然如此之事何人敢相参预，于是苟合，谓之自由结婚。转眼不出三年，情境毕见，此时无可委过，连命字亦不许言。至于此时，其悔恨烦恼，比之父兄主婚者尤深，并且无人为之怜悯，此时除自杀之外，几无路走。渠虽长得不过二十五岁，所见多矣。中国男子不识义字者比比皆是，其于父母所定尚不看重，何况自己所挑？且当挑时，不过彼此皆为色字，过时生厌，自尔不终；若是苟且而成，更是看瞧不起，而自家之害人罪过，又不论也。其言如此。

　　严复对吕碧城的这番议论大为赞赏，称"不意此女透澈至此"。俩人言谈投机，总有许多的内容要讲，"谈者甚多，大抵皆阅历见地"。

　　严复对吕碧城评价很高。他认为吕碧城长处甚多，如为人方面率真爽直，"柔婉服善"，能自己解剖自己，不言人过；才学方面见解深刻独到，"比平常士夫，虽四五十亦多不及之"。缺点在过于孤高，不放人在眼里；议论也过于激烈，锋芒太露。严复因此对她的处境与将来甚表担心。

　　在天津不到两个月，严复接到学部的通知，聘他去审阅教育试卷。在京约十余天，又回到了天津。

　　这时的严复，身体状况不是太好。咳嗽、筋跳折磨着他，晚上往往到十二点钟才能入睡，早晨不到六点钟便又醒来。晨起时，喉中浓痰极多，需要在吐痰服食药膏后才觉舒服。

　　学务公所的房子总不方便，从北京回天津后，严复还是搬进了孙仲英的孙家花园洋房。

　　宣统元年（1909）四月，严复被任命为宪政编查馆二等咨议官。同时，学部尚书荣庆也聘他做审定名词馆总纂。四月初七（5 月 25 日），严复到了北京。由孙仲英帮忙，住在东城东堂子胡同逸信庄房。

　　报到后，少不了拜见同僚、上司，应酬了几日。编查馆的上司、同僚对严复都很客气，载泽、宝熙与严复尤见相厚。

　　其实，宪政编查馆也不过有名无实的机构。但不知内情的严复仍对此抱有很大热忱。过了些时日，他对编查馆的工作有了一定的了解，不满也开始产生。

　　宣统二年（1910）十月，他给清廷新任命的纂拟宪法大臣载泽写了封信，谈了自己对馆中工作的一些意见：

　　敬肃者，伏读本月初四日上谕，知奉钦派为纂拟宪法大臣，不觉以手加额，为天下庆。何则？兹体事大，上焉亿万年皇室之所以不倾；下焉四百兆人民之所以永赖，皆于此焉为之基局。非得公正明达，通古今之变，而折中西之衷如公爷与伦贝子者，固莫能胜其任也。

　　窃考史籍，历代帝王，应昌期，执大象，凡所以经纬万端，而勒为一王之法，自周公酆侯以降，要皆古圣贤人，而赞襄助理之儒，亦皆其才中王佐，盖其事之重且大如此，而其人之不世出如彼。项自戊巳、庚辛以还，吾国日以变法为事，更张营缔，诚不一端。故如宪政编查馆等，其中领局大臣，虽有论道之名，而营职鞅掌，老事媕娿，凡于一法令之立，一章程之施，既不能深权熟思，推其因果，以求无恨，而所简选召辟，畀以起草陈议者，又往往蜂锐年少，未成熟之才。于吾国古先制置，既傲然以为宜束阁而不足缕述矣；即至外国治体，又皆所尝至浅，所知极微，速成者半年，专门者三载，如是而责以学制之事，经国之谟，几何其不为苟且之治乎？如向者学务、自治、巡警章程，乃至资政院之规则，率皆以至短时间径抄日本所前具者，转变文法，斯为国经，而殊俗异政所不计也。有时并文从字顺且不能，微论其讲如画一矣。

　　章京生平樗散，顾尝受公爷至深之知，心有所危，不敢墨墨。窃以谓纂拟宪法，乃绝大事，此后开局辟僚，固不能纯取旧学之士，然选其新矣，亦宜相其实有功侯，知法制本原，能为国家计虑深远者。而东学小生，用之尤不可不慎也。欧美游学治法典者亦不尽佳，又多苦不能本国文字，然其中亦有数四佳者，窃欲荐列，以备公爷与伦贝子之采取。

　　立法是一件上关"亿万年皇室之所以不倾"，下关"四百兆人民之所以永赖"的大事，自古以来，负责立法者是"古圣贤人"，而参与立法者也均"才中王佐"，不世之才。但今日立法却不然。领局大臣"虽有论道之名，而营职鞅掌，老事媕婀"，立法既不慎重，所用立法人员，又多"蜂锐年少，未成熟之才"。这些人，排斥古制，也对外国治体一知半解，不甚了了。即从国外抄搬现成典章，也往往译句不通。显然，严复对宪政编查馆以往的工作并不满意。

　　学部审定名词馆也在九月三十（11 月 12 日）开馆。较之宪政编查馆，这里倒有些切实的事要做。而身为总纂的严复，更分外忙碌一些。在十月十七日（11 月 29 日）给外甥女何纫兰的信中，严复说："名词馆开办后，尚为得手，分纂调聘亦无滥竽；惟部中诸老颇欲早观成效，不得不日夜催趱耳。"又十二月二日（1910 年 1 月 12 日）信中说："舅在京，身体尚健朗，但部中公事极忙，不仅编订名词一宗而已。"可以看出，严复对名词馆中人员，是相当满意的；他自己除编订名词外，还有不少头绪的事情在身。

　　《与学部书》便是严复任职名词馆时所作。这篇文字中，严复反复强调了教育国民、开发民智的重要。他认为，学务难办，这是实际，原因不止一端；但不办学务，民智不开，一切新政都将失去基础。所谓："盖不独兵战、实业，事事资于学科；即国家处更张之日，一法令之行，一条教之出，欲其民之无生阻力，谅当事者皆为彼身家乐利而后然，则预教之事，即亦不可以已。"再就立宪来说，严复认为："立宪者，议法之权公诸民庶者也。然民庶不能尽议法也，则于是乎有国会之设而乡邑有推举代表之权，地方有行政自治之设，凡此皆非不学之民所能胜也，而不识字者滋无论矣。"要实行立宪，要将宪法公诸于民，在百姓中实施，要在乡邑进行民选、自治，件件都离不开文化，不能缺少应有的文化素质，所以要立宪，也不可以不兴学务。

实行民主政治，前提是要求国民的素质达到相当程度，国民教育势在必行。但"国民教育，其事众矣"，断然没有不从基础入手，便"遽责其高深完全之能事者"。只要从基本教育开始，使"人人皆具普通知识，即不然，亦略解书数，有以为自谋生计，翕受知识之始基，则聚四百兆之人民，其气象自与今者迥异"，因此严复建议："故教育不必即行强逼也，要必有所以鼓舞、考成之者，使之日增，亦未必即能普及也，要必以国无不能写读之民为之祈向"。抱着这一目的，商订一些"切实可行""行之必有效"的条文，普及文化的工作便自然会顺利展开。

文章最后，严复提出了"推广私塾改良会，以开风气"的条款，这也是他认为最能行之有效的途径。

这段时间，严复的身体状况似乎每况愈下。

到北京不久，他在四月十五（6月2日）夜写给夫人朱明丽的信中说："学部又央我审定各科名词，此乃极大工程之事，因来意勤恳，不可推辞，刻已许之。但我近来精力不及从前甚远，若做不好，岂不为笑？学部叫我自寻帮手，而我又想不出谁来，欲调之人，又恐调不动也。体气到京后虽无甚病，却不算佳，夜间多睡不着，早起大解三五遍不等，药膏只须两顿，临睡因腿跳，常不得已而用吗啡针，所打至少不过数毫之重，然往往仍睡不着，此信即三点钟所写也。"

到了九月二十二（11 月 4 日），严复写信给朱明丽，谈到近况，又说："学部编订名词馆，已于二十开办，月薪馆中及丞参堂两处共京足三百两，略觳京中敷衍耳。吾从药丸除净后，体力反觉不支，大抵不外泄泻、咳嗽及筋跳三件，昨前两宵作扰尤甚，饭后九十点即非常困倦欲睡，睡又筋跳两三点钟，勤捶不差，服睡药亦无效，不得已乃取家制药膏半茶匙，服下乃得安静。但所睡时刻近益短少，不过三四点，往往半夜咳醒，坐待天明。"

泄泻、咳嗽、筋跳这三种病痛的折磨，使严复严重睡眠不足，他为此十分苦恼，情绪极差。他因此同朱明丽说："吾思这咳喘诸病，恐成送老之物，但若长此不瘥，北方殆难久住，因此一切进取之意都灰懒了。"他甚至顾虑到自己会因此等病重送命，也为此心灰意懒，打算若不能病愈，便准备弃官不做，回到南方。

"人怕出名猪怕壮"，因为名气大的缘故，各种事都找上门来，各种名誉、职务也不期而至。

宣统元年十二月初七日（1910 年 1 月 17 日），清廷赐严复为文科进士，同时受赐的还有辜鸿铭、詹天佑、伍光建、王劭廉等 19 人。年近耳顺之年的严复早对此失去兴趣，在得知这一消息时，也表现得十分平淡。

宣统二年四月初一（1910 年 5 月 9 日），严复以"硕学通儒"被征为新成立的资政院议员。他在四月十三日（5 月 21 日）给朱明丽的信中谈道："我本意八月、九月回去，奈初一日资政院发表我被钦选硕学通儒议员，该院系八月二十取齐，九月初一开会，如此秋间恐回不成了。"在他的言辞中，也失去了以前被聘为名词馆总纂、宪政编查馆咨议时的喜悦。他对时下所谓的立宪种种，并无太多兴趣，在他自己，也仅是开会"应景"而已。

宣统二年（1910）海军部成立，严复被授海军协都统。次年，清廷又特授他为海军部一等参谋官。他曾以"一等参谋官"的身份致函海军大臣载洵，就英人窦纳逊提出的海军部担保、英国公司出资，在中国通商口岸修建船坞事，发表了看法。

此外，严复还兼了度支部清理财政咨议官、福建省顾问官诸职。

身兼多职，各种应酬使严复极为疲惫；但几处都有多少不等的薪水进账，这对开支不小的严复来说，的确又是很实惠的事情。

严复到京，原有江姨太随行照料。但就在宣统二年二月初十（1910年3月20日），江姨太突然患了精神病。病情发作时，便同严复大闹，一时说要回福建，一时又说要到烟台，有时甚至声称要离开严复。这让严复很是痛苦，也十分气恼。

从江姨太生病后，严复的生活便改由仆从丁泰、戈升等人照料。这毕竟比不上江姨太的体贴、无微不至。严复不仅感到了冷清寂寞，生活上也大不如从前方便。好在整日昏天黑地地应酬，消磨去了不少时光。

第五章

# 欲持建鼓挝顽聋

# 一　"屏弃万缘，惟以译书自课"

为开启民智，培育民德、民力，严复在萍飘蓬转的十年，利用间隙，翻译了大量西学著作，有喜悦，也有孤寂与落寞。

戊戌政变发生以后，严复更深信社会的变革要经过缓慢的过程，绝非一朝一夕所能奏效。同时，他也坚信只有从教育入手，培育民德、民智、民力，在国民德、智、力三者都达到一定程度后，变革才有其根本的基础。他在致张元济的信中，曾表露了自己的这一思想。信中说：

复自客秋以来，仰观天时，俯察人事，但觉一无可为。然终谓民智不开，则守旧维新两无一可。即使朝廷今日不行一事，抑所为皆非，但令在野之人与夫后生英俊洞识中西实情者日多一日，则炎黄种类未必遂至沦胥；即不幸暂被羁縻，亦将有复苏之一日也。所以屏弃万缘，惟以译书自课。

在这一时期，严复的思想不免有些消沉。他心灰意冷，对朝廷也似乎感到失望，不再幻想他们能有如何的振作。但他对传播西学、开发民智却依然执着，充满了信心。他认为处在当时的形势下，不必再对朝廷抱任何幻想，只要多译介些西方著作，让在野人士或后生英俊通达中西实情，民族振兴便终会实现；中华民族只要民智大开，即使国土被列强吞食，也会有重振山河的一天。

庚子事变以后，严复从天津仓皇跑往上海，从此开始了他的十年飘零生活。

在这十多年中，他虽然居无定所，时而上海，时而南京，时而安庆，时而天津，时而北京，但他译介西学的工作，一直没有间断。他的主要译著都翻译出版在这一时期。

1. 《原富》的翻译出版

《原富》（今译作《国富论》），英国经济学家亚当·斯密著。严复写有《斯密亚丹传》介绍他的生平著述。

亚当·斯密（1723—1790），出生在苏格兰一个名叫克科第的小镇上。父亲为律师，在亚当·斯密生前几个月便已死去。母亲终身守寡，没再嫁人。

亚当·斯密从小身体瘦弱。3 岁时，曾被埃及乞丐拐走，不久逃回。先在镇上的私立学校学习经济学。14 岁进入格拉斯高乡学，18 岁为巴列窝

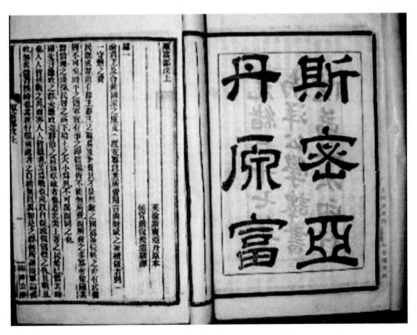

《原富》书影

选生，进入牛津大学。

当时的英国，宗教势力很大，社会政局也极不稳定，亚当·斯密潜心苦读，六年大学生活，奠定了他日后从事学术研究的坚实根基。

毕业后，先在爱丁堡大学讲修辞学与文学，后又到格拉斯高大学讲逻辑学、道德哲学，1759 年出版《德性论》（今译《道德情操论》），书出后风靡一时。

1764 年他辞去大学教授职务，做了布克莱希公爵的私人教师，曾陪同公爵游历欧洲。在法国，他结识了很多著名学者，如伏尔泰、魁奈、杜尔阁等，增加了见闻，也开阔了视野。

回乡之后，他闭门谢客，开始撰写《原富》，费时达 10 年，终于完成，并在 1776 年出版。这本书出版后立刻轰动了社会，不仅"各国传译"，且经济学家也都"偃尔宗之"，信从他的学说。

在这以后，他当上了格拉斯高大学校长，一直做到 1790 年去世。

《原富》是西方资产阶级经济学经典著作。全书五篇：第一篇论劳动生产力改良的原因，并论劳动生产物分配的自然顺序；第二篇论资财的性质、蓄积与使用；第三篇论不同国家中财富的不同发展；第四篇论政治经济学体系；第五篇论君主或国家的收入。

在严复的著作中提到亚当·斯密，首见于其《原强》修订稿，云："东土之人，见西国今日之财利，其隐赈流溢如是，每疑之而不信；迨亲见而信矣，又莫测其所以然；及观其治生理财之多术，然后知其悉归功于亚丹斯密之一书，此泰西有识之公论也。"又见其《天演论》按语，说："晚近欧洲富强之效，识者皆归功于计学，计学者首于亚丹斯密氏者也。"而他开始翻译《原富》，则在光绪二十三年（1897）。

光绪二十四年二月二十八日（1898 年 3 月 20 日）吴汝纶在写给严复的信中谈道："斯密氏《计学》稿一册，敬读一过，望速成之。计学名义至雅训，又得实，吾无间然。"可知在这时，《原富》（原名《计学》）已译成一册，并送呈吴汝纶审正。

隔了五个月，在七月初七（8月23日），吴汝纶又致函严复，谈道："惠书并新译斯密氏《计学》四册，一一读悉。斯密氏元书，理趣甚奥颐，思如芭蕉，智如涌泉，盖非一览所能得其深处。执事雄笔，真足状难显之情，又时时纠其违失，其言皆与时局痛下针砭，无空发之议，此真济世之奇构。执事虚怀谦抱，勤勤下问，不自满假。其识浅，于计学尤为梼昧，无以叩测渊懿，徒以期待至厚，不敢过自疏外，谨就愚心所识一孔之明，记之书眉，以供采择。其甘苦得失，则惟作者自喻，非他人所能从旁附益也。"严复的翻译速度显然加快了，这样才会在数月之内，又拿出了四册。吴汝纶对严复的译著仍十分关心，不但认真审读，还将自己的意见批于书眉，供其参考。

又过了半年，在光绪二十五年正月三十日（1898年3月11日），吴汝纶再致函严复，谈道："惠示并新译《计学》四册，斯密氏此书，洵能穷极事理，镌刻物态，得我公雄笔为之，追幽凿险，抉摘奥赜，真足达难显之情，今世盖无能与我公上下追逐者也。谨力疾拜读一过，于此书深微，未敢云有少得，所妄加检校者，不过字句间渺小得失。又止一人之私见。"到了此时，《原富》的翻译，又有了新的进展。严复也依旧是每成四五本，便送给吴汝纶审正。

这年年底，《原富》的翻译已完成五分之四，严复开始考虑出版事宜，写信给吴汝纶，请他为自己作序。信中谈道："《原富》拙稿，新者近又成四五册，惟文字则愈益芜蔓，殆有欲罢不能之意，以□□之雅，乃累先生念之，岂胜惶悚。……《原富》未译者尚余五分之一，不以作辍间之，夏日当可蒇事。而成书后，一序又非大笔莫谁属矣。先生其勿辞。"信中谈到完稿的时间大约在夏间。

对严复提出的作序请求，吴汝纶不无犹豫，在光绪二十七年四月十八日（1901 年 6 月 4 日）致严复的信中，他谈了自己的这一想法，说："《原富》大稿，委令作序，不敢以不文辞。但下走老朽健忘，所读各册，已不能省记。此五册始终未一寓目，后稿更属茫然。精神不能笼罩全书，便觉无从措手，拟交白卷出场矣。"由于年老体衰，吴汝纶深感精力不济，且不说严复送来有日的五册译稿尚未顾得上阅读，就是以前所读诸册内容，也有些记不起来了。吴汝纶又是一位十分严谨的学者，他决不肯敷衍塞责，不能对全书有整体把握，他宁肯不做。

《原富》全部译成，已经是年底的事了。严复觉得不能少了吴汝纶的序，在作者本传及译例写出后，他再次写信给吴汝纶，请他在赐教指正的同时，不要忘记写篇序文。老友的盛意让吴汝纶无法推辞，他答应了作序，但坚持要再通看一遍全稿，方肯下笔。严复在光绪二十七年九月初二（1901 年 10 月 13 日）写给张元济的信中谈到了这事："《原富》之本传、译例均已脱稿，寄往保定多日，交挚甫斟酌，并乞其一序，至今未得回音，正在悬盼，顷拟信催，俟寄来即当奉上。渠前书颇言，欲见全书，始肯下笔；如五部均已刷印，即寄一二分见赐，以便转寄与此老，何如？"严复一方面讯问《原富》的排印情况，另一方面向张元济提出，如果五部都已经刷印，请寄上一二份样本，以便给吴汝纶审阅。到了这时，序文显然还未写好。

这篇序最终还是写了出来。据序文末题款，时间是"光绪辛丑（1901）十一月"，可知也就在严复写给张元济那封信后两个月，吴序即已写出。吴汝纶自然是又翻阅了全稿，然后动笔的。

关于《原富》的出版，还在翻译过程中，严复便已经同有关方面进行了商谈。他不仅谈出版印制，更多的还谈到报酬、版税等问题。

光绪二十五年八月二十（1899 年 9 月 24 日），严复写信给张元济，说道：

愚意译书以上紧成书为第一义。果书已成，或鸠资自刻，或经售译局代印，均属易事。复蚁系一官，家无儋石，果费二三年精力，勉成一书之后，能以坐得数千金，于家事岂曰小补？则台端之意，复无不乐从者，固可决也。

目下亚丹斯密《原富》一书，脱稿者固已过半。盖其书共分五卷，前三卷说体，卷帙较短；后二卷说用，卷帙略长。弟今翻者，已到第四卷矣。拙稿潦草胡涂，现已倩人缮清。……俟清出几卷后，再商南寄、先行分刻与否可耳。此书的系要书，留心时务、讲求经济者所不可不读。盖其中不仅于理财法例及财富情状开山立学，且于银号圜法及农工商诸政，西国成案多所征引。且欧亚互通以来一切商务情形皆多考列，后事之师，端在于此。又因其书所驳斥者多中吾国自古以来言利理财之家病痛，故复当日选译特取是书，非不知后来作者之愈精深完密也。近复于北洋亦有请开译局之事，经上游属令选书包译。弟为选书十数种，分理财、武备、公法、制造四门。《原富》一书，估价三千两，限三年藏事也。此事裕帅颇以为然，并蒙赞许所拟章程妥善，选书合宜。

在这封信中，严复同南洋公学译书院主持人张元济谈到了自己手中正在翻译的《原富》，也表示可以考虑给南洋公学译书院出版。而对其书价值的介绍，无疑是在给自己的译著作广告宣传，意在引起张元济的兴趣。至于谈到他为北洋译书局已开此书，译价3000两，颇蒙直隶总督裕禄赞赏云云，也有着暗示价码给张元济的用意。

张元济身为出版家，深知著名译家严复的身价，也相信严复所译此书的价值，经过考虑，他在九月初，接连给严复写了两封信，表示愿意接受此书的出版，报酬为两千金。但严复并未立刻回信，直到十月九日（11月

11 日），才复信给张元济。信中说：

> 九月八、九两日叠接惠椷，备聆壹是。《原富》拙稿，刻接译十数
> 册，而于原书仅乃过半工程，罢缓如此。鄙人于翻书尚为敏捷者，此稿开
> 译已近三年，而所得不过如是，则甚矣此道之难为也。承许以两千金购
> 稿，感谢至不可言。伏惟译书原非计利，即使计利而每册八十余金，亦为
> 可估之善价，岂有不欢喜承命之理耶？但刻下北洋亦有开设译局之事，制
> 军责令各人包译，此部开列在前，估价乃三千二百两；其余尚有十余种，
> 大抵分理财、公法、武备、制造四门，皆有价目年限；事已禀院月余，而
> 交支局妥议，尚未回复。拙稿在制军处翻阅，后来局议如何，制军批定何
> 若，皆须十余日乃可揭晓，故于惠椷一时不能定议作答也。

所谓为北洋译书局开列书名在前，这是托词。而开价 3200 两云云，
这却表明了严复的真正想法。他谈到译书不易，对张元济所开报酬并不满
意，所以在这封信中，严复并没有给张元济以明确答复。

但在这封信发出不几日，严复却托人函告张元济，说明了愿到南洋公
学译书院出版《原富》的意思，接着在十月二十八（11 月 30 日），他又
亲自致函张元济，告诉"拟分券随钞随斠随寄"，这显然是经过考虑后，
他担心事情弄僵，而做出的决定。但他对张元济所开报酬终不满意，所以
在光绪二十六年二月二日（1900 年 3 月 2 日）写给张元济的信中，又提出
抽取版税的要求。信中说：

> 仆尚有鄙情奉商左右者，则以谓此稿既经公学贰千金购印，则成书后
> 自为公学之产，销售利益应悉公学得之；但念译者颇费苦心，不知他日出
> 售，能否于书价之中坐抽几分，以为著书者永远之利益。此于鄙人所关尚
> 浅，而于后此译人所劝者大，亦郭隗千金市骨之意也。

对严复的这一要求，张元济答应在现印的 2000 部中，十成提出二成归严复所得。但这总归口头说法，并未定下任何协议。到了光绪二十七年八月六日（1901 年 9 月 18 日），严复又专就此事致函张元济，谈道："所言嗣后售卖《原富》一书，作定值百抽几，给予凭据，以为译人永远利益一节，未得还云，不知能否办到，殊深悬系。"就抽取版税的理由，信中也列论四点：

一、此书全稿数十万言，经五年之久而后告成。使泰西理财首出之书为东方人士所得讨论；而当时给价不过规元（银）二千两，为优为绌，自有定论。

二、旧总办何梅翁在日，于书价分沾利益，本有成言。

三、于现刷二千部，业蒙台端雅意，以售值十成之二见分，是其事固已可行；而仆所请者，不过一字据，以免以后人事变迁时多出一番唇舌，而非强其所必不可。

四、科举改弦，译纂方始，南北各局执笔之士甚多。分以销售利益，庶有以泯其作嫁为他之塞责，而动以洛阳纸贵之可欣求，达难显之情，期读者之皆喻；则此举不独使译家风气日上，而求所译之有用与治彼学者之日多，皆可于此寓其微权。

严复认为，抽取版税，这既是对译著者所付出劳动的承认，也是对翻译工作者的尊重。而实行版税，不仅可以使译者认识到工作的重要性，严肃自己的翻译态度，而且对整个社会重视译学也富有意义。

从光绪二十七年（1901）到光绪二十八年（1902），《原富》在上海南洋公学译书院陆续出版了。

2.《群学肄言》的翻译出版

《群学肄言》即《社会学研究法》，英国哲学家斯宾塞著。

　　斯宾塞（1820—1903），出生在英国中部一个叫德比的地方。他的父亲是位中学教师。由于从小身体不好，斯宾塞并没有到学校去接受系统正规的教育。他的启蒙老师便是父亲与叔父，以在家自学为主。成名后的斯宾塞，常引此以为自豪。

　　斯宾塞从 1850 年开始发表统计学与经济学论文。60 年代起，他着手创建自己的哲学理论体系，先后出版了《第一原理》（1862）、《生物学原理》（1864—1867）、《心理学原理》（1870—1872）、《社会学研究法》（1876—1896）、《伦理学原理》（1879—1893）。他的学说核心，在《第一原理》中已得到了阐述。他认为进化原理是一个基本法则，适应于生物学、心理学、社会学、伦理学诸多学科。他又认为进化论具有一种解析事物的价值，它说明无论在个人生活还是在社会生活的各个领域，事物都是从同质状态向异质状态转变的。

《群学肄言》书影

斯宾塞曾在他生活的时代产生了巨大影响，人们把他视为人类与社会科学的伟大导师，可见他在当时的地位。

严复阅读斯宾塞的著作，是他初到北洋水师学堂任教务长之际。他自称读后"辄叹得未曾有，生平好为独往偏至之论，及此始悟其非"（《〈群学肄言〉译余赘语》）。斯宾塞的理论也在严复的思想上打下了深深的烙印。光绪二十一年（1895），他发表《原强》，首举达尔文，接着便谈斯宾塞。《原强》（修订稿）中说：

斯宾塞尔者，亦英产也，与达氏同时。其书于达氏之《物种探原》为早出，则宗天演之术，以大阐人伦治化之事。号其学曰"群学"，犹荀卿言人之贵于禽兽者，以其能群也，故曰"群学"。夫民相生相养，易事通功，推以至于刑政礼乐之大，皆自能群之性以生。又用近今格致之理术，以发挥修齐治平之事，精深微眇，繁富奥殚。其论一事，持一说，必根据理极，引其端于至真之原，究其极于不逾之效。于五洲殊种，由狂榛蛮夷，以至著号开明之国，挥斥旁推，什九罄尽。而于一国盛衰强弱之故，民德醇漓合散之由，则尤三致意焉。殚毕生之精力，五十年而著述之事始蒇。其宗旨尽于第一书，名曰《第一义谛》，通天地人禽兽昆虫草木以为言，以求其会通之理，始于一气，演成万物。继乃论生学、心学之理，而要其归于群学焉。夫亦可谓美备也已。

斯宾塞尔全书而外，杂著无虑数十篇，而《明民论》《劝学篇》二者为最著。《明民论》者，言教人之术也。《劝学篇》者，勉人治群学之书也。其教人也，以浚智慧、练体力、厉德行三者为之纲。其勉人治群学者，意则谓天下沿流讨源，执因责果之事，惟群事为最难，非不素讲者之所得与。……

可以看出，严复这篇文章的核心：鼓民力、开民智、新民德，便正是从斯宾塞的理论中得来。也正因为在严复看来，斯宾塞的理论颇有益于当时的中国，所以他不仅在《天演论》翻译中大量引述了斯宾塞的见解，还决定将其著作译出，以飨读者。

严复首先选择翻译斯宾塞的《社会学研究法》。光绪二十三年（1897），他先译了两篇，以《斯宾塞尔劝学篇》为题，刊发在《国闻汇编》。此后"事会错迕，遂以中辍。辛丑乱后，赓续前译"（《〈群学肄言〉译余赘语》），断续翻译，三易其稿，全书在光绪二十八年（1902）年底告竣。

光绪二十九年（1903），上海文明编译书局出版其书。

3. 《群己权界论》的翻译出版

《群己权界论》即《自由论》，英国哲学家、经济学家、社会政治改革家约翰·穆勒著。

约翰·穆勒（1806—1873），英国著名学者詹姆斯·穆勒之子。据他在自传中说，他 3 岁学希腊文，7 岁学拉丁文，同时开始阅读柏拉图的原著。12 岁之前已擅长代数、几何、微分，并阅读亚里士多德、霍布斯的著作。14 岁赴法国学法律，17 岁回国，组织"功利主义社"，宣传功利主义和自由主义。这一年到东印度公司任高级职员，前后任职 35 年。1866—1868 年出任下院议员。在思想上，约翰·穆勒除了受他父亲影响外，还接受了柏克莱、休谟、边沁、孔德等人的熏染。著作有《自由论》《代议制政府》《功用主义》等。

谈到《自由论》一书的主旨，约翰·穆勒说："这里所要讨论的乃是公民自由或称社会自由，也就是要探讨社会所能合法施用于个人的权力的性质和限度。"这已经明确昭示了他这本书的主要内容。

严复最初翻译此书，是在他任职北洋水师学堂期间，完成的时间约在光绪二十六年（1900）前。八国联军入侵天津时，由于仓皇出逃，手稿未能带出，遗留在了天津寓所，后译稿为西人获得，在光绪二十九年（1903）春天，寄还给了严复。严复对译稿加以删改，交由商务印书馆于当年出版。

4. 《社会通诠》的翻译出版

《社会通诠》即《社会进化简史》，英国学者甄克思著。全书共四章：一开宗，二蛮夷社会，三宗法社会，四国家社会。在本书中，甄克思提出了人类社会发展的三阶段说，即图腾社会、宗法社会、军国社会。严复开始翻译此书的时间不详，光绪二十九年（1903）岁末译成，光绪三十年（1904）由商务印书馆出版。

5. 《法意》的翻译与出版

《法意》即《论法的精神》，法国著名思想家孟德斯鸠著。

孟德斯鸠（1689—1755），出生于法国波尔多附近一个贵族法官家

《法意》书影

庭。早年就读于波尔多大学，毕业后做过律师，1714 年当选省参议员，后任省高等法院院长，获男爵封号。著作有《波斯人信札》《罗马盛衰原因论》《论法的精神》等。严复撰写有《孟德斯鸠传》详细介绍了其生平思想。

《论法的精神》是一部政治学、法学著作。全书 31 卷，严复仅译了 29 卷。严复开始翻译此书，已是庚子以后，译成于宣统元年（1909）。

书的出版是分批陆续印行的：光绪三十年（1904）印出 3 册，光

绪三十一年（1905）、三十二年（1906）、三十三年（1907）每年一册，
宣统元年（1909）出版最后一册。出版者仍是商务印书馆。

6. 《穆勒名学》的翻译出版

《穆勒名学》的作者也是约翰·穆勒。原书包括名与辞、演绎推
理、归纳推理、归纳方法、诡辩、伦理科学的逻辑六个部分。严复从光绪
二十六年（1900）译起，到光绪二十八年（1902）译出半部，交南京金粟
斋出版。后因忙碌，精力不济，原作又枯涩深奥，终于没能续译。

7. 《名学浅说》的翻译出版

《名学浅说》，英国思想家耶芳斯（1835—1882）著，是一部讲形式
逻辑的通俗读物。严复译本共 27 章：引论、论世俗思辨之情状、论何谓
外籀、论所以为端之名有几种、论名有外举内函二义、论文字正当用法、
论名家何以重类族辨物并论为此之术、论词句、论调换词头之法、论演连
珠、论连珠律令、论有待之词、论余式之辨、论穷理大法、论内籀术、论
日用常行之内籀术、论察观试验二术、论事变先后及因果、论类异见同
术、论消息之术、论物之以定时为变者即周流往复之理、论试验后推证、
论如何而后可以推概、论以比例相似穷理之术、论各种瞀词、论歧义瞀
词、论内籀瞀词。书后又附"温习设问"，设计思考题目 196 个。

关于这本书的翻译动机，严复在译者自序中有清楚交代。光绪三十四
年（1908），严复应直隶总督杨士骧之聘，为新政顾问官。在天津，他同
北洋女子公学的学生吕碧城有过频繁来往。吕碧城曾向严复请教逻辑学，
为了给吕碧城讲授这门学问，严复翻译了耶芳斯的著作。

此书在宣统元年（1909）由商务印书馆出版。

除去在这一时期的其他著作不论，单是这七部译著，也算是相当艰
巨的工程了。在萍飘蓬转的十年，在为各种事务、应酬缠身的间隙，严复
的翻译，大都只能放在晚上。他有丰收的喜悦，也有孤寂与失落。在光绪

二十六年二月二日（1900 年 3 月 2 日）他写给张元济的信中，便表露了自己的苦闷："自叹身游宦海，不能与人竞进热肠，乃为冷淡生活；不独为时贤所窃笑、家人所怨咨，而掷笔四顾，亦自觉其无谓。"他的一首《赠英华》诗，更生动地展示了他孤寂落寞的心态。诗云：

> 四条广路夹高楼，孤愤情怀总似秋。
>
> 文物岂真随玉马，宪章何日布金牛？
>
> 莫言天醉人原醉，欲哭声收泪不收。
>
> 辛苦著书成底用？竖儒空白五分头。

他辛苦著书、立志介绍西学，本为开化民智，富民强国，但目睹现实的丑陋，社会的污浊，他又不免彷徨：自己著书的目的能否实现，严复似乎有些茫然了。

## 二　严复的翻译思想与严译名著的特点

以救亡保种的宗旨，信、达、雅的翻译理论，形成了严译名著的鲜明特点，也奠定了严复在翻译史上不朽的地位。

在发表于光绪二十一年（1895）的《原强》中，严复曾经谈道："呜呼！中国至于今日，其积弱不振之势，不待智者而后明矣。深耻大辱，有无可讳焉者。……然则战败又乌足悲哉！所可悲者，民智之已下，民德之已衰，与民气之已困耳，虽有圣人用事，非数十百年薄海知亡，上下同德，痛刮除而鼓舞之，终不足以有立。……第由是而观之，则及今而图自强，非标本并治焉，固不可也。……至于其本，则亦于民智、民力、民德三者加之意而已。果使民智日开，民力日奋，民德日和，则上虽不治其标，而标将自立。……然则三者又以民智为最急也。"严复认为就当时中国的情势论，甲午惨败、丧权辱国，固然是中华民族的奇耻大辱，但与"民智之已下，民德之已衰，与民气之已困"相较，又在其次。要挽救危亡，有治标、治本的区别，治本较之治标，更显重要。所谓本，即民智、民德、民力，只要"民智日开，民力日奋，民德日和"，即使不治其标也"标将自立"。而在民智、民德、民力三者之中，仍有轻重，民智较其他两个方面，尤见急迫。

严复的这一思想，在他以后的著作中，也反复谈到。如他在光绪二十八年（1902）所写的《与〈外交报〉主人书》中，曾具体地阐发道："今吾国之所最患者，非愚乎？非贫乎？非弱乎？则径而言之，凡事之可以愈此愚、疗此贫、起此弱者皆可为。而三者之中，尤以愈愚为最急。何则？所以使吾日由贫弱之道而不自知者，徒以愚耳。继自今，凡可以愈愚者，将竭力尽气锲手茧足以求之。惟求之能得，不暇问其中若西也，不必计其新若故也。"这篇文章中，严复驳斥了"中学为体，西学为用""西政为本，而西艺为末"的谬言，主张以学习"西学为当务之急"，认为只要能够愈愚、疗贫、起弱，不必问其新旧，也不用论其中西。

学习西学，少不了要翻译介绍西书。在《京师大学堂译书局章程》中，严复明确规定了翻译西书的四条宗旨："一曰开瀹民智，不主故常；二曰敦崇朴学，以棣贫弱；三曰借鉴他山，力求进步；四曰正名定义，以杜杂庞。"概括而言，便是要有益于开民智，有补于国计民生。

通过译著使国人了解西方的政治、法律、经济、社会，培养国人求真求实的风气，开发民智，这正是严复矢志不渝、毕生追求的目标，也是他十分重要的翻译思想之一。

提出以"信、达、雅"为译书的三条标准，这是严复翻译思想的另一重要内容。

在《天演论》的《译例言》中，严复指出："译事三难：信、达、雅。"又说："《易》曰：'修辞立诚。'子曰：'辞达而已。'又曰：'言之无文，行之不远。'三曰乃文章正轨，亦即为译事楷模。故信达而外，求其尔雅，此不仅期以行远已耳。"在信、达、雅三者中，严复又格外看重达，"顾信矣不达，虽译犹不译也，则达尚焉。"

为了"达"，他往往在"词句之间，时有所傎到附益，不斤斤于字比句次"；对"原文词理本深，难于共喻"者，"则当前后引衬，以显其意"。

严复为什么如此重"达"？这与他译书以开民智的宗旨直接相关。不达则无以让人接受，他译书的用意便要落空。

正因为他译书有宏大的宗旨，他的翻译，也格外严肃认真。吴汝纶在世时，严复每稿译出，总要呈请吴汝纶审正批评。对吴汝纶的意见，他也往往虚心接受。他称自己的翻译"一名之立，旬月踟蹰"（《天演论・译例言》），"步步如上水船，用尽气力，不离旧处，遇理解奥衍之处，非三易稿，殆不可读"（《与张元济书》），这都可见他翻译的审慎。

严复的这些翻译思想体现在他的翻译中，便形成了严译名著的鲜明特色。具体表现在：

1. 集中翻译人文社会学经典

《严复论学集》书影

严复在《论世变之亟》中说："今之称西人者，曰彼善会计而已，又曰彼擅机巧而已。不知吾今兹之所见所闻，如汽机兵械之伦，皆其形下之粗迹，即所谓天算格致之最精，亦其能事之见端，而非命脉之所在。其命脉云何？苟扼要而谈，不外于学术则黜伪而崇真，于刑政则屈私以为公而已。"他认为近代以降，在国人眼中的西方，仅是船坚炮利，声、光、电化，却不知这只是"形下粗迹"，并未得其真谛。真谛何在？那便是崇尚真理，以法治世，讲究自由民权。所以，在严复看来，要救国家于危亡，学习西方的先进技术固然需要，而尤显重要的，还是要从根本上了解西方国家富强的本质原因，将引导西方走向富强的有关思想理论拿来。只有让国人具备了这种思想武装，有了这种思想素质，即民智已开，国家的繁荣富强才有希望。

究竟哪些书合乎要求？严复在选择上也煞费苦心。从严译名著看，我们不能不佩服严复眼光不凡，慧眼独具。

2. 针对社会需要，译所不得不译

《支那教案论》的翻译，是鉴于"方今时势艰难，外侮日逼，小民逞血气于前，而国家偿金币割土地于后"，为"思患豫防""谋所以纾君父之忧"而译。

《天演论》的翻译，如吴汝纶《序》中说："盖谓赫胥黎氏以人持天，以人治之日新，卫其种族之说，其义富，其辞危，使读焉者怵焉知变，于国论殆有助乎"。而严复自序说得更加明白，所谓："风气渐通，士知弇陋为耻。西学之事，问涂日多。然亦有一二巨子，訑然谓彼之所精，不外象数形下之末；彼之所务，不越功利之间。逞臆为谈，不咨其实。讨论国闻，审敌自镜之道，又断断乎不如是也。赫胥黎氏此书之旨，本以救斯宾塞任天为治之末流，其中所论，与吾古人有甚合者。且于自强保种之事，反复三致意焉。"就是说，他译此书的目的，既要让国人知道西学精神之所在，开瀹民智，又因为其中所强调的"自强保种"见解，对在目前振奋鼓舞人心、保国救亡有益。

《群学肄言》的翻译，在自序中，严复有交代："乃窃念近者吾国，以世变之殷，凡吾民前者所造因，皆将于此食其报。而浅谲剽疾之士，不悟其所从来如是之大且久也，辄攘臂疾走，谓以旦暮之更张，将可以起衰而以与胜我抗也。不能得，又搪撞号呼，欲率一世之人，与盲进以为破坏之事。顾破坏宜矣，而所建设者，又未必其果有合也，则何如其稍审重，而先咨于学之为愈乎！"出于这种考虑，他决定翻译本书，为人们研究社会科学指点具体门径。

《原富》的翻译，用严复《译斯氏〈计学〉例言》中的话，不仅在"其择焉而精，语焉而详，事必有征，理无臆设，而文章之妙，喻均智顽"，"自有此书，而后世知食货为专科之学"，还另有四层原因："盖温故知新之义，一也。其中所指斥当轴之迷谬，多吾国言财政者之所同然，所谓从其后而鞭之，二也。其书于欧亚二洲始通之情势，英法诸国旧日所用之典章，多所纂引，足资考镜，三也。标一公理，则必有事实为之证喻，不若他书勃窣理窟，洁净精微，不便浅学，四也。"其译书济世的用意，也昭然可见。

《群己权界论》的翻译，是因"十稔之间，吾国考西政者日益众，于是自繇之说，常闻于士大夫。顾竺旧者既惊怖其言，目为洪水猛兽之邪说。喜新者又恣肆泛滥，荡然不得其义之所归"，于是翻译此书，使"学者必明乎己与群之权界，而后自繇之说乃可用耳"（《译〈群己权界论〉自序》）。

《社会通诠》的翻译，则是要让人们了解社会的发展进程，掌握它的沿革规律。严复在自序中说："欧亚之地虽异名，其实一洲而已。殊类异化并生其中，苟溯之邃古之初，又同种也，乃世变之迁流，在彼则始迟而终骤，在此则始骤而终迟。固知天演之事，以万期为须臾，然而二者相差之致，又不能为无因之果，而又不能不为吾群今日之利害，亦已明矣。此不佞迻译是编，所为数番掷管太息，绕室疾走者也。"严复正是由世界各国的进化，认识到了中国封建社会的发展缓慢，看到了西欧各国的后来居上，发展迅猛，他因此焦虑不安、掷笔长叹。

《穆勒名学》及《名学浅说》的翻译，则是要让人们通过学习逻辑，培养科学的思维方法，因为这是学习西学不可或缺的素质。

说严复的针对现实需要而作，不仅表现在以上著作的翻译，还表现在译者按语中有大量联系中国时事的阐论。这成了严译名著的重要特色之一。

3. 在传统文化中为译著的思想寻求同调，以促进西学传播

严复深知在当时国内保守封闭的形势下传播西学的艰难，同时，他也十分清楚传统文化在国人心目中至尊的地位，为了使西学能为国人接受，他往往从传统典籍中为西方思想家找寻"同调"，为他们的思想找寻"依据"。表现在他的译著中，就是将译著的思想与传统文化作比附，拉关系。

如《天演论》自序中说："司马迁曰：'《易》本隐而之显。《春秋》推见至隐。'此天下至精之言也。始吾以谓本隐之显者，观《象》《系辞》以定吉凶而已；推见至隐者，诛意褒贬而已。及观西人名学，则见其于格物致知之事，有内籀之术焉，有外籀之术焉。内籀云者，察其曲而知其全者也，执其微以会其通者也。外籀云者，据公理以断众事者也，设定数以逆未然者也。乃推卷起曰：'有是哉！是固吾《易》《春秋》之学也。迁所谓本隐之显者，外籀也；所谓推见至隐者，内籀也。其言若诏之矣。'"又说："夫西学之最为切实而执其例可以御蕃变者，名、数、质、力四者之学是已。而吾《易》则名、数以为经，质、力以为纬，而合而名之曰《易》。"又说："其（指斯宾塞）为天演界说曰：'翕以合质，辟以出力，始简易而终杂糅。'而《易》则曰：'坤，其静也翕，其

动也辟。’至于全力不增减之说，则有自强不息为之先；凡动必复之说，则有消息之义居其始。而《易》不可见，乾坤或几乎息之旨，尤与热力平均，天地乃毁之言相发明也。”这里，严复不仅指出西方逻辑学的归纳、演绎二法为我国古有；同时说明，即如斯宾塞的天演理论，也在《易经》中能找到踪影。

如《〈群学肄言〉译余赘语》中说："不佞读此（指斯宾塞《会通哲学》）在光绪七八之交，辄叹得未曾有，生平好为独往偏至之论，及此始悟其非。窃以为其书实兼《大学》《中庸》精义，而出之以翔实，以格致诚正为治平根本矣。"这里将斯宾塞的理论与儒家典籍《大学》《中庸》的思想扯到了一块。

又如《译斯氏〈计学〉例言》中说："谓计学创于斯密，此阿好者之言也。夫财赋不为专学，其散见于各家之著述者无论已。中国自三古以还，若《大学》，若《周官》，若《管子》《孟子》，若《史记》之《平准书》《货殖列传》，《汉书》之《食货志》，桓宽之《盐铁论》，降至唐之杜佑，宋之王安石，虽未立本干，循条发叶，不得谓之理财之义无所发明。"经济学并非仅西方所有，也不是亚当·斯密的专利，中国往古历代有之，所以今天翻译此书，人们读它学它，也是自然而然的事。

既然西学与中学有如此多的瓜葛，既然这些思想在我们的老祖宗那里都已谈过，我们今天的落后便大不应该，而学习西人，迎头直追，这才是正确的选择。

严复的翻译思想引导着他的翻译，而从他的有关译著的特点看，严复也始终贯彻了自己以西学开化民智的翻译思想。

# 三 本时期译著的内容及其产生的社会反响

严译名著提出了自由经济思想、民主与法制思想，传播了逻辑知识，宣传了科学思维，产生了巨大社会反响，影响了整整一代人。

综观严复在这一时期的译著，突出表现了以下几个方面的内容：

1. 自由经济思想

在《原富》按语中，严复多次谈到自由经济。

如说："盖国之财赋，必供诸民，而供诸民者，必其岁入之利，仰事俯畜之有所余，而将弃之以为盖藏也者。是故君上之利，在使民岁进数均，而备物致用之权力日大。求其如是者，莫若使贸易自由。自由贸易非他，尽其国地利民力二者出货之能，恣贾商之公平为竟，以使物产极于至廉而已。凡日用资生怡情濬智之物，民之得之，其易皆若水火。夫如是，而其君不富，其治不隆者，殆无有也。故凡贸易相养之中，意有所偏私，立之禁制，如辜较沮抑之为，使民举手触禁，移足犯科者，皆使物产腾贵而反乎前效者也。"这里强调指出，一个国家要繁荣昌盛，首先必须使百姓的物质精神生活能够富裕充实；而要做到这一点，则不能不实行自由经济政策，让百姓解放手脚，放心去做，如此，也才会地尽其利，民尽其力，商品丰富，价格低廉。

如说："欧洲工商之利，二十年以往，必以英吉利为擘。英之熟货，几被五洲矣。而得利最隆，则于印度、中国是已。近岁以来，德以胜治之余，而民力大奋。格致之精深，冶织之坚善，骎骎乎度英而过之。而法、美、荷、义诸邦，亦通变而不倦。顾英虽遇德之勍，与夫群雄竞进之中，乃岿然有以自存，不至为所夺而稍削者，则守自由商政之效也。然则，农宗此论，其所明自由平通之义，不独能使工商之业自无而为有，自困而为亨也，且能持已倾者使不至于复，保方衰者使无及于亡。呜呼！惟公乃有以存私，惟义乃可以为利。事征之明，孰逾此者？"这里以英国为例，说明了实行自由经济的益处。因为实行自由经济政策，允许工商业自由发展，英国才可以在群雄竞进中岿然不动，保其繁荣强盛，而不被削弱。严复认为，自由经济不仅对英国这样的强国是这样，还能使弱国变强，使工商业从无到有，由困而亨。

在严复看来，实行自由经济是经济规律决定的，也是社会发展的必然趋势，而政府对经济约束控制或过多的干涉，只能导致天下大乱。《原富》按语中说："顾其事出于自然。设官幹之，强物情，就己意，执不平以为平，则大乱之道也。"经济发展有它的规律，只有顺其自然规律，才有发展；如果不顾这种规律，从主观出发，强行干涉，其结果可想而知。

实行自由经济，便要允许自由竞争。自由竞争，才能降低物价，促成市场繁荣。《原富》按语中说："知物价趋经，犹水趋平，道在任其自己而已。顾任物为竞，则如纵众流以归大墟，非得其平不止。而辜榷之事，如水方在山，立之堤鄣，暂而得止，即以为平，去真远矣！……而自由相竞，则物价最廉。以常法论之，其大例自不可易。"垄断则是自由经济的一大障碍，它造成表面的平衡，却也阻碍了经济的发展，所以"英人最憎辜榷"。

在自由经济中，严复认为商品价格应由市场供求决定，《原富》按语中说："盖物无定值，而纯视供求二者相剂之间。供少求多，难得则贵；供多求少，易有则贱。"又说："凡价，皆供求相剂之例之所为；操枋者又乌能强定之耶？使国家设为司市，取百货之市价而悉平之，如新莽之所为，此其为谬，虽愚夫知之。"他反对政府统一物价的蛮干做法，认为物价由市场需求调剂，而不能由任何个人主观来定。

就发展经济来讲，严复主张农、工、商三业并举，三者间应是相互关联互为因果，反对所谓的重本抑末。《原富》按语中说："故农、工、商三业，皆有相因之机，不得谓此顺而彼逆也。即在北美新地，亦有邑集俱创，而后近野以辟者。要之，二者之事，皆出自然，不见所谓矫致者，此其言甚辨。"

就发展农业来说，亚当·斯密主张实行小农经济，认为农民各有自己的土地，便"野无惰民，国多美俗"，"农事以精，地力以进"，严复认为这只是特定时期的产物，到了机器化时代，"汽耕又断不可用于小町散畦之中"，一家一户分块耕种，自然不适宜大机器耕作。但机械化替代手工操作，又为必然。以农业论，"民曰蕃种，非汽耕不足以养"；就工业论，不改进技术、降低成本，便无法获取最大的利润，"制作之家，所欲代以机器者，亦于此为为最急"。

在自由经济的前提下，严复还主张办一些必不可少而系个人无法办或不愿办的社会公益事业。《原富》按语中说："国功为一群之公利，凡可以听民自为者，其道莫善于无扰。此不独中土先圣所雅言，而亦近世计家所切诫。顾国家开物成务，所以前民用者，又有时而不可诿。诿之，则其职溺矣！约而言之，其事有三：一，其事以民为之而费，以官为之则廉，此如邮政、电报是已；二，所利于群者大，而民以顾私而莫为，此如学校之廪田、制造之奖励是已；三，民不知合群而群力犹弱，非在上者为之先导，则相顾趑趄。此则各国互异，而亦随时不同，为政者必斟酌察度，而后为之得以利耳。"就是说，凡百姓能自为的，政府不要阻挠；而百姓力量不够，或官办省费而民办费高的，政府出面兴办，在当时讲，如邮政、电报便是此类。再就是能造福大众而个人不愿办的，如学校公田、发明制造的奖励；或百姓意识不到，政府应进行引导的一些事情。

此外，严复在按语中还谈到发展自由经济中的一些具体问题的具体解决办法，如关于积累与消费的关系、物质资料生产与人口生产的相对平衡等。

对外国经济侵略，严复极为反对。他深为帝国主义国家强加给中国的不平等条约痛心疾首，对客卿干政，由外国人掌握中国的关税，深感不安。《原富》按语中说："所以税则者，有国有土之专权也。而我则进出之税，欲有增减，必请诸有约之国而后行。国之官事，晋用楚材，古今有之，而未闻监榷之政，付之他国之吏者也。且古今各国之用于外人也，必有人弃本籍而从仕国，功赏过罚，可以加诸其人之身，方其策名而授之以政也。有盟诅之礼，有易服之制，故虽为异产，而其人则可用也。而今则执我至重之税政权利，而其人则犹敌国之臣子也。所操者吾之政柄，而受封爵于其本国。立严约密章，禁吾国之人之为其属而入其藩篱者，而其所监之税，又其本国者居什八九焉。呜呼！此真斯密氏所称自有史传以来，人伦仅见之事者矣。"严复认为将国家重要的税政权利交给外国人掌握，由外人任我国总税务司，这是丧权辱国的事，为有史以来所罕见。他的不满溢于辞表，他的拳拳爱国之心昭然可见。

2. 关于民主与法制

提倡民权，反对专制，这在严译著作中是很重要的一个思想。这种思想在他的早期著作如《辟韩》中，已经得到十分突出的强凋。在这时期的译著中，他又进一步贯彻了自己的这一思想。

如《原富》按语中说："乃今之世既大通矣，处大通并立之世，吾未见其民之不自由者，其国可以自由也；其民之无权者，其国之可以有权也。……故民权者，不可毁者也。必欲毁之，其权将横用而为祸愈烈者也。毁民权者，天下之至愚也，不知量而最足闵叹者也。"严复认为，在封建闭关锁国的时代，实行君主专制有它的合理性，所谓："有无权之民，以戴有权之君，上下相安，国以无事"，当此之时，提倡民权自由，

自然"有百害而无一益";但在世界大通,发达国家已进入资本主义时代
后,如果再行专制,百姓仍被作奴隶相待,一无自由民权,这样的国家,
便不会有任何前途。

《法意》按语中说:"民主者,治制之极盛也。使五洲而有郅治之一
日,其民主乎?"又说:"虽然,中国自秦以来,无所谓天下也,无所谓
国也,皆家而已。一姓之兴,则亿兆为之臣妾。其兴也,此一家之兴也;
其亡也,此一家之亡也。天子之一身,兼宪法国家王者三大物,其家亡,
则一切与之俱亡,而民人特奴婢之易主者耳,乌有所谓长存者乎!……此
专制之制,所以百无一可者也。"这里不仅对民主政治给予极高赞美,称
它为"治制之极盛也",同时又对我国秦以来所实行的封建专制,君主家
天下,予以犀利地批判,称其"百无一可",对它进行了彻底否定。

严复虽然盛赞民主,但他又认为民主是人类社会进入很高阶段以后的
事。在《法意》按语中,他在充分赞美了民主必行之后,又说:"虽然,
其制有至难用者。何则?斯民之智德力,常不逮此制也。"认为民主必须
有待民智、民德、民力都提高到相当的水平,"必其力平,必其智平,必
其德平。使是三者平,则郅治之民主至矣"。

自由也复如是。他既提倡自由,同时又指出:"但自入群而后,我
自繇者人亦自繇,使无限制约束,便入强权世界,而相冲突。故曰人得自
繇,而必以他人之自繇为界,此则《大学》絜矩之道,君子所恃以平天下
者矣。"(《〈群己权界论〉译凡例》)他认为自由应有限度,有所约
束,以不妨害别人为界域。

严复对西方资本主义国家的法制十分称羡,他认为一个国家要能够自
立自强,便不能不从立法做起。《法意》按语中说:"所谓法,治国之经
制也。"又说:"国之与国,人之与人,皆待法而后有一日之安者也。"
法是根本,国家"所以常处于安,民之所以常免于暴者,亦恃制而已"。

关于立法，严复认为应当考虑时、地、人三个因素，而以卫民、利民、便民为宗旨。他主张以法为准绳，在法律面前人人平等。

在《社会通诠》按语中，严复分析了中国社会的性质，指出："中国社会，宗法而兼军国者也。故其言法也，亦以种不以国，观满人得国几三百年，而满汉种界，厘然犹在。东西人之居吾土者，则听其有治外之法权，而寄籍外国之华人，则自为风气，而不与他种相入，可以见矣。故周孔者，宗法社会之圣人也。其经法义言，所渐渍于民者最久，其入于人心者亦最深。是以今日党派，虽有新旧之殊，至于民族主义，则不谋而皆合。今日言合群，明日言排外，甚或言排满；至于言军国主义，期人人自立者，则几无人焉。盖民族主义，乃吾人种智之所固有者，而无待于外铄，特遇事而显耳。虽然，民族主义将遂足以强吾种乎？愚有以决其必不能者矣。"他认为中国社会是宗法兼资本主义社会，而种族主义观念入人尤深，在他看来，当时的"反满排满"同样无法使中国自强。

那么，究竟如何才能使中国走向富强呢？《法意》按语说："五洲治制，不出二端：君主、民主是已。君主之国权，由一而散于万；民主之国权，由万而汇于一。民主有二别：用其平等，则为庶建，真民主也；用其贵贵贤贤，则曰贤政。要之是二者，于亚洲皆不少概见者也。"君主制是"君有权而民无权"，民主制则"民有权而自为君者"，在两者中间，则是君民并主的君主立宪制。《法意》按语中又说："至于今世欧洲之立宪，则其君民皆有权，所谓君民并主；而其中或君之权重于民，或民之权重于君，如今之英、德、奥、意诸邦，则其国政界之天演使然，千诡万变，不可究诘。"君主立宪也是中国由宗法社会发展必经的最佳选择。

3. 传播逻辑知识，宣传科学思维

严复认为逻辑是各门科学的根本，在《穆勒名学》按语中说："是学为一切法之法，一切学之学；明其为体之尊，为用之广，则变逻各斯为逻辑以名之。"

逻辑包括归纳、演绎两种。在两者中，严复格外重视归纳。《名学浅说》中说："惟能此术（归纳），而后新理日出，而人伦乃有进步之期。"这便强调了归纳的重要性。其《穆勒名学》按语中说："旧学之所以多无补者，其外籀非不为也，为之又未尝不如法也，第其所本者大抵心成之说，持之似有故，言之似成理，媛姝者以古训而严之，初何尝取其公例而一考其所推概者之诚妄乎？"这里则批评了旧学不从实际出发，不重归纳，全凭主观妄加臆断的荒谬。

蔡元培说："严氏于《天演论》外，最注意的是名学。……严氏觉得名学是革新中国学术最要的关键。"这正道出了严复宣传提倡逻辑学的真正用心。

严复对自己的翻译颇为自信，他在给张元济的信中说过："弟于此事，实有可以自信之处。且彼中尽有数部要书，非仆为之，可决三十年中无人为此者；纵令勉强而为，亦未必能得其精义也。"又在《法意》按语称其译作"字字由戥子称出"。的确，严复的翻译是十分认真用心的。他不像他的同乡林纾那样由人口授自己笔录，他是亲自从浩若烟海的西洋典籍中严格筛选，尔后字斟句酌，逐字翻译出来的，所以，在数量上，林纾译作约有一百七八十种，而严复的译著却仅有十种。这一悬殊的数字对比，很可以看出严译的谨慎。

那么，严译著作出版以后，社会上的反应又有哪些？换句话，他的这些译著到底激起怎样的社会反响呢？

《原富》前两编出版后，梁启超在光绪二十八年（1902）第一期《新民丛报汇编》上著文，给予了热情洋溢的介绍，说："斯密亚丹，为政术理财学之鼻祖，西人推崇之者，至谓此书出版之日，即为此学出世之日。……然则欲治此学者，固万不可不读此书。严氏首译之，诚得其本矣。"在说明了此书翻译的意义后，梁启超又对严复的按语进行了评价，说："严氏于翻译之外，常自加案语甚多，大率以最新之学理，补正斯密所不逮也。其启发学者之思想力别择力，所益实非浅鲜。至其审定各种名词，按诸古义，达诸今理，往往精当不易。后有续译斯学之书者，皆不可不遵而用之也。"

梁启超对严复的译学成就是钦佩服膺的，对《原富》的翻译严谨也是首肯嘉许的。对它的"太务渊雅"，也提出了中肯的批评。他说："严氏于西学中学皆为我国第一流人物，此书复经数年之心力，屡易其稿，然后出世，其精善更何待言。但吾辈所犹有憾者，其文笔太务渊雅，刻意摹仿先秦文体，非多读古书之人，一绾殆难索解，夫文界之宜革命久矣。况此等学理邃颐之书，非以流畅锐达之笔行之，安能使学僮受益乎？著译之业，将以播文明思想于国民也，非为藏山不朽之名誉也。文人积习，吾不能为贤者讳。"另外，梁启超还提了两条建议，一是在全书出版时，附上汉英名词对照表；二是作一叙论，梳理概括该门学科的流变沿革。

全书出版时，严复采纳了梁启超的一些意见，写了《斯密亚丹传》；又有吴汝纶序及严复自撰《例言》，也请人制作中西译名表，这些都是后话。但他看了梁启超的评介文章后，对其中批评他译文"太务渊雅"，却多少有点不快。为此，他写了篇答辩文字，以《与〈新民丛报〉论所译〈原富〉书》为题，刊载于光绪二十八年（1902）《新民丛报》第七期。文中说："若徒为近俗之辞，以取便市井乡僻之不学，此于文界，乃所谓凌迟，非革命也。且不佞之所从书者，学理邃颐之书也，非以饷学僮而望其受益也，吾译正以待多读中国古书之人。使其目未观中国之古书，而欲稗贩吾译者，此其过在读者，而译者不任受责也。"平心而论，严复的这些气话，不免有点强词夺理。

也就在这一年，黄遵宪读了严复的译著，写信给严复，说："《天演论》供养案头，今三年矣。本年五月获读《原富》，近日又得读《名学》，隽永渊雅，疑出北魏人手。于古人书求其可以比拟者，略如王仲任之《论衡》，而精深博则远胜之。又如陆宣公之奏议，而切实尚有过之也。"黄遵宪对严复的译著也是十分钦敬的，他称严复"于学界中，又为第一流人物，一言而为天下法则，实众人之所归望者也"。但他同梁启超一样认为，《原富》的翻译有些难懂，不"流畅锐达"；同时，还就严复译著《名学》中的一些观点，对严复所持的"文界无革命"一说，提出了不同意见。

章太炎力主排满，主张推翻清朝政府，在严译《社会通诠》出版后，于光绪三十三年（1907）《民报》第十二期上发表了《〈社会通诠〉商兑》，对严复宣扬的中国社会为宗法兼军国社会，及其所谓的民族主义不能"强吾种"的说法提出了尖锐批评。章太炎在文章中首先总结了原著所说的宗法社会的几大标志，又分析了中国宗法社会的几个特点，通过比较得出结论：中国宗法社会与西方宗法社会完全是两码子事情。又就严复所持的民族主义等于宗法社会的观点展开了剖析，指出："今吾党所言民族主义，则操术非前二者，亦明矣。所为排满洲者，岂徒曰子为爱新觉罗氏，吾为姬氏、姜氏，而惧子之殽乱我血胤耶？亦曰覆我国家，攘我主权而已。故所挟以相争者，惟日讨国人，使人人自竟为国御侮之术，此则以军国社会为利器。以此始也，亦必以终，其卒乃足以方行海表，岂沾沾焉维持祠堂族长之制，以陷吾民于大湫深谷中者？"

严译名著在当时社会所产生的巨大影响，是被世人所公认的。梁启超《清代学术概论》曾对严复的翻译有一个总的评价，说："时独有侯官严复，先后译赫胥黎《天演论》，斯密亚丹《原富》，穆勒约翰《名学》《群己权界论》，孟德斯鸠《法意》，斯宾塞尔《群学肄言》等数种，皆名著也。虽半属旧籍，去时势颇远，然西洋留学生与本国思想界发生关系者，复其者也。"这一评价是切中肯綮的。

严译名著影响了一代人的思想。鲁迅是严译名著的热心读者。他不仅如痴如醉地偷着读《天演论》，能够背出其中的不少篇目，严复其他的译著，如《社会通诠》《群学肄言》《法意》《穆勒名学》等，也是每出必购。

毛泽东《论人民民主专政》一文，在总结几十年中国民主革命的经验时，说道："自从一八四〇年鸦片战争失败那时起，先进的中国人，经过千辛万苦，向西方国家寻找真理。洪秀全、康有为、严复和孙中山，代表了在中国共产党出世以前向西方寻找真理的一派人物。"

第六章

# 人生难是受恩知

# 一　从拒袁到为袁世凯门下客

由于袁世凯戊戌告密为人不齿，严复曾几次峻拒了他的延请。南下谈判，这时候严复已成了袁世凯的门下客。

严复与袁世凯相识，是在他与同仁创办《国闻报》期间。

袁世凯是一位很善于投机钻营的人。甲午战争以前，李鸿章是他的靠山。《马关条约》签订后，全国舆论一致声讨李鸿章，由于袁世凯多年追随李鸿章，当时人们也把他列入误国罪魁之一。

袁世凯看到李鸿章已经声名扫地，觉得对他日后的发展失去了帮助，便立即掉转头来，去寻找新的政治靠山。

当时刚经过甲午战争，人们对洋务运动已大失所望，提出要改革军队，操练新军。灵敏的嗅觉与既往的经验告诉袁世凯，这是不可多得的良机，机不可失，于是，在甲午战争结束不久，他便上书清廷督办军务处李鸿藻，就操练新军提出了周详计划。李鸿藻上奏朝廷，将袁世凯调进京城。朝廷也颁下圣谕，传交吏部带领引见，并将他派充军务处差遣，以备顾问。

袁世凯百般钻营，希望得到朝廷大员保荐，委他去负责练兵。他做梦都想着能够掌握一支强大的军队，来加重自己的政治砝码。

他在京城上下联络，广结权贵，同时邀集幕僚在嵩山草堂翻译各国有关兵制的书籍，了解先进的军事制度，作为他四处招摇的资本。

袁世凯的心机没有白费，他找到了荣禄做靠山，赢得了翁同龢的信任，得到了封疆大吏刘坤一、张之洞在朝廷面前的褒奖，最终，他谋得了在天津东南七十里处小站练兵的委任。

袁世凯为人圆滑，擅长见风使舵。当他察觉出朝廷对维新的兴趣时，便经常到康、梁寓所去探望他们，同他们饮酒商谈，大讲练兵。有一阵，他与康有为打得火热，称康有为做大哥，百般奉承。在康有为组织强学会时，他捐款入会，并在会中表现得十分活跃积极。

他既与翁同龢为首的帝党关系不错，同时也与荣禄、刚毅等顽固的后党极是热络。在两派斗争尚未分出高下的时候，

袁世凯像

他不愿得罪任何一方。他认为两派都有可能给他高官厚禄，于是脚踏两只船，大耍两面派手法。

在天津小站练兵时，袁世凯看到了新办的《国闻报》很有影响，他便很快与主办人建立了联系，参加他们的聚会，同他们交往频繁。据严复为杭辛斋《学易笔谈二集》所撰序中记载：

辛斋老友别三十年矣。在光绪丙申、丁酉间，创《国闻报》于天津，实为华人独立新闻事业之初祖。余与夏君穗卿主旬刊，而王菀生太史与君任日报。顾余足迹未履馆门，相悟恒于菀生之寓庐。时袁项城甫练兵于小站，值来复之先一日必至津，至必诣菀生为长夜谈。斗室纵横，放言狂论，靡所羁约。时君谓项城，他日必做皇帝，项城言："我做皇帝必首杀你。"相与鼓掌笑乐。

从这段文字的记载中看，袁世凯参加的《国闻报》编委聚会，气氛是相当融洽热烈的，而袁世凯的擅长交际联络，从中也可以看出一斑。这也是严复与袁世凯相交的开始。这时，包括严复在内的《国闻报》四大主办

人，对袁世凯都不乏好感，这是不用怀疑的。

光绪二十四年八月初六（1898 年 9 月 21 日），由于袁世凯的告密，以慈禧太后为首的顽固派发动了政变，维新变法宣告流产。袁世凯则因为告密有功，奠定了他日后飞黄腾达的基础。之后，又因镇压义和团，袁世凯赢得了帝国主义国家与清廷顽固势力的一致赞许，这样，他在光绪二十五年（1899）12 月 6 日被任命为山东巡抚。不到两年，于光绪二十七年（1901）11 月 7 日，又被慈禧太后提升为直隶总督兼北洋大臣。

袁世凯很清楚社会清议的重要，在他被任命为直隶总督兼北洋大臣以后，也格外重视拉拢社会名流，延聘到他的幕中，用来抬高自己的声誉。严复由于在维新变法时期发表了系列政论，尤其是《天演论》的翻译，已成为家喻户晓的人物，他自然也成了袁世凯网罗的对象。

但严复目睹了戊戌政变的惨烈，又知道是袁世凯告密所致，他对袁世凯的看法，已迥然不同于相识之初。既憎恶袁世凯的为人，自然不可能同他合作，所以在袁世凯再三邀请他入幕时，他断然回绝了。不仅回绝，他还不留情面地向前来游说的人说："袁世凯什么人，他够得上延揽我？"这话传到了袁世凯耳中，不无尴尬，一代奸雄也不由得动火，他同人说："严某纵然是圣人再生，我也不敢再用他了。"

严复虽然憎恶袁世凯的为人，对他的才干却很赞赏。他目睹朝廷的腐败与政府中庸才充斥，认为像袁世凯这样的人才不多。光绪三十四年十二月十一日（1909 年 1 月 2 日），朝廷发布上谕，命袁世凯开缺回籍，这时的袁世凯已落水底，严复却站出来为袁世凯讲话，说他是不世之才，一时无两，为国家栋梁，不应让他赋闲。在墙倒众人推的时候，袁世凯听到了严复的这番话，大为感激。

据严复宣统元年四月十七日（1909 年 6 月 4 日）所写日记："杨度、赞虞、弢庵来。"又四月十八日（1909 年 6 月 5 日）日记载："袁芸台来。"在杨度等人前来拜访的次日，袁世凯的长子袁克定前来拜访，是否杨度等来作说辞，为袁世凯、严复言欢牵线？不能说没有可能。总之，袁世凯长子的拜访，说明了袁世凯、严复之间的关系已经改善。

宣统三年（1911），湖北革命党人趁广州起义与四川保路风潮的大好形势，决定在武汉发动起义。9 月下旬成立了以蒋翊武为总指挥、以孙武为参谋长的湖北革命军指挥部，议定选择在 10 月 6 日起事。后因时间仓促，来不及准备而延期。10 月 9 日，孙武在汉口俄租界制造炸弹，不慎炸弹爆炸，为俄巡捕发觉，起义的旗帜、符号文告、印信等被搜出，起义一事泄露。湖北总督瑞澂按名单搜捕革命党人。

10 月 10 日，湖北革命党人在起义领袖被捕的情况下，发动新军工程八营首先起义。起义军在一夜间攻克了武昌城。11 日，起义的士兵与群众聚集在湖北谘议局，商议推举都督，建立革命军政府。他们希望能找一位具有名望的人出来，可以增强号召力。商量的结果，便是推举清朝高级军官、二十一混成协协统领黎元洪为都督。

武昌起义发生后，清廷十分恐慌，立刻命令陆军大臣荫昌统率陆军，海军提督萨镇冰率领海军，兵分两路开赴武昌。由于陆军中北洋将领不服指挥，荫昌难以驾驭，在这种情况下，清廷不得不决定重新起用袁世凯。

10 月 14 日，由内阁总理大臣庆亲王奕劻提名，任命袁世凯为湖北总督。袁世凯认为这是他向清廷讨价还价的机会，对被任命为总督，当然不会答应。他以尚在调治疾病作借口，迟迟不行。清廷迫于形势，在 27 日最终答应了袁世凯的条件，改任他为钦差大臣，授以重权。袁世凯心满意足，在 28 日做出决定，准备于 30 日南下。接着，清廷又迫于无奈，宣布解散皇族内阁，在 11 月 9 日，宣布袁世凯为内阁总理大臣。

武昌起义的发生，形势的发展，让身在京城的严复大感吃惊。11 月 9 日，严复离开了乱成一团的北京，到了天津。但天津同样并不太平，达官贵人以为租界安全，都到这里躲避，以致严复到的时候，连住宿的地方都难以找到。没办法，最后严复只能暂住在裕中洋客店。

在裕中洋客店住了两天，到 12 日，严复便在三子严琥的陪同下，又重回到了京城。回到京城的次日，严复得知，袁世凯在这天进京了。

袁世凯对湖北革命军政府所采取的手段，一方面是军事镇压，另一方面，私下不断派人与黎元洪接触谈判。11 月底，袁世凯认为时机成熟，便着手考虑派出代表团，公开去同黎元洪进行谈判。

在组团的过程中，陈宝琛向袁世凯推荐了严复。袁世凯对昔日失意时严复曾替他鸣"屈"记忆在心，又知道黎元洪是严复在北洋水师学堂教过的学生，便把严复作为福建代表，组了进去。

严复在 12 月 2 日到袁府谒见了袁世凯。7 日随从唐绍仪一行出发，9 日便到了汉口。12 日，他以师生情谊去看望了黎元洪，谈了两个小时，谈话的内容自然围绕着谈判的使命。这在 23 日晚严复给陈宝琛写的信中有详细的记载：

> 别后于十九早动身，车到新郑，适有碰坏车头卧道，以六时工力始得移开通轨，廿一早始得抵汉入寓。此间气象自是萧索，舆论于北军之焚烧汉口，尚有余痛，民心大抵皆向革军。

> 复于廿二下午过江，以师弟情分往见黎元洪，渠备极欢迎，感动之深，至于流涕。黎诚笃人，初无意于叛，事起为党人所胁持，不能摆脱，而既以为之，又不愿学黄兴、汤化龙辈之临难苟逃，此其确实心事也。私觌处所不在武昌，而在青山之毡呢厂，党人有名望者约有二三十在彼。谈次极论彼此主旨，语长不及备述。约而言之，可以划一如左：

> 一、党人亦知至今势穷力屈，非早了结，中华必以不国，故谈论虽有辩争，却无骄嚣之气，而有忧深远虑之机。

二、党人虽未明认君主立宪，然察其语气，固亦可商，惟用君主立宪而辅以项城为内阁，则极端反对。

三、党人以共和民主为主旨，告以国民程度不合，则极口不承；问其总统何人为各省党人所同意者，则以项城对，盖彼宁以共和而立项城为伯理玺得，以民主宪纲箝制之，不愿以君主而用项城为内阁，后将坐大，而至于必不可制。此中之秘，极耐思索也。

四、无论如何下台，党人有两要点所必争者：一是事平日久，复成专制，此时虽有信条誓庙，彼皆不信，须有实地箝制；二是党人有的确可以保全性命之法，以谓朝廷累次失大信于民，此次非有实权自保，不能轻易息事。

五、若用君主，则冲人教育必从新法，海陆兵权必在汉人之手，满人须规定一改籍之制。

以上皆复以二时许之谈所得诸革党者。至明晨坐洞庭船赴沪，到沪如何，尚未可知。然以意测之，大抵相合，以党人代表始皆已至武昌，至十八日因龟山开炮击破武昌，谘议局各有戒心，乃群赴沪，彼等在此之议已有眉目也。

会晤了黎元洪后，严复他们在次日便搭洞庭江船，开赴上海。17日抵沪，严复住在位于静安寺路上的沧洲旅馆。

但严复在上海并没有待很长时间，便提前回京了。在上海的活动，严复日记中有大略记载：

十月二十七（12月17日）到沪，住沧洲旅馆。

十月二十八（12月18日）赵仲宣来。

十月二十九（12月19日）取商务馆二千五百元，交麦加利。电闽，问璩儿行止。访柯大夫。谒杨五先生，言回京事。到宝威行并老德记。到开平局定船。买伏兰绒十四码。到大纶买洋绉。还账。到别发。

十一月初二（12月21日）金巩伯兄弟来。

十一月初三（12月22日）访郑太夷。又，张菊生。刘仲鲁来。

十一月初四（12月23日）到仁记路开平公司问船。访高子益。

从日记看，严复到上海的第三天，便去找议和团的副团长杨士琦，提出要提前回京。而日记所载严复在上海的活动，也基本上与议和没有什么关系。显然，严复对议和团在上海的行为并不满意，或者说十分失望，不然，在他的日记中，便不会忘了记下这方面的内容。除了上述原因，年老体衰，奔走劳顿，不适应单身在外的活动，也是严复决意回去的一个原因。

就在严复回京以后，形势发生了变化。12月25日孙中山从海外归来，由于众望所归，在12月29日结束的南京十七省代表会上，被选为临时大总统。1912年元旦，孙中山在南京宣誓就职。

袁世凯对这一突发的变化恼羞成怒。在孙中山就任临时大总统后，他一方面授意部将冯国璋、段祺瑞等叫嚣要以武力干预；另一方面撤销唐绍仪的议和团代表资格，以示决裂。外国军舰这时也出现在长江江面向临时政府挑衅示威。在袁世凯及帝国主义势力的包围下，临时政府的北伐计划半途夭折。以清帝退位为条件，袁世凯做了临时大总统。

严复不赞成在当时的中国实行共和，他对袁世凯抱有很大幻想。回京以后，他不忘向袁世凯汇报，献计献策。在宣统三年（1911）日记册最后的空白页上，他记下了这样一些话：

车驾无论何等，断断不可离京。

须有人为内阁料理报事。禁之不能，则排解辩白。

梁启超不可不罗致到京。

收拾人心之事，此时在皇室行之已晚，在内阁行之未迟。

除阉寺之制是一大事。又，去跪拜。

设法募用德、法洋将。

这6条正是他为尚未当上临时大总统的袁世凯所献的妙计。他的考虑可谓细致入微。

严复认为在当时的新旧两派中，袁世凯不失为理想的元首人选。在《民国初建，政府未立，严子乃为此诗》中，他正表达了企盼袁世凯出任总统的心情。诗云：

灯影回疏棂，风声过檐隙。

美人期不来，乌啼蠹窗白。

他认为只有袁世凯出山，才能驱散黑暗，迎来黎明，所以他急切期待着这一天的到来。

# 二　北京大学校长

为表示器重，袁世凯任命严复做了京师大学堂的一校之长。受命于危难之际，任职以后，严复的日子并不好过。

袁世凯在1912年2月15日的临时参议院会议上被"选"为临时大总统。按夏历，是辛亥年腊月二十八日。

严复对这一结果是满意的。他少不了去向袁世凯道贺。袁世凯以能把严复这样的社会名流拉到自己的阵营深感喜悦。他需要严复为他摇旗呐喊。为了表示对严复的器重，他提出让严复到临时筹备处做事，同时还委任他为京师大学堂总监督。当天晚上，严复去拜见了袁世凯。

严复被任命为京师大学堂校长的消息还未宣布，前来活动谋职的人已经络绎而至。严复重真才，他当然不会让不学无术者混迹全国的最高学府中滥竽充数，为此他自然得罪了不少有势力背景的人。

就在这时，《国风日报》接二连三地登载文章攻击严复，捕风捉影，造谣诬蔑，说了他一大堆是是非非。严复后来知道，写文章的人姓彭，是京师大学堂的学生。

最让严复头疼的还是办学经费问题。"大学堂每月至省须二万金，即不开学亦须万五，刻存款用罄，度支部、学部一文不给，岂能为无米之炊？"这是在新历四月二日严复给他的夫人朱明丽所写信中的话。

严复正式到京师大学堂接印上班，是在袁世凯宣誓就职大总统的次日，即1912年3月11日。这时的京师大学堂近乎瘫痪，除二三十名管理人员留守外，其他的人都不上班。严复接任，清点账目，存款仅有万金。洋教员的薪水不能停发，还要从这上面逐月开支。

学校要正常运作，不可没有经费，新成立的民国政府一贫如洗，除外务部、邮传部、陆军部外，其他部门连薪水都发不出来，自然不会拿钱出来给严复办学。严复只能自想办法。好在他的关系多，人缘广，过了些时日，总算与道胜银行达成协议，可以从这里借七万两款项。这下严复松了口气。

接下来，他要考虑的便是如何对学校的烂摊子做一番整顿，以及布置开学事宜。4月19日，在严复写给熊纯如的信中，他谈了自己有关整改

京师大学堂校长

的构想：

京师大学堂借资洋款，幸已成议，大约新历五月十五可以开学，稍慰士大夫之望矣。校中一切规模，颇有更张。即职教各员，亦不尽仍旧贯。窃自惟念平生见当事人所为，每不满志，而加讥评，甚者或为悼惜深慨，及其事至职加，自课所行，了不异故，夫如是，他日者犹操议论、鼓唇舌，以从一世人之后，此其人真不知人道有羞恶矣。故自受事以来，亦欲痛自策励，期无负所学，不怍国民，至其他利害，诚不暇计。

比者，欲将大学经、文两科合并为一，以为完全讲治旧学之区，用以保持吾国四五千载圣圣相传之纲纪彝伦道德文章于不坠，且又悟向所谓合一炉而冶之者，徒虚言耳，为之不已，其终且至于两亡。故今立斯科，窃欲尽从吾旧，而勿杂以新；且必为其真，而勿循其伪，则向者书院国子之陈规，又不可以不变，盖所祈飨之难，莫有逾此者。已往持此说告人，其不瞠然于吾言者，独义宁陈伯子，故监督此科者，必得伯子而后胜其职。而为之付者，曰教务提督，复意属之桐城姚叔节。

严复决定将原有的经学合入文学科，希望请陈三立为学长，姚永概为副手。这是文学科的人事安排。其他学科，他认为"监督，提调，必用出洋毕业优等生，即管理员亦求由学校出身有经验者"，这样做的目的乃是"切戒滥竽而已"。

熊纯如是严复的得意弟子熊季廉的堂兄。严复则希望他能过来，无论斋务、庶务，任选其一，可以为自己的左膀右臂。对熊纯如回信答应来京师大学堂作斋务，严复自然是格外高兴的。

4月24日，中华民国教育总长蔡元培呈文临时大总统袁世凯，改京师大学堂为北京大学校。5月3日获批，严复被任命为北京大学首任校长。

5月15日，北京大学如期开学。严复受命于危难，学校百废待兴，要做的事很多。他终日为各种事务缠身，疲于应付，病弱衰迈的身体已无法吃消。他萌生了干完这个学期便即告退的念头。

到了 5 月 27 日，严复闻听政府善后借款谈判破裂，又听说内阁总理唐绍仪递交辞呈，他有些着急。在他看来，如果政府不能借到款项，学校不但拨款无望，就连他已经签约借来的 7 万两银子，恐怕也难有偿还的日期。在他阴历四月十二日（5 月 28 日）写给朱明丽的信中，就表现了这一隐忧：

> 家眷原要早移到京，惟大局不定，时刻令人担险。唐少川有不干消息，借款闻昨又决裂，即使借得款，到后来解散军队，亦是绝大问题，不解散又必不了。大学堂现是借款办理，仅仅可以支持到暑假，若过此无款接续，亦须胡乱停办，且多一债务葛藤也。避居租界，须得有钱，一旦财源涸竭，不知何处容身矣。

由严复从道胜银行借来的款项仅能用到暑假，如果得不到政府拨款，停办是必然的。而学校的债务既由严复借来，若不能偿还，摆脱不了干系，他便也不可能走得清爽。何况，没有了工作，失去固定的收入，家庭生活也将面临困难。严复思前想后，很为此事苦恼。

过了些时日，严复得到消息，说政府近来借几千万款项，只是杯水车薪，这些钱仅够用作军队开发军饷，行政部门并未能从中分得一份残羹。既然这样，严复主持的北京大学便也不敢存任何幻想。

也就在 5 月底，学校发生了学潮。学生提出要见校长，严复拒不相见。学潮不断升级，5 月 31 日达到顶峰，规模很大，波及全校。6 月 1 日，学生到教育部静坐，整夜不散，要求见教育次长董鸿祎。这事对严复有不小打击。

政府部门财政吃紧，而"百无一用"的大学堂中人员每月有几百的薪水进账，这令达官显贵们眼热忌妒。终于，到 6 月初，上面来人通知严复，

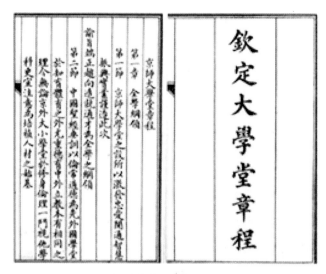

京师大学堂章程

即日起，薪水一律月给 60 元。何时解禁，没有期限。在 6 月 9 日严复写给朱明丽的信中曾说到了此事。

　　我近日来心烦意恶，不知如何是了。政府库空如洗，昨借得数千万，只勾开发兵饷，行政无钱。前数日来一公事，言所有大家薪水，通照六十元开发，亦未言何时作止。此尚不勾养我马车，至于家用，不消说了。津屋每月需租百元，实堪不起。至于前租期满，自须迁回北京，以节用费。但北京能勾几时平静，什么人都不敢说。到彼时若遇有事，再行觅寓。搬入租界，则银钱又一大笔，岂能堪之！

　　大学堂下半年政府能否开办，我们尚在那里与否，皆不可知。要想挈眷回闽，作极俭省打算，卖笔墨过日，但福建眼下亦极危险，讹诈勒捐，结党暗杀，无所不为，岂安居之地？故亦作为罢论。左思右想，要寻一安身立命之地，渺不可得。奈何奈何！为今之计，只好于端午节前后，家眷先行回京，以省目前用度。

从这封信看，严复当时的心绪颇显得灰暗消沉。他曾翻来覆去考虑自己的前途，何去何从。他想到了回福建老家，卖笔墨度日，但福建的动荡不安使他打消了这一念头。最后，他还是决定且顾眼前，接家眷进京，退掉天津的租房，节约开支，过一段紧日子。

转眼间到了旧历七月。以前筹借的款项已是所剩无几，靠政府拨款仍旧无望，严复只得想办法再去筹借。他在民国元年旧历七月初三（1912年8月15日）写给外甥女何纫兰的信中说：

> 日来急欲到津，一视吾儿开刮后体中何苦，不幸因校中借款未定，不能成行。明日英公使约午餐晤谈，成否在此一举。若仍不成，则止能咨呈政府，请其另筹矣。

严复显然在为借款做最后的努力。他希望在与英国公使的会晤中能够解决贷款问题，如果失败，也只能听凭政府为之了。

与英国公使的会晤是有成效的。但却不同于上次的借款，贷方提出要北京大学先以校产保险，再立合同。能借到款项，已非易事，所以严复答应了这一条件。

大约在这年的旧历八月，严复又被任命为大总统府顾问，这虽然只是一个没多少实际意义的虚职，却很让官场上不少人眼红。而教育部中原就有反对严复的"东学党人"，这时更妒火中烧。他们挖空心思想搞倒严复，把他从北京大学校长的位置上拉下来。但他们一方面顾忌到上边的意见，另一方面又怕招致校中师生员工反对，于是先在报纸上造严复的谣言，比如说严复近已在押、被罚重款等等，简直到了不择手段、不顾廉耻道德的地步。严复相信谎言终归不攻自破，便也不加理睬。

但负责财权的周鼎观与同事的不和，却很让严复烦心。周鼎观曾多年追随严复做事，严复以前任复旦公学、安庆高师校长时，就一直在严复身边。他为人方正，但太过严厉，在安庆高师时，就因他的不讲情面，操之过急，引发了一场学潮。严复任京师大学堂校长后，为加强管理，又把他请了过来。

周鼎观对工作是负责的。当初大学堂财政原本混乱，教工寅吃卯粮屡见不鲜，自他到任后，坚决刹住，不给些微通融，这便招来了许多人的怨恨。

严复对周鼎观的秉公处事是赞赏的，他在给外甥女何纫兰的信中说，周鼎观为"身边最为得力之人，相从十年，未尝弄过一弊，认真公事，虑患极周"；对于有人攻击他"好揽权利，侵占他人面子"、刻薄，严复也力排众议，认为"大抵认真之人，在旁观者未尝不以为刻"。但处在举世混浊的社会，周鼎观的方正较真，自然不能为周围社会所容。周鼎观再度使严复陷于被动，这已成不可避免的事实。

1912年旧历八月上中旬，学校发生了驱逐马代理的风潮。八月十五日（9月25日）这天，严复于早上10点钟到教育部去见范姓总长，对此事进行了申辩。他认为学潮的引发，由马某人而起，与自己无关。马某人为教育部所委，因此范总长向严复道歉，并垂问严复平息的办法。严复向他说："解铃还须系铃人，学潮既因学部委人不当引起，自还应由学部想办法解决。"严复还向范姓总长表示，自己从大局出发，为了国家的教育事业，愿为整顿校风尽力。范姓总长很为严复的敬业精神与博大胸怀感动。

但严复在京师大学堂也没有干很长的时间，这年的11月，京师大学堂预科学生编成《同学录》，请严复作序。作序后不久，严复就辞去了校长的职务。

再说袁世凯。他在就任临时大总统后，对孙中山南京临时政府的《临时约法》十分不满，处心积虑想对它进行修改。为此，早在 1913 年 2 月，他便下令组建一个由北洋官僚、政客构成的宪法研究会。他企图以研究会来干涉国会的宪法起草工作，这在国会中受到了坚决抵制。

由于国会所订宪法不能满足袁世凯专制独裁的想法，又对他多有限制，袁世凯铁了心要解散国会。1913 年 10 月 10 日，袁世凯就任正式大总统，11 月初，他借口国民党议员曾与李烈钧"勾结谋乱"，宣布国民党为乱党，勒令解散，并取消国会中国民党议员的资格。这就使国会因法定人数不足半数，被迫停止议事。1914 年 1 月 10 日，袁世凯又公然宣布终止所有国会议员职务，同时成立筹备国会事务局，接管参议院与众议院。1 月 26 日，正式成立约法会议，修改《临时约法》，制定《中华民国约法》。严复在这时被任命为约法会议议员。

严复对当时形势的认识并不清楚。他弄不明白国会与袁世凯之间矛盾冲突的实质何在，在 1913 年 5 月 21 日《直报》上所发表的《论国会议员须有士君子之风》一文中，他对国会进行了批评。文章中说："夫国会称法人者，以其为有机体也。惟有机体故，其生活与自然人同科，今使有人其一身之血轮细胞抵制冲突，热度大坋，则其人之神经瞀乱可知。神经瞀乱者，谓之狼疾人，中华民国方以国会为之君，顾乃得此狼疾之人，不亦重可痛乎！夫自治之力不足，将必有外禁之力加之。使公等而长此终古，则吾侪小人，诚不知所税驾。"这篇文章中所持的基本论点，认为国会议员应有士君子之风，立法是行政与司法的依据。这些并无错误。问题在于，他对国会的攻击，恰恰符合了袁世凯解散国会的思想，给他解散国会作了舆论宣传，这都无疑为袁世凯的倒行逆施帮了大忙。袁世凯也许正看准了严复这种思想上的糊涂，觉得他大有利用价值。

《〈民约〉平议》发表在 1914 年 2 月的《庸言报》上。这时严复已被聘为约法会议议员。在这篇文章中，严复对卢梭的经典著作《民约论》中所提出的自由平等观点作了"批判"。

在给熊纯如的信中，严复谈到了文章的写作缘起，说："昨梁任庵书来，苦督为《庸言报》作一通论，已诺之矣。自卢梭《民约》风行，社会被其影响不少，不惜喋血捐生以从其法，然实无济于治，盖其本源谬矣。刻拟草《民约平议》一通，以药社会之迷信。"

在《〈民约〉平议》一文中，他进一步指出："《民约论》之出，穷檐委巷，几于人手一编。适会时世，民乐畔古，而卢梭文辞，又偏悍发扬，语辨而意泽，能使听者入其玄而不自知。此遂见于美之独立，法之革命。嗣是以来，风声所施，社会炭炭，笃其说者，或不惜捐躯喋血，国量死者以求之。然而经百余年，诸种之民，用其法以求之。而所求者卒未至也。欧美言治之家，于卢梭各有所左右，亦大抵悟其说之不可行。顾旋死旋生，生则其祸必有所中。往尝谓杨墨所存，不过二家之学说，且至今观之，其说于治道人心，亦未尝无一曙之用。然而孟轲氏奋毕生气力以与相持，言其祸害比诸洪水猛兽。至于情见乎辞，则曰：予岂好辩，予不得已。盖至今如闻其声焉。呜呼，岂无故哉？"

显然，严复是鉴于卢梭学说在中国大地流播日广，信者日众，他担心因此导致革命，所以在梁启超向他约稿时，特写了此文。他以孟子辟杨墨为譬，说明自己的写作同样是为维系社会人心的稳定，出于廓清卢梭理论对世人的"毒害"，有所为而作的。

严复在文章中概括卢梭《民约论》的主要内容，说："今试举卢梭民约之大经大法而列之：（甲）民生而自由者也，于其群为平等而皆善，处于自然，则常如此。是故自由平等而乐善者，其天赋之权利也。（乙）天赋之权利皆同，无一焉有侵夺其余之权利。是故公养之物，莫之能私。如土地及凡土地之所出者，非人类所同认公许者不得据之为己有也；产业者皆篡而得之者也。（丙）群之权利，以公约为之基；战胜之权利，非权利也。凡物之以力而有者，义得以力而夺之。"

他认为卢梭的这些理论对社会危害极大，而世人受其蛊惑、中其流毒的严重同样不可轻估。所谓："自此论之出，垂二百年，不徒暴烈之子，亦有仁义之人，愤世法之不平，闵民生之况瘁，奉若玉律金科，以为果足以救世。一误再误，不能自还。"正表明了这一意思。

文章中他逐款就卢梭的观点进行批驳。最后结论说："总之，卢梭之说，其所以误人者，以其动于感情，悬意虚造，而不详诸人群历史之事实。孟子曰：'物之不齐，物之情也'。物诚有之，人尤甚焉。而卢梭所以深恶不齐者，以其为一切苦痛之母也。求其故而不得，则以为坐权利之分殊。而权利分殊，又莫重于产业。由是深恨痛绝，一若世间一切主产承业之家，皆由强暴侵陵诪张欺诈而得之。非于其身，则其祖父，远虽百世不可宥也。是以其书名为救世，于穷檐编户，妪煦燠咻，而其实则惨刻少恩，恣睢暴戾。今者其书之出百数十年矣，治群学者，或讨诸旧文，或求诸异种，左证日众，诚有以深知其说之不然。无论何国，其产业起点，皆由于草莱垦辟者为最多，而不必尽由于诈力。乃至其书所乐称之自然时代，犹吾人所称之：'无怀葛天，皞皞熙熙。'家得自由，人皆平等，则尤为往古之所未尝，且恐为后来之所无有。盖草昧之民，其神明既为迷信之所深拘，其形骸又为阴阳之所困阨，忧疑好杀，家相为仇。是故初民，号为最苦。然则统前后而观之，卢梭之所谓民约者，吾不知其约于何世也。"对卢梭的理论，严复是彻底予以否定的。

严复的这篇文章，对自由、平等、天赋人权及暴力革命的否定，同样也为袁世凯的独裁专制，为袁氏统治的"长治久安"，做了舆论上的宣扬鼓吹，自然也得到袁世凯的欣赏。严复在被任命为约法会议议员不久，可谓再为袁世凯建下一功。

这年的五月，参政院成立，严复又被任命为参政院参政。

参政院同样是有名无实的机构。成立不久，在 7 月 16 日便宣布放假四星期，停止活动。到 9 月 29 日，参政院召集会议，这天严复缺席未到；30 日清史馆开审查会，严复也未参加。

10 月 2 日，严复出席了参政院的会议，会上谈到"山东日人事"，梁启超有提案。10 月 13 日约法会开会，严夏又没出席。

自参政院放假，严复对赌博发生了浓厚兴趣，在以后的日记中，曾屡言其事。他对袁世凯政府似乎也不像以前那样信心十足了。

# 三　尊孔读经与筹安会挂名

"尊孔读经"是严复由衷发出的声音。筹安会挂名却是高压下有些无奈的默许。

袁世凯视民主主义为洪水猛兽。他深感单靠血腥镇压远不足以维持他的独裁统治，为此早在他就职临时大总统时，便提出要尊崇伦常振兴孔教。在他用高压手段当选为正式总统后，更大肆鼓吹尊孔读经，企图用封建道德推行其愚民政治。在 1913 年 6 月 22 日和 1914 年 9 月 25 日，他先后颁布《尊崇孔圣文》与《祭孔令》，公开恢复前清祀孔制度。

由于袁世凯的宣扬鼓吹，社会上也一时沉渣泛起，曲阜成立孔教会总会，上海成立孔教会，北京也在 1913 年由严复、马其昶、夏曾佑、林纾、梁启超等两百余人发起，成立北京孔教会，严复为领袖。同年 8 月，严复、夏曾佑、梁启超等人又在陈焕章的鼓动下联名上书国会，要求把孔教作为国教列入宪章。

在这股尊孔读经的逆流中，严复乐此不疲地作演讲、撰文章，大力鼓吹尊孔读经，表现了与早期倡导西学、反对孔子截然不同的态度。

1913 年 4 月 21—22 日，严复在北京《平报》上发表《思古谈》，就当时举国标新斥旧、挤兑传统，发表了自己的看法。文章说："故今之时，号曰革命，又曰新世。上自民国之伟人，下至市井小工、裁衣、理发，莫不以新为职志。美哉焕乎！此真吾国之新机也。顾自鄙陋言之，则古物之所以珍，而人心之所以笃故，亦自有说。仆，陈人也。不辞朽腐，姑为一谈。"他以"守旧"标榜，在文章中论说了"守旧"的必要与尊古的重要。

他说，当下人们整天挂在口头讲爱国，但爱国一词，本意源于拉体诺之 Pater，意译为祖父，"然则爱国云者，爱其祖父之所自生，而以自爱其祖父始明矣。夫爱祖父，非仅以其生我已也。质文递嬗，创制显庸，聚无数人之心力，勤苦为之礼乐文章焉。至于吾侪，乃得于民种之中，而犹有当前之地位，如是之阶级，则推原返本，非席吾古人之遗泽，又何从而得之！"正因为祖宗代代相承，创造了礼乐文章，才使我们拥有现在的文明，具有现在样子，继承先祖文化传统，这自然是铁的真理。

物质技术的发达进步只是形而下的东西，国性民质才是最本质关键的因素。"吾意他日将于拂乱险阻之余，变动光明，从此发达进行，如斯宾塞所谓动、平、冲者，而成不骞不崩之国种，而其所以致然之故，必非乞灵他种之文明余唾而后然也，其国性民质所受成于先圣先王数千年之陶熔渐渍者，有以为之基也"。最终能使中国不灭、走向富强的，仍然是先圣先王所创造留传下的传统文化精神。

这篇文章可以说是在为尊孔读经张本，作舆论上的宣传。

1913 年中秋祭礼。他在国子监作了题为《"民可使由之不可使知之"讲义》的演讲。

演讲指出，自西学东渐以来，人们往往指斥《论语》中所说"民可使由之，不可使知之"一语为专制胚胎，称它与《老子》中所云"国之利器不可以示人"均属"愚民主义"，认为它与孔子的"诲人不倦"相矛盾，其实是对这句话天大的误解。严复认为："特自不佞观之，则孔子此言，实无可议，不但圣意非主愚民，即与'诲人不倦'一言，亦属各有攸当，不可偏行。"

究竟如何理解这句话呢？严复以为："此章'民'字，是乃统一切氓庶无所知者之称。""章中两'之'字，皆代名词"，其"所代不离三者。道德一也，宗教二也，法律三也"。

以道德论，其"常主于所当然"，"而所当然，乃由之事"，它不同于"所以然，乃知之事"。既然如此，假若"必先知而后有由，则社会之散而不群久矣！"所以道德对百姓来说，所谓"可使由，不可使知"。

从宗教论，"盖社会之有宗教，即缘世间有物，必非智虑所得通，故夫天演日进无疆，生人智虑所通，其范围诚以日广，即以日广之故，而悟所不可知者之弥多"，宗教因此而出现。"世间一切宗教，无分垢净，其权威皆从信起，不由知入；设从知入，即无宗教"，这就是所说的道德"可使由，而不可使知"。

最后从法律论，它虽然作为"治群之具，人之所为，而非天之所制"，但对于广大的百姓来说，由于文化教养程度的限制，不可能完全达到自觉；在法令繁兴之后，非专门研究这一学问的人，也不容易一下子全部理解。何况若深谙科律，必然"舞文相遁，或缘法作奸，以为利己损人之事"。所以就法律来讲，同样"可使由而不可使知"。

严复的这种解经，的确可说是别出心裁。

同年，严复还以《读经当积极提倡》为题，在中央教育会作了演讲。

演讲中说："大凡一国存立，必以其国性为之基。国性国各不同，而皆成于特别之教化，往往经数千年之渐摩浸渍，而后大著。但使国性长存，则虽被他种之制服，其国其天下尚非真亡。"严复以灵魂与躯体的关系为比，强调了"国性"之于一个国家的重要，不可缺少。

中国的"国性"是什么呢？严复在演讲中指出："中国之特别国性，所赖以结合二十二行省、五大民族于以成今日庄严之民国，以特立于五洲之中，不若罗马、希腊、波斯各天下之云散烟消，泯然俱亡者，岂非恃孔子之教化为之耶！孔子生世去今二千四百余年，而其教化尚有行于今者，岂非其所删修之群经，所谓垂空文以诏来世者尚存故耶！"中国的"国性"即孔子的教化，而体现孔子教化的乃是今传群经。

作为"国性"的孔子教化，从大处讲，它使"中国之所以为中国"，经久不灭；从细微言，它对"民生风俗日用常行事，其中彝训格言，尤关至要"。总而言之，它关涉"人之所以成人，国之所以为国，天下之所以为天下"，因此，经不可不读。

在当时社会，读经又有三种阻力：一是苦其艰深；二是畏其浩博；三是认为其宗旨与时不合。针对这三种认识，严复提出了批评。

1914年，严复又撰写了具有提案性质的《导扬中华民国立国精神议》，阐述了以传统道德之忠孝节义为立国精神的意见。

文章指出："是知国于天地，其长存不倾，日跻强盛者，必以其民俗、国性、世道、人心为之要素。"而"国亡种灭，或为异族所奴隶，亦以道德扫地，人心窳涣为之先"。

文章以自然界的有机、无机体的构成为譬，说："国者有机之体也；民者，国之么匿也；道德者，其相吸力之大用也。故必凝道德为国性，乃有以系国基于苞桑。即使时运危险，风雨飘摇，亦将自拔于艰难困苦之中，蔚为强国。"

文章又举德、英、美、法、俄、斯拉夫、日本为例，指出它们所以独立于世界民族之林，繁荣富强，正在于"其立国垂统，虽各有特别之精神，至其教民以先公后私，戒偷去懦，以殉国为无上光荣者，则一而已"。

中国的国性为何？在传统道德中应特别强调哪些方面？文章明确提出："吾国民祈天永命，尚冀有一日之富强者，夫非忠孝节义之风为之要素欤！"

对忠孝节义的具体内涵及其作用，文章也逐一地做了说明："盖忠之为说，所包甚广，自人类之有交际，上下左右，皆所必施，而于事国之天职为尤重。不缘帝制之废，其心德遂以沦也。孝者，隆于报本，得此而后家庭蒙养乃有所施，国民道德发端于此，且为爱国之义所由导源。人未有不重其亲而能爱其祖国者。节者，主于不挠，主于有制，故民必有此，而后不滥用自由，而可与结合团体。耻诡随，尚廉耻，不颟不顸，而有以奋发于艰难。至于义，则百行之宜，所以为人格标准，而国民程度之高下视之。但使义之所在，则性命财产皆其所轻。故蹈义之民，视死犹归，百折不回，前仆后继，而又澹定从容，审处熟思，绝非感情之用事。"

严复认为，以上四端，在我国久为倡导，流传广远，妇孺皆知；而在当今社会，又以"建立民彝为最亟"，以这四端作"中华民族之特性"，导扬渐渍，终将于"民国大有裨益"。

也就在这一年，严复翻译了卫西琴的《中国教育议》。严复在序中谈到这本书的翻译，说："其所言虽不必尽合于吾意，顾极推尊孔氏，以异种殊化，居数千载之后，若得其用心。中间如倡成己之说，以破仿效与自由，谓教育之道，首官觉以达神明，以合于姚江知行合一之旨，真今日无弃之言也"。很显然，正因卫西琴服膺孔子学说，书中所宣扬的与严复尊孔读经的思想合拍，严复便将它译成中文，介绍给中国社会。袁世凯鼓吹尊孔读经，意在用传统封建思想维护他的专制独裁统治，也在为他日后做皇帝张本。严复的反对共和，主张君宪，积极为尊孔读经张罗、摇旗呐喊，正对袁世凯的味口。在日后的筹安会拥袁复辟中，杨度之所以要拉严复入伙，未征得严复同意而盗用他的大名，便正是看准了他思想上的这种缝隙。

袁世凯的帝王梦由来已久，而开始筹措复辟，则在 1914 年第一次世界大战爆发后。

一战爆发后，袁世凯与日本人勾结甚密，他的目的，无非是希望在复辟帝制时得到日本政府的支持。据记载，在 1914 年 12 月，袁世凯通过外交次长曹汝霖牵线，曾多次与日本驻华公使日置益密谈，有一次密谈时间竟达数小时之久。1915 年 3 月 28 日《大陆报》披露："去年 12 月间，日置益劝袁总统改为君主政体，日本愿暗为扶助，袁总统力谢之。"日本政府看透了袁世凯的野心，所以日公使中的之言，便自然搔到了袁世凯的痒处。

1915 年 1 月 18 日，驻华公使日置益在怀仁堂拜见袁世凯，面呈日本政府的"二十一条"，表示如果袁世凯能够接受，日本政府将给予全力支持。袁世凯为了满足自己的私欲，除对其中个别条款略做修改，竟不惜出卖祖国，甘冒天下之大不韪，公然接受签约。

而在 1 月份得到日本公使的口风后，袁世凯的复辟活动，也正式拉开帷幕。

就在同月，由杨度作陪，袁世凯的长子袁克定在北京郊外宴请梁启超，饭桌上试探梁启超的态度，说："近日外间都在议论，说共和制度不适合中国国情，不知卓如先生有何评价？"梁启超听了这话，若有所悟，深感震惊，半晌方才回说："鄙人平生只研究政体，少涉及国体。"讲了这句半截话，便再无下文。出门后，袁克定吃不准梁启超到底持什么态度，便问杨度。杨度说："梁启超过去一向拥护君主立宪，今日说只论政体不论国体，他的态度自然是不反帝制了。"但袁世凯希望梁启超出面为他复辟作鼓吹手的幻想破灭了。

杨度则不遗余力地为袁世凯复辟帝制的活动出谋划策，做马前走卒。3 月份，他撰写了《君宪救国论》，提出废共和、兴君宪的主张。又联络袁世凯的宪法顾问美国人古德诺，让他出面撰写文章，鼓吹帝制。8月份，古德诺在上海《亚细亚报》发表了题为《共和与君主论》，妄称辛亥革命"由专制一变而为共和，此诚太骤之举动，难望有良好之结果"，"中国如用君主制，较共和制为宜"。同时，袁世凯的法律顾问日本人有贺长雄也发表了《共和宪法持久策》，公然提出由袁世凯来做皇帝。

杨度像

　　杨度紧锣密鼓地进行着他的推袁为帝活动。也就在古德诺文章见报后的第三日，他神秘地出现在北京西城旧刑部街严复的家中。

　　寒暄后，杨度同严复大谈他近日赌运甚好，在牌桌上如何赢钱。然后又说："牌运启示我运气已进入亨通之境，心想事成，做任何事情都能够成功。所以我近日打算筹办一家公司。朋友们争着投资入股，无非是借我运气，能有点利润。"一番不着边际的神侃，直听得严复如坠五里雾中，越听越不明白。他不清楚杨度壶中到底卖的是哪种药。

　　第二天，杨度又来严宅拜访严复。这次不同昨日，未谈几句，便亮出了正题。他问严复："严公是否读了古德诺的《共和与君主论》？"见到严复点头，杨度说："有人想请公大笔重译一下。"严复不解地说："报上所载王峨孙的翻译并没大的问题，何必多此一举？"

　　杨度话锋一转，问："严公认为目今的政治如何？在公看来，由大清的专制骤然间变为共和，真能使中国走向富强兴盛吗？"

　　听了这话，触动了严复对时局的隐忧，他长叹一声，答道："怕没那么容易。辛亥革命时，我本来主张像英、日那样，定虚君之制。如果按我说的办，清室为保王室倾覆，将恪守十九信条；君臣大义不致荡然无存，内外百官还有所震慑，国事也不会像如今这样不可收拾。而我国能像英国那样国君端拱无为，臻于上理，也未尝没有可能。"

杨度从严复的语气神态，看得出他对共和的不满。他认为该是打开窗户说亮话的时候了，当下便说："正如严公所说，度也深有同感。也正为此，我准备与同志创建筹安会，拟专就我国是适宜共和，还是适宜君主立宪，展开研究。美人古德诺发其端，我等将承其绪。严公一代名流，国人向来唯公马首是瞻，此会是否可以请公做发起人？"

严复听了这话，不无惊觉。他隐约感到杨度这些话的背后另有内容，马上正色道："刚才我所说的，无非是追忆既往，只能聊备一说。国家经历改革，原本不是一蹴而就的事。目前国体已经定下，难道就没有别的改良途径？何况君主制度所赖以维系的，靠君主的威严。经过革命，现在君主的威严已如覆水不可收，贸贸然复辟，徒然添乱而已。鄙人为人谨慎，人所共知。平时常说国家革故鼎新太急，伤了元气，没有数十百年不易恢复。所以对世俗所说的革命，不问其意在行民主还是行君主，凡是卒然尽改原本局面的，皆为鄙人不取。国家大事，怎能如同弈棋，翻来覆去，这不是一误再误吗？况且一定要复辟，又会有旧君新君的问题。您所说的会如果成立，天下从此怕又要多事了！佛家以造因为戒，足下难道不知？鄙人衰迈老朽，不想把自己卷进旋涡当中。足下急于表现自己，途径很多，万不可以国家当儿戏。"

杨度见严复有不肯之意，不由得着急。拉不到严复，他如何在袁世凯那里显示自己的天才？所以在严复话音刚落，他便接过话题，鼓动如簧之舌，大谈特谈此举关乎救国，为志士仁人责无旁贷；同时还搬出德皇威廉二世的话来，说道："德皇威廉二世一再向梁崧生（士诒）公使、袁芸台（袁克定）公子说，中国非行君主制不能大治。长此下去，祸患将会危及世界。这话洞中肯綮。以公的明达，难道看不到这一点？何况我等只是研究这一问题罢了。等到有了结论，我辈的使命便告完成。至于实施，别有人布置。那时水到渠成，还有什么问题可谈呢？"

严复见他抬出了袁世凯的公子袁克定，知他话中有话，也不软不硬地说道："既然这样，行便是了。自古以来，觊觎大位的，只有一条，便是力量的较量，哪里还用得着商量探讨？"

杨度是聪明人，他不会和严复闹崩。他软磨硬泡，一定要严复做发起人。严复也怕因此得罪了袁世凯，便说："足下一定要筹办此会，鄙人可以入会做会员，贡献一得之愚，也未尝不可以。只是既以研究为号召，想来不能强逼大家都持一种主张了。"

杨度看得出，话也只能讲到这里了。当下告辞说："看相的人说我鹏程万里行，抟扶摇上青天。我刚和您讲过我牌桌上的运气。博戏仅是小事，却已经兆示了亨通无阻。公如果愿意和我一道，不愁不发达了。"

到此，严复彻底明白了杨度首次访见所以大谈赌牌，原是用意很深。他很为人心的难以测度感叹了一番。

第三日，杨度派人送来请柬，邀严复参加晚宴，说明在座者有孙毓筠、刘师培、李燮和、胡瑛，严复以身体不适为由辞去。当晚，杨度亲乘汽车到严复宅，要当面相邀。严复让家人接待，自称有病在身，不便相见，杨度怏怏离去。

深夜，杨度让人给严复送了封信，大意说：我昨天同您谈的那些，是奉袁总统的旨意讲的。袁大总统认为此会发起人非公莫属，请您不要固辞了。还说：筹安会发起启事明天即将见报。您知道了实情，想来不会拒绝。我已代公署名，送给报馆，等来不及给公看了。信尾有"阅后付火"四个字。

严复看了信，如受当头一棒，不知所措。他打电话给他的弟子侯疑始，请他过来，让他帮自己斟酌对策。

侯疑始听完了严复的叙述，知道了他的态度，说："先生既然不愿附和其事，登报声名其盗用名誉即可。但袁世凯既要借先生的大名，不同意便一定会受到胁迫。先生能否趁此深夜，逃离京城？"

严复踌躇了很久，说："我年老体弱，又有哮喘，哪能像东汉末年的张俭那样东奔西走，四处避难呢？"

侯疑始也觉得出逃并非上上之策，他建议严复，盗名事不必管它，但也始终不可参与其事。明哲保身，为先圣所取。是非终究会大白天下，暂时披上恶名，最终会得到洗刷。

于是，严复决定用此明哲保身之计。他说："我心清白，上可以告天地，纵然被加上莽大夫的恶名，也没什么妨碍。况且有侯芭在，子云心事便不患不大白于后世。我就按君所说去行。"

第四日，筹安会成立启事在报纸上赫然醒目地登了出来，注明杨度为理事长，孙毓筠为副理事长，严复、刘师培、李燮和、胡瑛为理事。这也就是人们所说的"筹安会六君子"。

第五日晨起，严复发现自己的大门前有两名荷枪实弹的士兵站岗。问后知道，这是政府派来，为了保护他不受"匪党"惊扰。

严复抱定明哲保身的思想，既不追究，一切听任杨度他们折腾。而他自己，凡遇筹安会召集议事，便称病不赴。直到筹安会解散，严复连筹安会所在地石驸马街都没踏过一步。至于像杨度他们组织各种请愿、上劝进表，严复始终没有参加。

就在筹安会启事及宣言刊出后没几天，梁启超发表了《异哉所谓国体问题者》，针对筹安会的宣言宗旨，做了凌厉的抨击。文章在社会上产生了强烈反响，引起了袁世凯的极大恐慌。袁世凯觉得只有让严复出来写反驳文章，才能服众，便签了张四万元的支票，让内史夏寿田给严复送去，并说明意思。

严复没有利令智昏，他不改主意，婉转推辞道："如果我能够做，这本就为分内事。厚赐不敢领，还请带回。容我熟思，然后报命。"

夏寿田从严复这里悻悻而归。此后，严复接连不断收到各种恐吓信，总计约二十来封。信的内容，或以利害劝诱，或以刺杀威胁，中心内容中有一个，便是要严复写反驳梁启超的文章。

在认真考虑后，严复拿了所有的这些信函，来到夏寿田那里。他说："梁氏的议论，我的确觉得可驳。但我以为大总统的意思，是希望能以此祛除天下人之惑，于事有所裨益。我老家有句谚语：'有当任妇言之时，有姑当自言之事。'时势至今，正当任'妇'言之。我挂名总统顾问，是政府中人，言出我口，纵使说得天花乱坠，世人也会把它当作'姑'所自言。这样，不仅不足以祛天下之惑，或者还会于事有损。我所以不肯下笔，正为了这个缘故。倘若于事有补，我怎会不做呢？至于外间以生死相恫吓，我一点也不在乎。已逾六十，疾病缠身，求解脱而不得，果真能让我死，还要百拜致谢呢。"这番说辞，绵里藏针，软中带硬，既表明了不愿做，也亮出了不畏死的决心。

严复走后，夏寿田把这番话原原本本告诉了袁世凯。袁世凯对严复的脾气早有领教，知道这事勉强不得，便转让孙毓筠写了篇驳议文字。

1915 年 12 月 11 日，参政院开会，进行了所谓的解决国体问题投票表决，结果自然是一致通过，"恭戴今大总统袁世凯为中华帝国皇帝"。袁世凯在一番假惺惺地推让后，于 13 日表示接受"民意"，并定于 1916 年元旦正式登基，改年号为"洪宪元年"。

袁世凯的倒行逆施，激起了全国人民的反对。1915 年 12 月 25 日，蔡锷在云南宣布独立，同时组成护国军，开始了轰轰烈烈的讨袁斗争。蔡锷的行动在各地引起响应，贵州、广西、陕西、浙江、广东等省也先后宣布独立，全国到处飘扬起反袁的旗帜。

在全国各地一片讨袁声中，日本帝国主义见袁世凯已经没有希望，马上翻脸，谴责袁世凯称帝，声称日本政府不予承认。

袁世凯原来的亲信冯国璋、段祺瑞也因袁世凯称帝，断了他们做大总统接班人的念头，与袁分道扬镳。

袁世凯孤家寡人，被迫在 3 月 22 日宣布取消帝制。在全国人民的唾骂声中，6 月 6 日，袁世凯气火攻心，一命呜呼。

袁世凯死后，京城中纷纷要求惩办帝制祸首，据传，严复也列在被惩名单。林纾闻听这一消息，很为老友捏了把汗。他跑到严复家中，力劝严复逃走，暂避风声。由于严复固执不肯离去，林纾急得老泪纵横。6 月 8 日，传闻更凶，儿子严璇反复催促严复马上离开京都，到天津住些时间。在儿子的强逼下，严复到了天津。

7 月 14 日，新任大总统黎元洪颁发查拿帝制活动肇祸人的名单，严复的名字并不在上面。据说是因为李经羲为严复说情，国务总理段祺瑞才将严复的名字从祸首名单中剔除。

严复很快得到了消息。他对新政府未将他列于帝制祸首，不无感激。8 月 17 日，他为此专门写信给副总统冯国璋，信中说："当筹安会发起之时，杨、孙二子，实操动机。其列用贱名，原不待鄙人之诺，夕来相商，晨已发布。我公试思，当此之时，岂复有鄙人反抗之址耶？近者国会要求惩办祸首，尚幸芝老（指段祺瑞）知其真实，得及宽政，不然，复纵百口，岂能自辩？"其感激涕零，见于文字间。

# 四　时评政论

严复不仅在与朋友的信中不断评议时事，还相继刊发政论，就当时的社会政治国计民生，阐发个人的见解。

这一时期，严复有关时事的评论，多集中在他写给友人的书信中。在他与熊纯如的通信中，所谈的主要内容便是他对时事的看法。

1912 年 3 月 27 日信中，谈到袁世凯刚从孙中山手中篡取临时大总统职位时，京、津、保地区军队骚乱，说："北京自元宵前兵乱，津、保各处继之，民情大非昔比。外交团向以项城为中国一人，文足定倾，武足戡乱，即项城亦以自期；乃今乱者即其最为信倚之军，故外人感情，大非往昔，即项城亦有悔怯之萌，威令不出都门，统一殆无可望，使其早见及此，其前事必不尔为。以不佞私见言之，天下仍须定于专制，不然，则秩序恢复之不能，尚何富强可跂乎？旧清政府，去如刍狗，不足重陈，而应运之才，不知生于何地，以云隐忧，真可忧耳！"严复看到在袁世凯新当上临时大总统时，北京、天津、保定便相继发生兵变，他就对袁世凯的"文足定倾，武足戡乱"产生怀疑，以为袁世凯早知如此，必不愿做此大总统一职，并认为当前中国，仍应实行专制。他的这一分析，显然是不明内情而得出的皮相之见。他不知道，兵变正是袁世凯为拒绝到南京就职，而一手导演的把戏。严复的眼光似乎变得迟钝了。

1913 年 3 月 20 日夜，身为国民党重要领袖的宋教仁南方演说到了上海，在从上海启程返京时，于火车站遭到枪击，伤重而亡。这事为袁世凯主使，是他指令洪述祖，洪述祖交由应夔丞制造的血案。严复对此背景也不清楚，他在 4 月 2 日写给熊纯如的信中说道："沪上忽出暗杀宋教仁一案，辞退内务部秘书洪述祖，至今犹未弋获。洪之为人，复所素稔，固险诐士。恐从此国事日就葛藤，喋血钩连，殆无已时，而国命与之俱去。事已如此，虽有豪杰，又无魏武、秦王之势，以为所席之基，恐难挽回也。"他认为此事将造成极严重的后果，引发内乱，影响到国家的安稳，这一看法却是深刻的。此后的"二次革命"，讨袁战争，证明了严复的先见之明。

袁世凯为了给他的专制独裁扫清障碍，对占议员多数的国会早视为眼中钉。1913 年 11 月 4 日，他下令宣布国民党为乱党，勒令解散，取消国会中国民党议员的资格。严复由于反对共和，敌视革命党，对袁世凯此举，大唱赞歌。在 11 月 17 日他写给熊纯如的信中谈道："比者国民党人已为政府所遣散，如此大事，而全国阒如，此上之可以征中央之能力，下之可以窥民情之伏流。顾三年以来，国民党势如园中牵牛，缠树弥墙，滋蔓遍地，一旦芟夷，全体遂呈荒象，共和政体名存而已。以愚见言，即此是政界奇险。但愿大总统福寿康宁，则吾侪小人之幸福耳。"他深为袁世凯此举拍手称庆，似乎要山呼万岁，才能表达他的礼敬心情。

在 1915 年元月日本向袁世凯政府提出"二十一条"不平等条款后，严复起初对袁世凯是抱有幻想的。他认为如果答应了这个条约，中国便将亡国灭种，在 3 月 4 日写给熊纯如的信中，他分析说："日本于群雄战事未解之日，要求条件，穷苛极酷，果如所请，吾国之亡，盖无日矣！大总统于一无可恃之时，尚能善用外交，以持其敝，可谓能者。日来效果，虽秘不可知，然颇闻其不致决裂矣。"3 月 31 日信中又说："倭乘群虎竞命之时，将于吾国求所大欲，若竟遂其画，吾国诚破碎"。他不相信袁世凯会答应日本的无理要求，4 月 21 日他在信中还说："至报纸谓日本要求条件，政府逐渐承认，此亦难以过信。"但出乎他意料之外，在 5 月 9 日，袁世凯竟冒天下之大不韪，接受了不平等条约。袁世凯在严复心目中的地位，一落千丈。在 6 月 19 日他写给熊纯如的信中，谈到袁世凯，说道："大总统固为一时之杰，然极其能事，不过旧日帝制时，一才督抚耳！欲与列强君相抗衡，则太乏科哲知识，太无世界眼光，又过欲以人从己，不欲以己从人，其用人行政，使人不满意处甚多，望其转移风俗，奠固邦基，呜呼！非其选尔。"

严复认为中国当时的国民素质尚没有达到实行共和的基本要求，所以对推行帝制，也表赞同。但他却对袁世凯复辟时用的种种伎俩颇有微词。在 1916 年春初袁世凯登基不久，严复写信给熊纯如，谈到此事，说："国体之议初起，时谓当弃共和而取君宪，虽步伐过骤，尚未大差。不幸有三四纤儿，必欲自矜手腕，做到一致赞成，弊端遂复百出，而为中外所持，及今悔之，固已晚矣。窃意当时，假使政府绝无函电致诸各省，选政彼此一听民意自由，将赞成者，必亦过半，然后光明正大，择期登极，彼反对者，既无所借口，东西邻国亦将何以责言。释此不图，岂非大错"。在他看来，袁世凯复辟，大可不必玩弄手段，不必造诸多谎言舆论，更不必借日本人势力，只要全民表决，超过半数，便也顺理成章，既不给人以把柄，也可免国人抵制。他的这一分析，其实并不正确。他仅以己度人，以为帝制会为国民多数赞成。由于他的思想局限，使他在这一问题的看法上，出现了根本性的错误。

在严复看来，袁世凯失去民心，并不在其复辟帝制，在 5 月 2 日他写给熊纯如的信中谈道："所谓帝制违誓种种，特反对者所执之词，而项城之失人心，一败至于不可收拾者，固别有在，非帝制也。就职五年，民不见德，不幸又值欧战发生，工商交困，百货蓊腾，而国用日烦，一切赋税有加无减，社会侈靡成风，人怀非望，此即平世，已不易为，乃国体适于此时议更，遂为群矢之的。且项城自辛亥出山以来，因缘际会，为众所推，遂亦予圣自雄，以为无两。自参众两院捣乱太过，于是救时之士，亦谓中国欲治，非强有力之中央政府不可，新修约法，于法理本属无当，而当日反对之少，无他，冀少获救国之效已耳。而谁谓转厚项城之毒乎！"严复显然没有认识到，袁世凯做总统五年，社会不能有所起色，原因正在于体制；而他将袁世凯独裁的因素委之少人反对而成之，则也恰恰颠倒了事情的本末。

严复对杨度、孙毓筠组织的所谓讨论国体问题筹安会，在内心深处也是认可的。在他看来，共和不适合于中国，存在的问题，只是由谁来做君主较难解决。他在信中说："夫共和之万万无当于中国。中外人士，人同此言；杨、孙之议，苟后世历史，悉绝感情，出而评断，固亦未必厚非，故当其见邀发起，复告以共和君宪二者孰宜，本无可议，而君宪既定，孰为之主，乃为绝对难题，而杨不待辞毕，幡然竟去，而明日报端，严复之名，已与李燮和、胡瑛并列矣。"对筹安会以论证中国宜行君宪为宗旨，严复并不认为有什么不妥。

由于在思想上严复过于相信自然进化论，于是他反对革命，排斥革命党；主张渐变，反对在他所谓的条件不成熟时实行共和。这种观念，使他在对待革命党、共和制等问题的看法上，不能不戴上"有色眼镜"，进而也不可能正确地认清当时的社会。

相反，在"一战"爆发后，严复对战争局势的分析，却很见出他作为"思想最敏锐的人"所富有的睿智、眼光。

在1914年9月24日、10月23日信中，他承认德国在1870年以来所取得的巨大发展，称其"可谓放一异彩"，"不独兵事船械事事见长，起夺英、法之席；而国民学术，如医，如商，如农，如哲学，如物理，如教育，皆极精进"。但他认为，目前德军的"摧枯拉朽"，只是暂时现象，其"居于骄王之下，轻用其民"，以不义之师与"四五列强为战"，这注定不久的将来，其终"必大不支，甚且或成内溃"。他综合分析各方力量情势，指出：德国欲用闪电战术求取速胜，但战局的发展，证明这一企图已告失败。既不能速胜，则每次获取一捷，"战事愈以延长"，战事愈长，德国以少敌众，"恐举鼎者，终至绝膑"。严复的这一分析在日后竟成了预言。

在这一时期，严复还发表了系列政论文章，继续就社会政治经济诸问题，阐发他的见解。

1912 年 12 月 28 日、1913 年 1 月 24 日—25 日、1913 年 4 月 17—18 日，严复先后在北京《平报》上刊发了《原贫》《论中国救贫宜重何等之业》《救贫》，这三篇文章涉及了一个共同的主题，即中国社会的贫困问题。

《原贫》一文开篇便指出："论今日之国事，固当以救贫为第一义，此尽人之所知也。"为什么这样说呢？严复总结了晚清以来的经济，认为，辛亥革命的发生，清王朝的灭亡，正由于经济的贫困、民无以聊生所致。"国贫犹可，民贫必亡"，贫困导致了国家的衰灭，所关涉者确乎称得上重大。

由于封建王朝实行家天下，所以"古之言救贫也，其所忧常在国"。民国实行共和，国为"五族四万万民人之国"，所以"处今而言救贫之事，其所忧者常在民，惟民实贫，而吾国乃以不救"。

就中国的情形分析，"奄有四百二十五万方迷卢之土宇，中国除戈壁沙碛而外，何地不腴？何山不矿"，地大物博，资源丰富，但却"常有无财用之忧"，这究竟是什么原因造成的呢？严复概括为"安于朴陋，束于习惯，而贫常嗜琐，无独辟过人之思想故也"。

这种思想观念，在严复看来，根本不能适应当今形势的发展，"不宜适于此世之生存""不宜适于今成之民国"。

为了证明自己这一看法并非危言耸听，严复从士农工商的分析入手，进行了论证。

先说"士"。严复认为："今日民国之难为，即在此曹日多之故。"原因是："此曹之所以为生，非群聚于官，觅差求任，则无从得食。"这类人终极的追求便是做官。为了做官，他们"应举纳赀""入学校""谋出洋""勤运动、结政党"，而"官之众，国之衰也"。由于知识阶层都去钻营做官，结果便"不独财用不足之可忧"，又因其"奔竞成风，廉耻道丧"，世风日下，民德日衰，不可救药。并且，由于官本位思想，出类拔萃者都想跻身仕途，遂使农、工、商三业人才匮乏，纵使拥有得天独厚的条件，也无法充分开发利用。

再说农、工、商三业。农业多有田园抛荒，闲置不耕；工商业则"往往弃其所长，用其所短。浮慕企业，发起公司，然而水泡时闻，破产屡见，模略举似，有如造纸、织呢、玻璃、洋灰之类，乍起乍仆，皆丧巨资"。

《论中国救贫宜重何等之业》承上文而来，文中除了探讨中国贫困的原因外，还就救贫的切实手段，贡献了自己的意见。

文章首先分析了闭关政策失败后，外国经济对我国社会的影响，指出："海通以来，其局大变，外来物货，不仅火齐、木难、文具、珠玑若唐宋所云已也。舍一二毒物如鸦片、淡巴菰而外，其所供者，多民生利用所必资。其销售极广，遍于海隅山陬者，莫若洋布；下之极于一针一线之微，迹所从来，皆由远国，问吾人今日有用土产之针以为缝纫者乎？问一身之中有非外人所衣被者乎？通商口岸，固无论已，即在内地，亦几无有。"国门被列强打开后，中国固有的自给自足的小农经济，受到了毁灭性打击，由于"吾道冶工最无进步，而外人以化学物理之所发明，挟其物质文明以与我遇，价廉物美，有利用之实"，即使有"爱国之士倡为行用土货、禁绝外产之谈，敝舌焦唇，终于无效"。

总结当时中国贫困的原因，严复认为可以归纳为七点："生齿日滋，野不加辟，一也；庶政并举，竭泽而渔，二也；投机企业，往往失败，三也；赔款稠叠，负担日重，四也；币制放纷，无形之损，五也；旧赔新夺，同于朘民，六也；国无信用，为渊驱鱼，七也。"

严复以为，就当时的中国论，固当以"发起实业，抵制外货"为"救时唯一之方针"。但鉴于"法律不明，民德未进""教育不施，民智弇陋""国权未收，地势大异"，企业不仅"不可为"，为也"必不利"。倘若"必为企业，则舍煤铁而外，几无一事可以措手"。理由只有一条，"以其为制造之母业，而舟车之所需，兵工之所仰"，作为基础的基础，即便无利，也当为之。

文章最后，严复提出了他疗贫的办法："使吾用其本有之知识，辟其素主之土地，善守其所得于天之分，先以原料生货之产，称雄五洲，则吾国不亦既富矣乎！"他认为当时的中国，疗贫的最佳途径，便是发挥自己农业国资源国的长处，充分开掘资源，这才能达到"称雄五洲"，繁荣富强。

《救贫》一文，则在上文的基础上，更进一层，阐述了使其能够得到充分发展的具体保障。

其具体保障，最重要者有二：一是广交通。如果交通不便，"虽有膏腴，亦将久弃"；只有"水陆路涂既辟，而后树艺事兴，兴业者有子母相俾之望"。这是从"树艺、收畜、一切动植之利而言"。从矿藏资源开发来讲，尤为重要，"盖吾国方物地产，极为繁殖，其在所出之土，往往贱若泥沙；稍为转移，无往非利。而乃货弃于地，使民人不得其养者，无他，转输沮滞，利不敌费故耳。而转输沮滞，则以无铁路，交通不便，为之大因"。二是修法令。法令不修，为害甚烈，举要有四："乡里之间，强黠者常侵愚弱，而胥役或甚虎狼，使小民盼盼之勤，不食其果，一也；均输无法，稍丰，贱则伤农，二也；关津林立，就市则税厘綦繁，三也；币制放纷，出入必损，四也"。而一旦"法令修而转输便，则含识之伦，虽甚颛愚，而自厚其生，固无事学"，国家的富强，便指日可待。

1913 年 3 月 6 日至 5 月 4 日，严复在《平报》上发表了《说党》。关于这篇文章的写作动机，严复在文中交代说："今吾国既以立宪为民主矣，则或远或近，政党必从以发生。发生矣，或散而为歧出之多党；或聚而为对峙之两党，则由于时势之迁流，其于国运人心，皆有重要之利害，此爱国之士，政治之家，不可不豫为研究，期于有以善其后者也"。严复认为，党派对一个国家的国运民心，具有重要影响，既然我国已成民主共和政体，党派的出现就不可避免，而对这一现象进行深入研究，知悉其利弊所在，这样才能够扬长避短，有益于国事。

抱着这一目的，严复在这篇文章中，既概述了中国历代党派的历史，同时又结合西方国家党派的不同影响，阐述了各自的优长与缺陷。

何谓政党？严复在文中对它做了明确的界说："政党者，民人自为无期限之会合，而于国家一切之问题，有主张之宗旨与求达之目的者也。"自由结合，有政治主张与共同的理想目标，这是严复概括"政党"所应具备的三个要素。

严复指出，由于一个国家民众的阶层不同，地位有别，他们对政治、法律、教育、国防诸问题，便会形成不同的评价，持有不同的政见，党派群立，多党出现是自然的。而由于选举，"故诸党必相混合，以预定有被选资格之人，而后可望以有是选举之竞争。故党派虽众，其势当趋于两大党之对待而无余"。党派联合，终成为执政党与在野党，同样也为势态发展的必然。

政党的"两大相持"，有利的方面是：一、"政策出于一门"，"其统治权有稳固之效"；二、"主治、监督之分界以明"，"胜者在朝主政柄，负者在野而职监观"，这样，执政党自然要励精图治，"为最良之措施"。弊处在于：一、在野者由于顾虑到"难为后继"，其批评"不欲为过甚无已之词"，监督难免不力；二、为了党派能够在选举中获胜，"阿世违心，其事国之忠情亦减，每有最良之法，远览之谟，徒以不谐于俗，而反对者或得用此以为倾也，则无宁避之勿谈以为稳固"，即为党派的利益牺牲国家的利益；三、政党取胜，必然以该党领袖做行政首脑，但党魁"未必遂为庶政之长才"，其于治理国家不一定胜任；四、影响到社会风气，使"政客成为一种之生业。党利居先，国计居后，作用日富而忠信日微，利口奋兴，而朴诚之人将无所容于政界也"。

文章中，严复还针对两党制的弊端，提出了妥善的处理办法，指出："就令政党内阁之势既成，而党派遂底于两大，顾其中救弊补偏尚非无术也。此其作用在使立法、行政二者分工得宜，而党见行乎其中，末由而过。其一在区分重要问题，凡其事与行政部非密切关系者，不必由内阁解决，以畀之院中之委员会，使加讨论，则异议朋兴，而党派易于复杂矣。其次则行政机关诸首领，凡须专门学问，居恒练习及特别经验者，当内阁改组之时，不必随同避职，必俟党见异同，涉其本部行政而后许辞。又其次，则使行政长官得常本一己之政见为措施，期无碍行政部大局之稳固健全而止，则如政党内阁向例遇有提议而不得通过于国会者，即行辞职，或解散国会，更集代表以征国民之意见。"

"党非佳物"，对政党，严复是持否定态度的。他认为："党风之烈，彼必以一党之衰盛为前提，而所谓国之利害，民之休戚，理之是非，皆为后义；且不平既起，而争心应之，则报复相寻，而国乃大病。"于是，在他引斯宾塞的话"政党者不过拓大之私利"之后，接着说道："既为私利，则其非大中至正之物可知；非大中至正之物，则不容于尧舜之世，解散禁绝，亦固其所。"

他于1913年4月14日至5月2日发表于《平报》上的《天演进化论》一文，则用进化论原理，探讨了"人群社会之进化""社会为有机体""社会之宗教起点"几个问题。

在"人群社会之进化"这一主题下，文章谈了"男女夫妇之进化"，包括多妻制与一夫一妻制的形成及利弊；女子地位的发展及其教育。关于女权问题，他总的看法是："今日吾国所谓女权，无非与男子争权。既与男子争权，则不得不过于智育，过于智育，则女性必衰。女性之衰非他，一曰不事嫁娶，二曰不愿生育，此欧美之已事。是故至今各国生齿，其进步皆逊于前，惟俄国、中华、日本不在此例。果真不改，则数十百年，将亦同之，至此之时，恐不止夫妇之道苦，而人类亦少生活之趣，吾人果何取耶，而必尤效之耶！"

在"社会为有机体"的主题下，他批驳了所谓的"最初社会，为之君者必一群中最为壮俊勇健之夫，其力足为大众所惮而屈服者"这一观点，认为"初民之君，其所以号令种人，当以智而不以力"。同时又进一步指出："由是而知民业贵贱之分肇于智慧者为多，而始于武力者为少。智慧首争于巫医，由巫医而生君长。具有巫医滥觞而演为今日之二类人：一曰宗教家，又其一曰学术家。"严复认为："宗教、学术二者同出于古初，当其进化程度较浅之时范围极广，而学术之事亦多杂以宗教观念，无纯粹之宗风，必至进化程度日高，于是学术之疆界日涨，而宗教之范围日缩。"

在"论社会之宗教起点"中，他认为"有社会必有宗教，其程度高下不同，而其有之也则一"。他分析了宗教起源的两种学说：自然崇拜说与灵魂崇拜说，最后总结说："前谓宗教、学术二者必相冲突。虽然，学术日隆，所必日消者特迷信耳，而真宗教则俨然不动。然宗教必与人道相终始者也。盖学术任何进步，而世间必有不可知者存；不可知长存，则宗教终不废。学术之所以穷，即宗教之所由起，宗教可以日玄而无由废。"

严复的这些论文，既表现了他的学问淹贯中西之博大，同时也体现了他长于论辩的原有特色。

第七章

# 一庵吾欲送华颠

# 一　忧愁风雨

军阀间割据火并，林立的派系明争暗斗，张勋辫子军进京，"一战"形势益趋复杂，风雨如晦，严复看在眼里，急在心中。

伴随着袁世凯洪宪帝制闹剧的收场，严复也结束了自己的政治生涯。"复虽在京，不入政界"，他从政界抽身出来，离开了这风波叵测的是非之地。

素有的敏感以及对祖国命运的关切，又使严复不可能对时局的发展充耳不闻，忘怀政治。政局的动荡与欧战形势，牵动着他的心，他深为中国的现状与未来忧虑不安。

1916 年 6 月、7 月间，袁世凯已死，黎元洪由副总统继任临时大总统，各党派之间斗争激烈，形势最终向何处发展，鹿死谁手，尚不十分明朗。严复在给熊纯如的信中，便谈到了自己的殷忧："复尝以洹上为无望者，并非向根本上责备，但见得权行政以来，彼所自许擅长之军政，所常抱乐观之财政，四五年来，但愈梦乱，则其他又何望乎？今日如此下台，未始非天相吾国，亦未始非洹上之幸也。但所可忧者，吾国政界，往往应于俗谚所谓'一蟹不如一蟹'。今日隔碍，似不在南中起义发难诸公，而在海上五花八门之诸政客。渠辈今日所要求者，一规复中山约法；二召集洹上所解散之参、众两院；三惩治帝制祸首。此其用意不察可知。他日走到极端，自然反对蜂起，又成武力解决问题。山谷诗云：'夜来已是风和雨，更着游人撼落花。'从此吾国之有存者几何，贤者可想见尔。"他认为袁世凯的下台，既是国家之福，也是袁世凯本人之幸。但袁世凯以后谁人为继，是否"一蟹不如一蟹"，很不乐观。他分析当时的形势，认为隐患不在发难倒袁的"南中"诸公，而在"海上五花八门之诸政客"。对他们提出的"规复中山之约法"等三点要求，严复也认为别具用心，是走向极端。

当初为了推翻袁世凯的帝制，各省相继宣告独立。在袁世凯取消帝制、退位之后，黎元洪已由副总统做了临时大总统，独立各省仍未取消独立，严复对此深致不满。他在 7 月 15 日写给熊纯如的信中谈道："夫袁氏不度德，不量力，不觇外交，而规取神器，以其背誓违法，而滇、黔独立，犹可言也；至袁氏取消帝制，而滇、黔之独立如故，不可言矣。然谓其已失总统资格，勒令退位，而后取消独立，犹可言也；至袁氏出缺，副总统即真，而独立如故，不可言矣。再进则曰'恢复约法'，则曰'召集国会'，则曰'惩办祸首'。虽究竟合法与否，论者尚有异言，然亦犹可言也。至于种种曲从，而军务院尚存，海军忽告独立，（揭开天窗说亮话，人人争权利耳！）此复成何国家耶！吾弟谓国势渐臻统一，此言无乃太早计欤？"他不仅对独立各省在黎元洪做了总统后未取消独立极为不满，对黎元洪政府的软弱以及政界的争权夺利，更大感失望。他因此断言熊纯如所说的"国势渐臻统一"言之太早，前途很让他悲观。

当时的政局一片混乱，矛盾斗争的焦点，则反映在"府院之争"上。"府"即总统府，以黎元洪为代表，有国民党人及南方地方势力支持；"院"即国务院，以段祺瑞为代表，有进步党演变过来的"宪法研究会"与亲段的北洋督军支持。府院之争既是黎、段间的权力之争，也反映了宪法研究会与国民党、国民党与皖系军阀之间的矛盾。严复作为局外人，既对他们的斗争看得清楚，也对这种不顾国家利益的斗争深感不安。他在 10 月 25 日写给熊纯如的信中谈道：

国事如病痨瘵，人人知其不久，但不识决疣溃痛之日，究竟作何情状。目下如内务孙洪伊之被控受判后，抵死不肯辞职；又中交兑现问题，外交唐绍仪被逐，内阁提出陆、汪，民党于国会作梗，坚持不为通过，郑家屯之案未平，天津老西开又告法人逐警风潮；徐州会议表示意见之后，偃旗息鼓，张、倪辈不闻何等进行，未必非合肥弹压之力，乃党人百计摇撼，必欲去之，以遂唯我欲为之画。府院亦意见日深，黄陂良愿有余，于政体、国是、民情、外势，皆无分晓，以傀偏性质兼负乘之讥，覆𫗦偾车，殆可前决；段氏坚确，政见较黎为高，然爱惜羽毛，无为国牺牲一切之观念。参、众两院数百人，什九皆为下驷，党人饭碗是其唯一问题，即诘旦国亡，今日所争，依然党利，甚矣！会众愚不成能一智，聚群不肖不能成一贤，所言之无以易也。总之，此局必不可长，内溃外侵，迟速必见乱，且与共和相终始，今乃叹孙、黄、洹上流毒之无穷也。

国事如麻，人人为权力而争，严复对国家前途的担心并不多余。但他将致乱与共和联系，称其"与共和相终始"，则显然是错误的。

严复对黎元洪、段祺瑞执政，已不抱任何希望。在 1916 年 12 月 1 日写给熊纯如的信中说："吾国际阳九百六之运，当人欲极肆之秋，黎、段两公实皆不足撑此政局"，"当是之际，能得汉光武、唐太宗，上之上者也；即不然，曹操、刘裕、桓宣武、赵匡胤，亦所欢迎"。他认为在这种特殊的时代，能有汉光武、唐太宗这样的人出世，自为上乘之选；不然，也当有曹操、刘裕、桓宣武、赵匡胤这类人，才能够控制危局。像黎元洪、段祺瑞，自然缺乏控制局面的能力。

严复在 12 月 7 日给熊纯如的信中，曾就当时的时局进行了分析，说：

时局胶拢，固有进步党之放弃趋超，而其最大原因，则由黄陂之旗帜不明，政策首鼠，宣言责任内阁，又不肯自处无为之地，左右政客，多系国党，欲利用之以攫政权，朝进一谍，暮献一策，危词诐论，怂恿百端，而府院种种之龃龉见矣。此数月来，政界所由无一佳象也。以复策之，此人一日在位，吾国前路必无曙光。甚矣！暗懦之祸过于猛鸷远矣。今者民党百巧千机，不过欲去一段祺瑞，夫去段何难，但我辈闭目试思，去段之后，政海当呈何等现象！无论武系对此不肯帖服，就令有法对付，而国会通过民党渠魁，以承首揆之乏，然亦岂肯俔伈伴食，使总统制复见，而令黄陂左右大庆成功乎？吾恐其受制于新，较之于今日乃尤酷也。然则黄陂阴纵左右，使之助成民党之焰者，夫亦可谓至愚不灵者已！

严复认为，造成目前时局胶拢的最大原因，是黎元洪的"旗帜不明，政策首鼠"，既组成责任内阁，又不肯放权；而国民党的"怂恿百端"，指手画脚，更加重了府院的冲突。所以他说黎元洪一日不去，国家便不会有任何希望。对于国民党反对段祺瑞所开展的倒段活动，他也极不赞成，认为倒段之后，黎元洪"受制于新，较之于今日乃尤酷也"，而黎元洪对国民党的放任，实在是冥顽愚蠢之举。

在 1917 年 2 月 28 日写给熊纯如的信中，既表达了自己对时事的隐忧，同时就当时的社会焦点问题发表了个人见解，说：

时事羌无佳耗，而政界及国会之惟利是视，摧斮民生，殆吾国有历史来所未有。旧有风宪之官，言西法者皆以为非善制，今则以其权畀国会矣。由是明目张胆，植党营私，当路之人，只须有钱以豢养国会中之党众，便可以诸善勿作，诸恶奉行，而身名仍复俱泰。呜呼！真不图我辈以垂死之年，乃见如此世界也。（例如：中行兑现及交通部之收买车辆是。）前清庆、那等，固已极其贪污，袁氏爪牙亦已加厉，然尚不如今日之悍然不顾也。间尝深思世变，以为物必待极而后反。前者举国暗于政理，为共和幸福种种美言夸辞所炫，故不惜破坏旧法从之；今之民国已六年矣，而时事如此，更复数年，势必令人人亲受苦痛，而恶共和与一切自由平等之论如蛇蝎，而后起反古之思，至于其时，又未必不太过，此社会钟摆原例，无可奈何者也。

这段文字中，严复对当时政界与国会的"惟利是视，摧斫民生"做了严厉的抨击，称之"有历史来所未有"；而对"当路之人"的收买国会，"诸善勿作，诸恶奉行，而身名仍复俱泰"，也进行了尖锐的揭摘，认为虽前清"庆、那等"及袁世凯爪牙已是不堪，今则更"悍然不顾"，远远胜之。但他以为这一切由共和制造成，又显然是错误的认识。

信中还谈到当时的三大社会焦点问题，说：

辰下京中有三大问题：一曰复辟；二曰中德绝交；三曰改组内阁。其第一问题，报端尚少议论，而暗潮极大，颇闻外间督长主持最力者，三张督军。三张者，徐、鲁二帅与张作霖也。而段、冯反对，清太保世续亦不赞成。至反对理由，尚未细听也。宣统是极有望之冲主，隆师向学，书法端美，心地亦甚明白。……但此时复辟，固不无冒险之处，盖第一是无内阁；第二是革党虑失地盘饭碗者反抗必多；第三是立宪帝王，虽云恭己，毕竟须年岁及丁人做好也。至其二问题，鄙人则主张加入协约，曾于《公言报》著论一首，即持此义。但政府抗议后，在中国境内德人极为恐慌，益出死力向各当路游说，政府中人于

《严复与熊纯如书札节录》书影

欧洲兵事向少宣究，易为游言所惑，恐亦不能有贯彻之主张，后此外交将至一无所得，两不讨好，甚可叹也！至于第三问题，则报馆攻者甚众，然亦未闻将现何等事实。

这段文字就当时社会关注的"复辟""中德绝交""改组内阁"三大问题做了分析评论。严复主张实行君主立宪，所以对"复辟"此议是赞成的，只是认为时机尚不成熟，条件还不具备；关于"中德绝交"一事，严复认为应该当机立断，毫不犹豫地加入协约国；"改组内阁"问题，严复在这里并未作具体评论，仅是拭目以待，持观望态度。

"府院之争"不断激化，黎元洪与段祺瑞的矛盾也进一步加深，1917年5月下旬，黎元洪在美国公使"允为后盾"的背景下，宣布免除段祺瑞内阁总理一职。本月26日，严复在给熊纯如的信中，就时局的发展及出路问题，发表了自己的看法：

日来京师以府院相持，时氛甚恶。合肥业已去职，徐东海、王聘卿皆不肯继任，闻将以李仲轩提出，不识能成事实与否，大抵一两日当见分晓耳。宣战一事，转成不急之务，从此作为罢论，亦未可知。但吾国内乱，恐将日滋。滇、蜀两军交哄，已开其端，此事中央为滇则全蜀牙蘗，为蜀则为分裂之媒，真不知何以善其后。自项城去后，中央权威本自有限，此左右之所知也。益以此次之冲突，督军辈群怀私愤，用人行政，事事皆成难端，号令不出国门，殆成必至之势。国事危发，诚如吾弟所云："一线生机，仅存复辟。"但舆论以谓时机尚未成熟，即皇室中稳健亲贵，亦以此事为忧。但鄙意则谓：时机之已未成熟，不系于宣统之长少，而系于总理之有无。今试遍观全国之中，欲觅一堪为立宪总理，有其资格势力者，此时实在尚未出现也。项城才地资力均足当之，释此不图，妄干非分以死，则真中国之不幸耳。此局若在古昔，经数十百年竞争之后，自有长雄起而为群伦所归命，如六朝之终于隋唐，五季之定于周、宋。无奈今世一切牵涉外交，则他日变幻百出，非吾辈眼光所能预见矣；中外历史之中，亦无成例也。

严复很为目前的局势担忧。他担心当前的政局不稳会引发一场战乱，因此衷心希望能有强有力的中央政府出现，来挽救危局。他认为要拯救眼下的社会，只能走"复辟"，实行君主立宪。但要"复辟"，重要的是要找一位具备相当"资格势力"的立宪总理。袁世凯"资力均足当之"，但他不识时务，要当皇帝，所以被赶下了台。袁世凯死了，遍观全国，却未能发现一个合适人选。纷纭的国际国内形势使严复感到茫然，"中外历史中，亦无成例"，他不知道什么时候中国才能安定，走向富强。

1917 年 7 月 1 日，张勋等在北京拥戴清废帝溥仪复辟。3 日，浙江、江西、湖南、湖北等省通电反对复辟，段祺瑞组织"讨逆军"。12 日，"讨逆军"进入北京，复辟丑剧落幕。对这一复辟丑剧，严复在写给熊纯如的信中有专门评论，他说：

复辟时机，固未成熟，而人事又著著卤莽如彼，不成自意中事。昨闻陈师傅言，李木斋曾为奉新画策，请于明年大选举竞争后，看事如何，乃行发动，果尔自是胜算。惜诸倡议者，急于攫权，不能用也。刘幼云是正派人，然甚愚而愎，七月一号后谕旨多出其手。或云陈仁先与定武幕中之万绳栻，相得益彰，遂误大事。嗟乎！此类人，生平读数卷书，遂有天下事数着可了之概，以此谋人国家，安得不覆亡相继乎？至于张、康二公，身败名隳，要是为人所误。仆于定武素行，极无所取。身为武人，深封殖而恣骄奢。金陵一役，纵兵掳掠，所为几等盗跖，虽性质肮脏，于暴民专横之倾，能为一二禁制之言，不足赎也。独至最后一举，则的是血性男儿忠臣孝子之事。复辟通电，其历指共和流弊，乃言人人之所欲言，因于同谋诸将，深信不疑。故带兵入都，数不逾万，事败途穷，誓以举家殉国。不幸荷兰国使，以妇人之仁，绐以条件，扶之出险，而张遂不得终其志，以成完人，甚可惜也。（此次复辟手绪可谓标本皆失。本失，刘幼云万公两辈为之；至于标，则张勋自失之也。使当时复辟发表之后，以阁政畀他人，而己则即日遄回徐镇，诸督军必俯首帖耳，不欲背盟。即不然，以直隶北洋大臣予曹锟，奉天总督予张作霖，河北总督予张怀芝，则羽翼成长，谁能动之，惜乎其计不出此也。）岂天恶其平生所为，遂不使得以令名殁欤。呜呼！可以鉴矣。至于南海，所可议者，以不早悟定武与刘、万辈之决不能用其言，而贸然与之共此重大之事，以侥幸于一试。至于权利富贵观念，如雷震春、张镇芳辈者，尚为所无。当两流争竞之会，举国皆持两端，翻手为云，覆手为雨，而张勋辫子，世谓野蛮，其以此为复辟标帜久矣。康有为归国以还，未尝一出，而我曹又何忍深责之乎？

这节文字，就张勋拥戴溥仪复辟，进行了专门评论，以为失败的原因，在于"时机，固未成熟，而人事又著著卤莽如彼"。文字中谈李经羲的建议不为采用；谈刘廷琛的"愚而愎"；谈陈仁先、万绳栻的"相得益彰，遂误大事"；谈张勋、康有为的"为人所误"，这一切都意在说明"复辟"失败的原因在人事不周鲁莽。严复自己赞成君主立宪，所以他始终不能认识到这一事件违背历史潮流，有悖民愿。在他看来，"此曹所争，不外权利，至于共和君主，不过所一时利用之口头禅。醉翁之意，固不在酒"。正因为不能忠心谋国，各为一己之私，所以前途渺茫，"正不知何日复见汉官威仪"。

张勋复辟后，7月8日，副总统冯国璋自立为代理总统，段祺瑞也在推翻张勋后僭任国务总理，孙中山则于17日到了广州。22日，海军总长程璧光发表护法宣言，率第一舰队南下护法。9月1日，非常国会第四次会议选举孙中山为中华民国军政府大元帅，10 日宣告军政府成立，掀起护法运动。10 月 3 日，孙中山通令宣布冯国璋、段祺瑞政府乱国盗权罪状，9 日讨论出师北伐。1918 年 3 月 10 日，段祺瑞、徐树铮等组织"安福俱乐部"；23 日，段祺瑞在辞去国务总理 4 个月后再次出山，决定对川、湘、粤各省用兵计划，宣称进行"武力统一"，南北战争开始。

对于南北之间的斗争，严复在书信中不乏议论。在 1917 年 8 月段祺瑞政府通告对德、奥两国宣战后，他写信给熊纯如，谈道：

> 时局诚如君论，所谓中枢权力日微，各省权力日大，一言尽之，除非豪杰特起，摧陷廓清，终无统一之望。统一不能，则所谓法令，格而不行；所设治理，人自为政。长此终古，其鱼烂而亡，殆可决也。尝谓中国此日外交，自与德宣战以来，可谓得未曾有，假使能者在上，而群伦辅之，则软弱为强，此真千载一时之嘉会也。顾不幸而各省分裂之形如此，此真阳九百六之会，虽有圣者，莫如何也。

严复很为当时"中枢权力日微，各省权力日大"这种局面担忧，认为长此以往，必"鱼烂而亡"，无可挽救。他认为对德、奥宣战，从中国的外交看，是"得未曾有"，机不可失，在这一有利的情势下，如果有"能者在上，而群伦辅之"，我国必将转弱为强。但处在目前分裂动荡中，严复知道，他的这一想法，没有实现的可能，所以只有慨叹不已。

对南北之争的结果及武人政治，他在 1917 年曾有分析，说：

> 南北决裂，各诉诸武力，此自势所必至之事，不足深怪。往者北美林肯当国，有南北花旗之战，南欲分立，北期统一，争战期年，美之财政实业，大受其敝，而救平之后，徐徐整之，遂有今日。然则多难兴邦，历史惯例，目前苦痛，固宜忍之。顾愚之所忧者，则吾国分裂之端，不以此一

役而遂泯耳。溯自项城怀抱野心，阻兵安忍，而吾国遂酿成武人世界。夫吾国武人，固与欧美大异，身列行伍，大抵皆下流社会之民，真老泉所谓以不义之徒，执杀人之器者。苟吾国欲挽积弱，变而尚武，自当先行从事于十年廿年之军官教育，而后置之戎行……真如来教所云：藩镇之祸，必见今日者也。况疆场之事，一彼一此，借款输械，动涉外交，于是密约阴谋，遂启卖国。

南北纷争的结果，势必要诉诸武力。严复认为，这在世界史上，有美国的南北战争为例，并不值得惊怪。令人担忧的是中国又不同于美国。中国当时是"武人世界"，而"武人"又是缺少文化教育修养的"下流"之民，这些"不义之徒"各为自己的私欲火并纷争，历史上上演过多次的藩镇割据，便不可避免地要在中国大地上重演，中土民众也不可避免地要再受割据之祸。

1914年7月爆发的第一次世界大战，也始终是严复关注的中心。他密切关注着战事的发展，并对这场战争所可能带给中国的影响，进行了认真思考，提出了自己的看法。

1917年2月28日严复写信给熊纯如，说："欧洲战事日烈，德自协约国拒其和议后，乃以潜水艇为最后图穷之匕首。事近忿兵，殆难以济，春夏间将必有最剧烈之战事，届时孰为长雄，当较易决。但兵事一解之后，国土世局，必将大异于前，而远东诸国，亦必大受影响。此时中国，如有能者把舵，乘机利用，虽不称霸，可以长存；假其时机坐失，则受人处分之后，能否成国，正未可知。不成国则奥区地产，将必为他人所利用，而长为牛马，望印度且不可得，况其余乎？"严复分析德国向协约国提出议和遭拒绝、叫嚣将使用无限制潜水艇一事，指出，这在德国，已经是黔驴技穷，图穷而匕首见，战事的结束，已为期不远。对中国来说，这时假如有"能人"出现，正确把舵，恰当利用这一机遇，即使不称霸于世界，也可以谋求长存不灭。否则，便会为人利用，长为牛马，欲求如印度作殖民国而不得。

他在 3 月 3 日给熊纯如的信中又谈到战局发展，说："若察欧洲战势，德人乃处强弩之末。潜艇虽烈，不足制英人死命。日前英海部卡尔逊宣言，所被攻者，不过百分或九十分之一。而德则实受英人封锁之害，几不可支。转眼春末夏初，西面或沙朗尼加必有剧烈战事。疆场之事，一彼一此，固不敢料德、奥之即败，然一盈一竭之理言，则最终胜负，皦然可睹。"他料定目前的德国虽穷极叫嚣，却已是强弩之末，预言"以一盈一竭之理言，则最终胜负，皦然可睹"。他认为在中国政府，除了宣言与德绝交，已"无第二策可行"。

他在 4 月 26 日信中，又谈到欧洲战局，说："欧战业将三年，风云日紧，法北比强，联军屡告得手，顾战事年内能否收束，尚难预言。假使一入秋间，则恐惨剧延长，又须一载。德之政法，原较各国为长，其所历行，乃尽吾国申、商之长，而去其短。日本窃其绪余，故能于卅年之中，超为一等之强国。方事初起，鄙人亦仅云：德欲得志，当以速胜速了为期。至马兰河之挫衄，而无成之局兆矣。及逾二年，则正蹈曹刿三竭之说，瓦全且难，遑论胜耶。东面之敌（谓俄），以兵工之短，交通之难，固为易与；顾其国土太大，德军虽有展拓，无补终效。总之，德之失败，正坐当国秉成者之虑事不周，假威廉第二有毕士马克之才，德之不至于此，殆可决也。年来英国屡经失败，其自救而即以救欧洲者，在幡然改用征兵制之一著，否则，至今尚未知鹿死谁手耳。"对战事能否在年内结束，严复认为尚难料定；但德国的失败，严复认为早在开始阶段的马兰河败衄，就已见端倪。德国的强大，在于用我国申不害、商鞅的思想优长而去其糟粕；日本三十年内能成强国，也在"窃其绪余"，严复的这一思想，也体现了他的兴国方略。

1917 年年底，在给熊纯如的信中，严复谈到俄国十月革命后的欧洲战事，说："欧战自俄国革命，国论纷淆，栗加遂至不守，彼得古刺能否瓦全，正未可料。德、奥得此扩张，士气自倍，而西面虽英、法、美赴以全力，仅能小胜，不克长驱，和局又相持不下，欧洲兵祸，正未知何日结束也。吾国加入协商于财政不无少补，但肉食者鄙，党徒自润为先，国计为后，则于根本之图，犹无济也。"严复认为俄国革命的爆发，给德、奥以喘息的机会，使欧战又再延长。就中国的情势论，他认为加入协约国，本来是不可多得的良机，但由于当政者短见，以一己之利为先，而置国计于后，遂使兴国无望。

1918 年 3 月 21 日开始，德军作垂死挣扎，倾其兵力，拼命反扑，战事进入白热化阶段。严复对德军的嚣张不无吃惊，也多少感到有些困惑，但他从激战的结局仍看出了其失败的必然。在 3 月 31 日他写给熊纯如的信中谈道："自阳三月二十二日以来，欧西决战，乃从来未曾有之激烈。德人倾国以从，英、法先见挫衄，至其结果何如，尚复不敢轻道，所可知者，此役解决之余，乃成新式世界。"又在 4 月 6 日信中谈道："三月二十一以来，德于西面大取攻势，欲收与去岁意大利东北同一之功。然今已两星期矣，牺牲过三十万人，所得者不过前失残破之地，英、法之军略退，而阵线绵亘依然无恙，南之巴黎，北之喀黎，中之亚美安德之目的，皆未能达，则此局尚非朝夕所能决也。但交战国枕戈㩵甲，上下皆历四年，农工商百业，因之停废，无论何国皆已力尽筋疲，久久兵连祸结，诚不知何以为继也。"敌对双方的相峙对立让严复不无困惑，但战争使参战国百业俱废，民生凋敝，这一点，严复看得很清楚。他希望早日结束这场战争，盼望和平早点实现。

# 二　心意迷惘

　　*欧战的爆发，摧毁了严复对西学的痴迷；国内的政局动荡与权利纷争，粉碎了他的强国梦，彷徨中他皈依了传统礼教，成了顽固守旧的"瘢瘝老人"。*

　　严复目睹了民国建立以来连年的政局动荡、派系斗争、军阀混战，他的强国梦似乎做醒了。前途暗淡，他希望能找一块净土，远避尘世扰攘，眼不见为净。在 1917 年岁尾写给熊纯如的信中，他谈到自己的心情，说："嗟呼！及吾之世，太平富强，固属不可复见矣。而一方稍为安静处所，使我得终余年，不知有否？元遗山句云：'何处青山隔尘土，一庵吾欲送华颠。'真鄙人今日心绪也。"

　　而第一次世界大战爆发给交战各国所带来的毁灭性破坏，人类文明所遭受的史无前例的灭顶之灾，也使严复自早岁就产生的对西方近代科学文明的顶礼膜拜彻底崩溃，他转而觉得中国的传统道德、圣哲教化有着更多的优越性。他甚至宣称中国的儒家教化将大行于世界，成为拯救世界的法宝。如他 1916 年 8 月 21 日写给熊纯如的信中说："欧战英、法、俄、意虽有进步，然德殊不易败，欲睹结局，尚不知当糜几许金钱？当残若干生命？文明科学，终效其于人类如此，故不佞今日回观吾国圣哲教化，未必不早见及此，乃所尚与彼族不同耳。"又 1918 年 7 月 11 日信中说："西国文明，自今番欧战，扫地遂尽。（英前外相葛黎谓：此战若不能产出永远相安之局，十年后必当复战，其烈且必十倍今日，而人种约略尽矣！）英国看护妇迦维勒 Miss Cavell 当正命之顷，明告左右，谓：'爱国道德为不足称，何则？以其发源于私，而不以天地之心为心故也。'此等醒世名言，必重于后。政如罗兰夫人临刑时对自由神谓：'几多罪恶假汝而行也。'往闻吾国腐儒议论，谓：'孔子之道必有大行人类之时。'心窃以为妄语，乃今听欧美通人议论，渐复同此。彼中研究中土文化之学者，亦日益加众，学会书楼不一而足，其宝贵中国美术者，蚁聚蜂屯，价值千百往时，即此可知天下潮流之所趋矣。"又在 1918 年 8 月 22 日信中说道："不佞垂老，亲见脂那七年之民国与欧罗巴四年亘古未有之血战，觉彼族三百年之进化，只做到'利己杀人，寡廉鲜耻'八个字。回观孔孟之道，真量同天地，泽被寰区。此不独吾言为然，即泰西有思想人亦渐觉其为如此矣。"在他看来，西方科学文明的结果，便是人类相互残杀；而我国的圣哲教化、孔子思想，这些他以前曾口诛笔伐的东西，现在却被他视作维系中国不灭、复兴中国的希望所在；并且同意他早年视为腐儒迂阔之论的见解，真诚地相信，儒学不仅是中国的至宝，也必将为未来世界各国共同信奉，也只有它才能拯救整个世界。

严复在 1917 年 4 月 26 日给熊纯如的信中，谈了这样一段话：

世变正当法轮大转之秋，凡古人百年数百年之经过，至今可以十年尽之，盖时间无异空间，古之程途，待数年而后达者，今人可以数日至也。故一切学说法理，今日视为玉律金科，转眼已为蓬庐刍狗，成不可重陈之物。譬如平等、自由、民权诸主义，百年已往，真如第二福音；乃至于今，其弊日见，不变计者，且有乱亡之祸。试观于年来，英、法诸国政府之所为，可以见矣。乃昧者不知，转师其已弃之法，以为至宝，若土耳其，若中国，若俄罗斯，号皆变法进步。然而土已败矣，且将亡矣；中国则已趋败轨；俄罗斯若果用共和，后祸亦将不免，败弱特早暮耳。吾辈生于此日，所得用心，以期得理者，不过古书。而古人陈义，又往往不堪再用如此。虽然，其中有历古不变者焉，有因时利用者焉，使读书者自具法

眼，披沙见金，则新陈递嬗之间，转足为原则公例之铁证，此《易》所谓
"见其会通，行其典礼"者也。鄙人行年将近古稀，窃尝究观哲理，以为
耐久无弊，尚是孔子之书。四子五经，故是最富矿藏，惟须改用新式机器
发掘淘炼而已；其次则莫如读史，当留心细察古今社会异同之点。古人好
读前四史，亦以其文字耳。若研究人心政俗之变，则赵宋一代历史，最宜
究心。中国所以成于今日现象者，为善为恶，姑不具论，而为宋人之所造
就什八九，可断言也。

严复认为，当今社会是急剧变革、发展迅速的时代，在古人百年数百
年才能经历的，今天十年便可越过；正如远行途程，古人几年能到达的，
今天几日即可。就社会学说、政治理论来说，他认为也是如此，像平等、
自由、民权这些学说，百年前不啻第二福音，今则已是邋庐刍狗，"且有
乱国之祸"，所以，他认为处在今天，仍要坚持这类学说，自然便是"师
其已弃之法，以为至宝"。"古人陈义"，"往往不堪再用"，但其中又
有"历古不变者"，有"因时利用者"存在。严复认为，孔子之书，即
"耐久无弊"；"四书""五经"，即"最富矿藏"，只要"改用新式机
器发掘淘炼"，便可以重放光芒，给人类带来福泽。

不仅如此，对中国古代封建社会的旧法，他也以为无可厚非，不可尽
废。他在1917年1月24日写给熊纯如的信中便说：

鄙人年将七十，暮年观道，十八、九殆与南海相同，以为吾国旧法
断断不可厚非，今有一证在此：有如英国自十四年军兴以来，内阁实用人
才，不拘党系，足微政党。——吾国历史所垂戒者，至于风雨漂（飘）摇
之际，诀不可行，一也；最后则设立战内阁五人，各部长不得列席，此即
是前世中书、枢密两府之制，与夫前清之军机处矣，二也。英人动机之
后，法、俄、意诸协商国，靡然从之。夫人方日蜕化，以吾制为最便，而

吾国则效颦学步，取其所唾弃之刍狗而陈之，此不亦大异也耶？总之，共和国体即在欧美诸邦，亦成于不得已，必因无地求君，乃行此制，而行之亦乱弱其常，治强其偶，墨西哥、南美诸邦，可以鉴矣。

他以为，欧战以来，英、法、俄、意等国实行的一些体制改革，是用的我国古制，所以如此，是"以吾制为最便"的缘故，从而他认为，中国当时的学习西方，实行共和，却是效颦学步，拾人家已弃的糟粕视为精金美玉，他以此反对共和，主张立宪，称这是中国"现在一线生机"。

由于思想的益趋保守，严复在这一时期，便自然由早年的时代弄潮儿，一变而为处处逆历史潮流而动，他完全站到了时代发展的对立面。

1917 年俄国爆发了"十月革命"。对这场革命所可能在中国产生的影响，严复是有预感的，但究竟会产生哪些影响，他却显得茫然。在 1918 年三月、四月间写给熊纯如的信中，他说："欧战自俄国革命之后，事势迁流，几于不可究极。诘其影响，已及吾国北陲。"又信中说："俄之社会主义，能否自成风气，正未可知。而吾国居此潮流之中，受东西迫桚，当成何局，虽有圣者，莫能睹其终也。"他意识到这场革命影响中国已成必然，但对这一影响的意义与结果，他显得十分困惑。

1918 年 11 月 11 日，第一次世界大战以德、奥等同盟国的失败宣告结束。1919 年 1 月 18 日，协约国在法国巴黎召开"和平会议"。21 日，北京军阀政府派陆徵祥等为全权代表，出席会议。28 日，与会中国代表提出取消"二十一条"及列强在华特权，要求归还山东，遭到"和会"否决。4月 29 日，"和会"决定将德国在山东的权益转给日本。

巴黎和会的无视中国主权及北京军阀政府的妥协软弱，激起了中国人民的愤怒。1919 年 5 月 4 日，北京爱国学生 3000 余人集会于天安门前，高呼"外争国权，内惩国贼""取消二十一条""拒绝和约签字"等口号，要求惩办交通总长曹汝霖、驻日公使章宗祥、币制局总裁陆宗舆。会后，又举行了示威游行，火烧赵家楼曹汝霖住宅，痛击了章宗祥。对学生的爱国行动，北京军阀政府进行了镇压，当天有学生 32 人被捕。

5 月 5 日，学生代表集会，议决：为要求释放被捕同学，统一罢课；致电巴黎和会中国代表，在青岛问题上，一定死力相争，不可签字。接着致电全国各省各界，呼吁"一致联合，外争国权，内除国贼"。

6 月 3 日，北京各校学生走上街头，向各界群众演说，再遭军警镇压。至 5 日，被捕人数已达 2000 余人。

北京学生的爱国行动得到各地响应。上海工人罢工，商人罢市，其他地方工人也相继罢工或示威游行，表示支持。

在工人阶级与爱国学生的强大压力下，6 月 7 日，北京政府宣布释放被捕学生；10 日，免去曹汝霖、章宗祥、陆宗舆的职务。28 日，中国代表拒绝在"和约"上签字。

这段时间，严复因哮喘发作，在上海徐家汇医院接受治疗。他的消息来源，或是道听途说，或是友朋书信，或是报章新闻。但他对这场学生爱国运动，却很不赞成。在 6 月 20 日写给熊纯如的信中，他说：

世事纷纭已极。和会散后，又益以青岛问题，集矢曹、章，纵火伤人，继以罢学，牵率罢市，政府俯殉群情，已将三金刚罢职，似可作一停顿矣。迄乃沪市有东人行毒之谣，三人市虎，往往聚殴致命，点心食物小本营生无过问者，而小民滋苦已。苏、浙、鲁、鄂相继响应之后，最晚继之以闽。他所学商界合，而闽则学商界分。昨报言：督军捕捉学生六千余人，而加以惨无人道之苛待，读之令人失笑；又云：被商会会员黄某毒打，几于毙命。商会人极寥寥，又皆畏事，以数千学生乃任一二人毒打，信乎？咄咄学生，救国良苦，顾中国之可救与否不可知，而他日决非此种学生所能济事者，则可决也。中央政界岌岌，日有破产之忧。安福系势力似成弩末，而苦于骑虎难下。闻此番京、津罢市，乃冯华甫居中煽动，用以推倒徐、段，昨见十八日《申报》中录高某与华甫一电，倾泻无余，欲知华甫，尽于此矣。者番上海罢市，非得欧美人默许，自无其事。而所以默许之者，亦因欧战以还，日本势力在远东过于膨胀，抵制日货，将以收回旧有商场，而暗中怂恿，以学生、康摆渡等为傀儡耳。

严复的立场态度是显而易见的。他既不认为学生能够救国，说北京军阀政府罢免曹、章、陆三人职务，是"俯殉群情"，更以工人罢市为受谣言蛊惑煽动，得欧美默许怂恿。他的这些认识，都明显是荒谬不足取的。

在 6 月 29 日写给熊纯如的信中，他还希望熊纯如能劝喻学生用心读书，不要干预政治，说："公长两校，学生须劝其心勿向外为主，从古学生干预国政，自东汉太学、南宋陈东，皆无良好效果，况今日耶？"他以东汉桓帝时太学生的反阉宦斗争与南宋陈东领导太学生要求抗金为例，说明学生干政，自古以来，既不足以成事，也往往不会有好的收局，在他眼中，今日的"五四"学生运动，同样不会有好的结果。

严复不仅反对学生运动，对"五四"新文化运动的领袖以及由他们倡导的新文化运动，也极力诋毁。

在 7 月 10 日给熊纯如的信中，严复谈到蔡元培，说："蔡孑民人格甚高，然于世事，往往如庄生所云：'知其过，而不知其所以过。'偏喜新理，而不识其时之未至，则人虽良士，亦与汪精卫、李石曾、王儒堂、章枚叔诸公同归于神经病一流而已，于世事不但无补，且有害也。"蔡元培自 1916 年底始任北京大学校长，以"思想自由""兼容并包"为办学方针。他的这种举措遭到严复的贬斥，是自然而然的。

提倡白话文，反对文言文，提倡新文学，反对旧文学，这是新文化运动的主要内容，以胡适、陈独秀等倡导最力。胡适在 1917 年 1 月《新青年》上刊发的《文学改良刍议》，及陈独秀在同年 2 月《新青年》上刊发的《文学革命论》，都是享誉一时的名篇。对他们的主张，严复是深恶痛绝的。在 1919 年大暑（7 月 24 日）他写给熊纯如的信中说：

> 北京大学陈、胡诸教员主张文白合一，在京久已闻之，彼之为此，意谓西国然也。不知西国为此，乃以语言合之文字，而彼则反是，以文字合之语言。今夫文字语言之所以为优美者，以其名辞富有，著之手口，有以导达要妙精深之理想，状写奇异美丽之物态耳。如刘勰云："情在词外曰隐，状溢目前曰秀。"梅圣俞云："含不尽之意，见于言外；状难写之景，如在目前。"又沈隐候云："相如工为形似之言，二班长于情理之说。"今试问欲为此者，将于文言求之乎？抑于白话求之乎？诗之善述情者，无若杜子美之《北征》；能状物者，无若韩吏部之《南山》。设用白话，则高者不过《水浒》《红楼》；下者将同戏曲中簧皮之脚本。就令以此教育，易于普及，而斡弃周鼎，宝此康瓠，正无如退化何耳。须知此事，全属天演，革命时代，学说万千，然而施之人间，优者自存，劣者自败，虽千陈独秀，万胡适、钱玄同，岂能劫持其柄，则亦如春鸟秋虫，听其自鸣自止可耳。林琴南辈与之较论，亦可笑也。

他顽固地坚持文言优于白话，执迷地认为以白话取代文言是一种退化，认为废文言用白话是弃宝鼎而贵瓦器。他自负地预言陈独秀、胡适、钱玄同等提出的白话主张将在天演竞存中被自然淘汰，所以对林琴南诸人跳将出来攻击白话运动也不赞成，认为听其自生自灭可也，与之较论，则不免"有失身份"，显得可笑。

历史的车轮，当然不会以严复的个人主观愿望为转移，这时期的严复，倒真有点挡风车的堂吉诃德模样，他的自负、愤激，都让人感到某种滑稽，某种可怜。

# 三　劫后余生

　　思想家终止了思想。在饱经病痛的折磨后，带着强国梦未圆的遗憾，带着对时事政局的忧虑，带着对儿女的牵挂，严复离开了人间。

　　袁世凯帝制丑剧收场后，严复列名筹安会的事虽然并未被追究，但这场惊吓，对年已64岁的老人来说，打击委实不能算小。一段时间内，严复的心绪极其恶劣。他从书籍中搬出了《庄子》，每日以读《庄》批《庄》打发生活。

　　据严复1912年岁尾给熊纯如的信中所谈，他研读批点《庄子》，早已开始。信中说："予生平喜读《庄子》，于其道理唯唯否否，每一开卷，有所见，则随下丹黄。马通伯借之去，不肯还，乃以新帙见与，己意亦颇鞅鞅，今即欲更拟，进退不可知，又须费一番思索，老来精力日短，恐不能更钻故纸矣。"可知当时，严复已经有《庄子》批本完成。批本为时任京师大学堂总教习的马通伯借去不还，严复以此深表不满。他曾想到重批，因"老来精力日短"，不得不暂作罢论。时隔三年半后，严复又重新开始对《庄子》进行批点，原因不难明白，他是要从《庄子》中求得解脱，消遣苦闷。他这时对《庄子》的认识，与此前的批本比较，自会增添许多新的感悟。

　　1916年9月22日，严重致函熊纯如，谈到自己对《庄子》的看法，说：

平生于《庄子》累读不厌，因其说理，语语打破后壁，往往至今不能出其范围。其言曰："名，公器也，不可以多取也；仁义，先王之蘧庐也，止可以一宿，而不可以久处。"庄生在古，则言仁义，使生今日，则当言平等、自由、博爱、民权诸学说矣。庄生言："儒者以诗书发冢。"而罗兰夫人亦云："自由，自由，几多罪恶假汝而行。"甚至爱国二字，其于今世最为神圣矣，然英儒约翰孙有言："爱国二字有时为穷凶极恶之铁炮台。"可知谈理论人，一入死法，便无是处。是故孔子绝四，而释迦亦云："如筏喻者，法尚应舍，何况非法。"

在这段谈"庄"的文字中，颇能看出，严复这时对《庄子》的齐万物、泯是非这一见解，很有会心，他欣赏庄周的看破世相，更赞成他的滑头主义。严复为什么会格外钟情这些内容，答案要到他这段时期的遭遇中去求知。

严复评《庄子》书影

在百无聊赖中，严复还想到了先前未完成的译著。《法意》的后半部没译，是因他当时觉得与中国社会没有太大关系；而《穆勒名学》未能译完，他却归咎于自己怠惰所致。他同友人熊纯如说，安排在明年，打算完成这未了的心事。

这年的 12 月下旬，北京连日大雪，气候苦寒，严复的哮喘又加重了，气喘、剧烈的咳嗽，他整日待在家里，门都不敢出。

1917 年是一个多事之秋。元月，安徽督军张勋及各省督军代表在倪嗣冲邀集下，召开第三次徐州会议。3 月，俄国二次革命爆发。5 月，府院之争激化，黎元洪免去段祺瑞职务，浙江等省宣告独立。6 月，张勋辫子军进京。7 月，张勋拥溥仪复辟。8 月，冯国璋就任总统，对德、奥宣战。9月，非常国会召开第四次会议，选举孙中山为大元帅。10 月，孙中山宣布北伐讨逆护法。11 月，俄国发生十月革命。严复忧国事纷纭，其健康每况愈下。哮喘自去年冬季发作，直到进入新一年的夏季，方才稍微减轻。这年 5 月下旬，严复向熊纯如谈起，他曾打算举家南迁，回福建老家，因家大人众，搬迁不易，暂未成行。年底，由于天气转寒，他的哮喘病再度发作，12 月 10 日，到东交民巷法国医院住院治疗。

严复有五男四女：子璩、瓛、琥、璿、玷，女香严、华严、海林、眉男。在九个儿女中，次子瓛早夭，长子璩已婚。其他三男四女的成长、婚嫁，是严复最关心的问题。

这年，熊纯如同严复说起他有位侄儿熊洛生，在清华大学读书，与香严年岁相仿，若严复有意，自己愿执柯作伐，做月下红娘。南昌熊家为名门望族，洛生又才情出众，风度翩翩，严复对这门亲事自然满意，便请熊纯如先征求侄儿的意见。

1918 年 3 月，熊纯如致信严复，说洛生已经同意，随信还寄来了他的家世履历、求亲帖子。严复对洛生提出的待学成后再行完婚的要求没有意见，遂将这事告诉了香严。香严也自乐意。为表示郑重，严复专门交代儿子严璩，由孙慕韩出面邀请洛生，在饭店曾作小聚。5 月 4 日，严复复信熊纯如，寄上女儿香严的照片与生辰八字，请他转呈洛生的父母，答应可以择日过帖，正式定亲。

洛生是新派人物，他终以未见香严便订婚约感到不甚放心，到了 6 月上旬，他给严家写了封信，信上说希望能先与香严接触，待彼此慕悦，有了感情，再正式订婚。这让严复大为恼火。

严复虽然早年留学英国，受西学熏染极深，但近年来对由西洋传入中国的自主婚姻却十分反感。他在书信中曾专论道："又睹东西之俗，通脱逾闲，由是怨旷既多，而夫妇之道亦苦，不知中国数千年，敬重女贞，男子娶妻，于旧法有至重之名义，乃所以承祭祀、事二亲，而延嗣续。而用今人之义，则舍爱情肉欲而外，羌无目的之存，今试问二者之中，何法为近于禽兽，则将悚然而知古礼之不可轻议矣。"他认为自由婚姻只讲爱情肉欲，与禽兽无别；而我国古来的父母做主，所用来"承祭祀、事二亲，而延嗣续"的婚姻，却合乎伦理，至为允当。既然观念不同，洛生的信遭到严复的拒绝，便是自然的事。在回信断然拒绝了洛生的请求后，严复还给媒人熊纯如写了封信，明确自己的态度："若令侄必以其文明新法见拘，则前议悉作罢论可耳。"

洛生因严家态度坚决，又加上父母及熊纯如的批评，便也不再坚持自己的意见。8 月 14 日，两家互换了庚帖，算是正式定亲了。

也就在这年的 7 月 16 日，三子严琥也与台湾林家订了婚约，议定年底成亲。严复打算趁陪儿子回去成亲之便，到家乡看看，他希望能从此在家乡养老。

11 月 21 日晚 9 点，严复与三子严琥、侄儿伯勋一道，从天津乘坐火车，踏上了回乡的征程。23 日拂晓，到达南京浦口车站。过江时，按例要接受警察的检查，严复因押箱中放有手枪一把，当下被警察扣留。亏得伯勋人机智，善言谈，好话讲了一箩筐，又在南京城中一所学校找了一位叫林向欣的人做保，他们才又被放行。

这番口舌，却错过了早晨八点到上海的车，严复他们只得在下关的中西旅馆吃了中饭，等着乘坐下午两点发往上海的另一趟班车。晚上九点，总算到了上海。

次日早晨由上海发往福建的船新济号已是赶不及买票，下一班船却要在一星期后，严复他们又不得不在上海耽搁了七八日。几天路途颠簸，这时严复的身体已极度虚弱，南京过江后由于在江边行走受了风寒，此刻几乎连迈步的力气都没了。在上海逗留几日，将养一下身体，也是好事。

在上海的几日，严复给在京的亲人写了信，然后就是朋友来访，来往应酬。他见到了张元济、吕季刚、熊纯如、沈鲁青、罗仪程等人。

12月3日，严复得到消息，说新济号改行北线，暂不发闽，他不免有点着急。次日，打听到有新铭号赴闽，这样，他们便坐了新铭号，启程前往福建。12月9日晚，到了老家阳岐。

12月16日，螺州陈几士来信，通报严琥的大喜日子选在1919年元月1日，并要严家在这月的20日送日单过去。信上还说到，林家因住房窄狭，成礼后新人要回严家，希望严家在城内找一所住处。严复对日子的选择没有意见，关于房子，他认为不一定要在城里，老家阳岐有现成房子，稍作整理，便可使用。

按照林家的要求，12月20日，严家送了日单、彩礼。元月1日，严琥与林氏在阳岐玉屏山庄举行了婚礼。这天虽然下着雨，前来的客人却不少，大约坐了30席。

进入1919年元月，严复的哮喘又发作了，咳得厉害，整日精神萎顿。儿子与新娶的媳妇见严复哮喘加重，提出搬到城里。严复想着他们搬回城中，媳妇离娘家近些，免得挂念，也便欣然同意。元月9日，他便同儿子严琥、媳妇林氏搬进了城里。城中的房子在郎官巷，与亲家的住所阳桥巷相隔不过两三丈，两家都感到满意。

元月22日，严复的哮喘突然间加重，病势凶险，有十多日竟然神志迷乱。好在到了城里，延医问药便利，到了2月5日，病情得到控制，有了好转。

在严复病危的这段时间，累坏了新娶的媳妇林氏。连着许多日，为了更好地照料侍候公爹，她衣不解带，寸步不离。

严复的身体渐渐康复了，他又开始练习书法。亲友们都惊讶地发现他的字比病前更显功夫，严复淡淡地一笑说："更好吗？只怕我这一双手和尘土更加接近了。"

春末，严复从福州到了上海。6月6日，进入上海红十字医院接受治疗。在这里三个月，虽不无效果，但老病除根已然无望，这一点严复自己也很清楚。

10月12日，严复坐上了新铭号轮船，向北京进发。16日到了北京家中。11月6日，他被现任北京政府总统徐世昌聘为顾问。

天气渐渐转寒，严复的哮喘又发作了。痰喘日甚，气管作痒，呼吸都感到困难。病痛的折磨，使他深感体力不支，生活得极为痛苦。12月初，他又进了北京协和医院。住了20余天，方才出院。抽了20余年的鸦片，这时也不得不戒了。戒烟后，严复觉得浑身酸楚，神思昏昏，难以忍受，晚上必须服药，才能入眠。

这年8月26日，在阳岐老家，族人团叔以背疮猝死。噩耗传来，严复十分哀恸。团叔为人勤劳干练，身体健壮，胃口也出奇得好。严复在家乡筹划修整尚书庙，全靠他张罗督办。他的死去，给严复带来了不小的打击。严复在给儿子严琥的信中谈到这事，说自己如闻"半天霹雳""悼惜万分"，他无法控制自己的伤感。

进入1920年，严复的身体愈发糟糕。他自感与去年比，已如天壤之隔。转眼到了秋天，天气逐渐转凉，严复盘算着在重阳节前后动身，到老家过冬。

他离开北京的时间是10月19日。21日到上海，在此小作逗留，27日乘新民号轮船，驶往福州。30日，严复在郎官巷见到了长孙。

　　疾病缠身，让严复十分苦恼。他从王云生的女儿好姊处闻听有一位叫卢黔生的人，曾就读于天津水师学堂，生平喜修炼导引，极有灵验。在好姊的怂恿下，1921 年元月，严复也练起了这种功法。据他给三儿严琥的信中介绍："其内功则纳气丹田；其外功大抵如八段锦，而加以每日按摩"。对严复来说，无非是"姑妄为之"，抱着试一试的心理，至于功效能否像好姊说得那么神秘，他并不敢相信。

　　病急乱投医。1920 年 12 月 24 日，严复还曾在三儿子严琥的陪伴下，从福州回到阳岐，在尚书庙扶乩求药。作有《阳岐尚书庙扶乩，有罗真人者降，示余以丹药疗疾，赋呈四绝》。诗中披露了他求得丹药后的喜悦以及对纷乱时事的忧患，云：

其一

老来悲闵意如何，坊里维摩示疾多。

多谢灵丹远相畁，与留衰鬓照恒河。

其二

多生绮业删难尽，每对神明起内惭。

敢望刀圭分九转，他年插翼作苏耽。

其三

权利纷争事总非，乱来十见日周围。

天公应惜炎黄尽，何日人间有六飞？

其四

天水亡来六百年，精灵犹得接前贤。

而今庙貌重新了，帐里英风总肃然。

　　除夕夜，他听着门外儿童的嬉闹，格外思念天各一方、分散异地的亲人，写下了《除夕》诗，寄托自己的情思，抒发自己的落寞：

> 除旧仍为夕，还乡未是家。
>
> 枕高人病肺，鳞远壑收蛇。
>
> 儿女天涯梦，寒梅水国花。
>
> 邻儿争井水，明旦更喧哗。
>
> （自注：所居西偏有井，是夕汲者甚众。）

《病中述怀》诗，则记下了回乡后的生活与衰病老人的心态：

> 投老还乡卧小楼，身随残梦两悠悠。
>
> 病瘥稍喜安眠食，语少从教减献酬。
>
> 壮志销沉看剑鼻，老怀回复忆壶头。
>
> 遗踪处处成怅触，依旧城南水乱流。

在他写给熊纯如的信中也谈道："还乡后，坐卧一小楼舍，看云听雨之外，有兴时稍稍临池遣日。从前所喜哲学、历史诸书，今皆不能看，亦不喜谈时事。槁木死灰，惟不死而已，长此视息人间，亦何用乎！以此却是心志恬然，委心任化，故人不必为我悬悬也。"拿这段话与诗合看，严复这时的心态，便昭然可见了。

到了夏季，福州同样热得难耐。为了避暑，7月13日，严复在儿子、儿媳以及二女儿华严的伴同下，来到了风景秀美的鼓山。这里和城中比较，自是凉快一些，但白天一样感到闷热，晚间山林中又多蚊虫，饮食起居也不如家中方便，所以严复感到很不适应。

山中风景不错，但看风景要在晚凉时坐兜轿才可以出行，严复身体极弱，怕的是折腾，便也待在寓中，难得出去。

有一次，他在儿子、儿媳、女儿的陪伴下，去逛涌泉寺。儿媳林氏很虔诚地到三宝殿中拈香祷告。严复看见，问儿媳："你是为我祈祷，希望我长命百岁吗？我的病苦来时，谁能代我承受呢？"他说得凄凉，儿女媳妇听了，也不觉黯然神伤，禁不住鼻子发酸。

读《金刚经》，是严复山居期间最适意的事。他读经，是为了替亡故的结发妻子王氏修功德乞冥福，但读经的结果，却也让他陶醉在佛理的玄妙精奥中。

关于这次鼓山之行，严复作有《避暑鼓山》诗云：

> 老病难禁住火城，今朝失喜作山行。
>
> 千层石磴经阶级，十里松风管送迎。
>
> 潮落沧江沙出没，云开岩岫月分明。
>
> 可怜济胜今无具，笠纠鞿轻廿载情。

这年秋天，严复的哮喘来得似乎比往常都早，势头也更加凶猛，他意识到这不是好的兆头。10月3日，严复趁这天精神稍好，写下了给儿女的遗嘱，共六条：

> 须知中国不灭，旧法可损益，必不可叛。
>
> 须知人要乐生，以身体健康为第一要义。
>
> 须勤于所业，知光明时日机会之不复更来。
>
> 须勤思，而加条理。
>
> 须学问，增知能，知做人分量，不易圆满。
>
> 事遇群己对待之时，须念己轻群重，更切勿造孽。

24天后，即公元1921年10月27日（农历九月二十七日），在福州城内郎官巷，一代巨星陨落了，近代著名思想家，"介绍西洋近世思想的第一人"严复，带着对时势的忧患，对小儿女的牵挂，与世长辞了。

严复雕像

他的生前好友陈宝琛为他撰写了墓志铭，铭曰：

旗山龙渡岐江东，玉屏耸张灵所钟。绎新籀古折以中，方言扬云论谭充。千辟弗试干越锋，昔梦登天悲回风。飞火怒扇销金铜，鲸呿鼍跋陆变江。觊犹阅世君非矇，咽理归此万年宫，文章光气长垂虹。

这也是他的平生知己给他的盖棺论定。

# 严复简谱

### 1854 年（清咸丰四年甲寅）

1 月 8 日（咸丰三年腊月初十）出生于福建省福州市南台。谱名传初，乳名体乾；考入马江学堂后改名宗光，字又陵；登仕后改名复，字几道。别号尊疑尺盦、观生我室主人、观自然斋主人、辅自然斋主人，晚号瘉壄老人。祖居福州阳岐。

始祖严怀英，河南固始县人氏，唐末随军入福建，以阳岐山明水秀，遂卜居于此。十二世祖严烜，永乐十三年（1415）进士，官拜御史；十八世祖严涵碧，嘉靖进士；二十四世祖严焕然，即严复的曾祖，嘉庆十五年（1810）举人；焕然长子秉符，即严复的祖父，开始行医；父振先也业医，有"半仙"之誉。

### 1859 年（咸丰九年己末）

正式进私塾读书。父亲严振先望子成龙心切，数次为儿子转学。严复还曾回老家阳岐从叔祖严厚甫学习一段时间。

### 1864 年（同治三年甲子）

严振先请地方宿儒黄宗彝来家坐馆。宗彝先生汉、宋学并重，在传授经书外，又常为严复讲明代东林党的故事，严复学业大进。

### 1865 年（同治四年乙丑）

黄宗彝病逝，其子黄孟修顶替乃父，到严家教严复读书。严复深感黄家父子师恩，晚年仍不忘旧情，对孟修老人极为关心。

### 1866 年（同治五年丙寅）

春天，严复与当地王家女儿成婚。福州流行瘟疫，严振先在救治霍乱患者时被传染，不久弃世。

6 月，左宗棠上疏朝廷，提出创建福州船政局。10 月，荐丁忧在籍前江西巡抚沈葆桢为船政大臣。

岁末，船政学堂招生，严复以一篇情文并茂的《大孝终身慕父母论》以第一名录取。

### 1867 年（同治六年丁卯）

元月 5 日学堂开学。严复所在后学堂又称英文学堂，学习驾驶，课程有算术、几何、代数、解析几何、割锥、平三角、弧三角、代积微、动静重学、水重学、电磁学、光学、音学、热学、化学、地质学、天文学、航海术，学制五年。

### 1871 年（同治十年辛未）

严复在理论课结业大考中考最优等。不久，与刘步蟾等同学 18 人上"建威"号实习。船行海上，南至新加坡、槟榔屿，北到直隶湾、辽东湾等地。

### 1872 年（同治十一年壬申）

福州船政局自制扬武号成，严复被改派上"扬武"号。该船巡历黄海及日本各口岸，在长崎、横滨，有数万人聚观。

### 1874 年（同治十三年甲戌）

日本以琉球船员在台湾被杀为借口，出兵侵犯台湾。6 月，清廷派沈葆桢前往办理台湾事宜，严复随行。在台月余，严复受命调查事起原委及勘察背旂、莱苏澳海口诸任务。

长子出生，取名璩，字伯玉。

### 1877 年（光绪三年丁丑）

3 月 31 日，以李凤苞、日意格为监督，严复等留学生 28 人乘"济安"号轮船启程；4 月 5 日，由香港换西欧某公司远洋船，扬帆西驶，开往欧洲。

5 月 13 日，严复等 12 名驾驶生到达英国港口朴次茅斯，拜见驻英公使郭嵩焘。严复暂留朴次茅斯海军学院学习。

数月后，经过考试，严复与同学方伯谦、何心川、林永升、叶祖珪、萨镇冰 6 人被格林威治海军学院录取，9 月 30 日进校，学习驾驶理论。

在英期间，严复不仅专业上有了很大发展，还对西方学术文化发生了浓厚兴趣。他曾到当地法庭旁听，法庭的依法审断让他由衷服膺。

驻英公使郭嵩焘颇为赏识严复的敏锐与雄辩，二人结下了忘年交。

### 1878 年（光绪四年戊寅）

在中方监督李凤苞的率领下，严复与同学方伯谦、萨镇冰等到法国考察一个月。在法国，他们参观了大会厂、阿伯勒尔发多天文馆、巴黎下水道、凡尔赛议政院、圣西尔军校，观看了马术表演、炮台。

### 1879 年（光绪五年己卯）

马江学堂师资紧缺，船政大臣吴赞诚调严复回国充任教习。

旧历六月，严复踏上了回国的征途。

是年冬，船政局首任船政大臣、严复的恩师沈葆桢去世。

### 1880 年（光绪六年庚辰）

北洋水师学堂筹办，李鸿章调严复出任总教习一职。元月，严复受命在福建为北洋水师招生。

8 月 12 日，严复到达天津，正式走马上任。他参与了学堂的组织筹建及教学、招生的有关安排。

### 1885 年（光绪十一年乙酉）

在以举业为正途、守旧顽固势力仍据要津的社会，留洋归来的严复不免遭到挤兑。无奈中，他决定走举业之路。本年，纳粟为监生，发愤治八股，回家乡参加了乙酉科举人考试，结果落榜。

其后，他又参加了戊子科顺天乡试、己丑恩科顺天乡试、癸巳科福建乡试，均告败北。

### 1889 年（光绪十五年己丑）

由于和李鸿章关系的改善，本年，严复报捐同知，海军保案免选同知
以知府选用，旋又被提升为水师学堂会办。

旧历十月，母陈氏去世。

### 1890 年（光绪十六年庚寅）

李鸿章再任命严复为总办。又海军保案免选知府，以道员选用。

10 月 18 日，妻王氏病故。年底，娶妾江氏。

### 1893 年（光绪十九年癸巳）

郭嵩焘去世。严复撰挽联一副、挽诗五首以纪念。诗佚。挽联曰：
"平生蒙国士之知，而今鹤翅鹓鶵，激赏深渐羊叔子；入世负独醒之累，
到处蛾眉谣诼，离忧岂仅屈三闾。"

次子严瓛生。

### 1895 年（光绪二十一年乙未）

中日甲午战争爆发后，严复对时局的发展极为关注，投降派的畏葸不
前贻误战机令他深感不满。

本年 4 月 17 日《马关条约》签订，全国掀起维新变法运动。

严复先后发表《论世变之亟》《原强》《辟韩》《原强续篇》《救亡
决论》，抨击封建专制，呐喊图存救亡。

长子严璩赴英留学。

### 1896 年（光绪二十二年丙申）

夏季译成《天演论》。

出资赞助《时务报》。

### 1897 年（光绪二十三年丁酉）

《辟韩》在 4 月 12 日的《时务报》转载，张之洞授意屠仁守托名屠梅
君撰《辨〈辟韩〉书》，作漫骂攻伐。

是年开始翻译《原富》《群学肄言》。

严复对维新新政事业十分热心，张元济创办通艺学堂，他曾给予大力支持，不仅为学堂命名，还积极为学堂引荐师资。

创办《国闻报》及《国闻旬刊》，是严复重要的维新实践活动。最初，严复与夏曾佑主要负责编辑《旬刊》，数月后《旬刊》停办，他们便全力投入到报纸的工作。

本年发表了《天津国闻报馆启》《国闻报缘起》《本报附印说部缘起》《论中国阻力与离心力》《论沪上创兴女学堂事》《论胶州知州某君》《论胶州章镇高元让地事》《中俄交谊论》等文章。

三子严琥出生。

**1898 年（光绪二十四年戊戌）**

年初严复被举荐经济特科。

四月、五月两次到通艺学堂"考订功课，讲明学术"；八月初三又以《西学门径功用》为题第三次到通艺演讲。

7 月 29 日，光绪帝在乾清宫召见严复，严复陈述了自己关于维新变革的意见。

八月初六发生戊戌政变，光绪帝被囚禁，"六君子"遇难，严复痛作《哭林晚翠》《戊戌八月感时》诗篇。

本年刊发《拟上皇帝书》《论支那之不可分》《论中国教化之退》《有如三保》《保教余义》《论中国分党》等论文。

《天演论》先后出版了湖北沔阳卢氏慎始基斋木刻本及天津嗜奇精舍石印本。

**1899 年（光绪二十五年己亥）**

娶继室朱明丽。

开始译《群己权界论》。

### 1900 年（光绪二十六年庚子）

京津地区义和团运动进入高潮。

八国联军入侵，水师学堂停办，严复挈家眷避难上海。

在上海张罗召开"名学会"，作逻辑学报告。

唐才常组建"国会"，严复当选为副会长。

长子严璩留学回国，次子严瓛夭折。

开始翻译约翰·穆勒《名学》。

### 1901 年（光绪二十七年辛丑）

应张翼之邀赴开平矿务局出任中方总办。

熊元锷编《侯官严氏丛刻》由南昌读有用书斋出版木刻本。

撰《〈日本宪法义解〉序》《译斯氏〈计学〉例言》《斯密亚丹传》。

### 1902 年（光绪二十八年壬寅）

出任京师大学堂译书局总纂。

开始译孟德斯鸠《法意》。

《原富》由上海南洋公学译书院印出。

发表《路矿议》《主客平议》《与〈外交报〉主人书》。

### 1903 年（光绪二十九年癸卯）

《群己权界论》译稿失而复得，加以修订后交上海商务印书馆出版。

《群学肄言》由上海文明编译书局出版。

徐锡麟编辑的《严侯官文集》一册由绍兴特别译书局出版。

署名中国愿学子辑《严侯官全集》14 册出版石印本。

发表手订《京师大学堂译书局章程》。

平生第一知己、师友吴汝纶去世。

### 1904 年（光绪三十年甲辰）

是年春天，辞去译书局总纂一职，决定前往上海。临行，同乡友人林琴南等在京城陶然亭为他饯行，作《甲辰出都呈同里诸公》长诗。

《社会通诠》与《英文汉诂》由商务印书馆出版。《法意》也开始由商务陆续印行。

四子严璿生。

**1905 年（光绪三十一年乙巳）**

岁杪，应张翼之邀，随同前往英国伦敦，办理交涉。

孙中山由美洲到达伦敦，拜会严复。

与张翼意见不合，提前回国。顺便游览法国、瑞士、罗马、意大利，乘德国邮船返程。

在沪，应上海青年会邀请，作《政治讲义》演讲。

《名学》（上半部）由金陵金粟斋木刻出版。

《侯官严氏评点老子》由熊季廉在日本东京出版。

**1906 年（光绪三十二年丙午）**

应安徽巡抚恩铭聘请，9 月 15 日抵达安庆，出任安徽高等学堂校长。

复旦公学因校长马相伯赴日，请严复兼任。

发表《论教育与国家之关系》《一千九百五年寰瀛大事总述》《论铜元充斥病国病民不可不急筹挽救之术》《论南昌教案》《续论教案及耶稣军天王教之历史》《论小学教科书亟宜审定》《实业教育》《述黑格尔唯心论》《论英国宪政两权未尝分立》《续论英国宪政两权未尝分立》诸文。

12 月 17 日，在安徽高等学堂作《宪法大义》演讲。

得意门生熊季廉病故。

**1907 年（光绪三十三年丁未）**

辞去安徽高等学堂校长职务，6 月 6 日离开安庆。

在南京主持出洋留学生考试工作。

辞去复旦公学校长职务。

### 1908 年（光绪三十四年戊申）

应直隶总督兼北洋大臣杨士骧邀请，8 月 26 日赴天津，担任新政顾问官。

为北洋女子公学女学生吕碧城讲逻辑学。

为杨士骧作《代北洋大臣杨拟筹办海军奏稿》。

### 1909 年（宣统元年己酉）

5 月被任命为宪政编查馆二等谘议官。

6 月被任命为学部审定名词馆总纂。

作《泰晤士〈万国通史〉序》《祭魏室先生文》《熊生季廉传》。

《名学浅说》由商务印书馆出版。

### 1910 年（宣统二年庚戌）

1 月 17 日，被清廷赐文科进士，同时受赐者有辜鸿铭、詹天佑、伍光建等 19 人。

5 月资政院成立，被征为资政院议员。

12 月海军部成立，被授为海军协都统。

身体状况不佳，泄泻、咳嗽、筋跳三种病并发，令严复十分痛苦。

五子严玷生。

### 1911 年（宣统三年辛亥）

被特授为海军部一等参谋官。

辛亥革命爆发。严复随唐绍仪一行赴汉口，参加南下议和。

### 1912 年（民国元年壬子）

2 月，被袁世凯任命为京师大学堂总监督。5 月，京师大学堂易名，被任命为北京大学校长。下半年，再被任命为大总统府顾问。岁尾辞去校长一职。

发表《原贫》，撰《大学预科〈同学录〉序》。

### 1913 年（民国二年癸丑）

袁世凯下令全国尊孔读经，各地孔教会纷纷成立。北京由严复、马其昶、夏曾佑、林纾、梁启超等 200 余人发起，成立北京孔教会，以严复为首领。8 月，严复等人在陈焕章鼓动下，联名上书国会，要求把孔教作为国教列入宪章。

分别在国子监与中央教育会作《"民可使由之不可使知之"讲义》《读经当积极提倡》的演讲。

发表《思古谈》《论中国救贫宜重何等之业》《说党》《天演进化论》《救贫》《论国会议员须有士君子之风》诸文。

是年后，身体每况愈下，疾病缠身。

### 1914 年（民国三年甲寅）

被任命为约法会议议员、参政院参政。

译卫西琴《中国教育议》，由文明书局出版。

发表《〈民约〉平议》，撰《导扬中华民国立国精神议》。

### 1915 年（民国四年乙卯）

袁世凯预谋复辟帝制，杨度组织筹安会，在报纸登载的成立启事上，严复作为理事，大名赫然在上。

哮喘日趋严重，时常发作。

### 1916 年（民国五年丙辰）

在全国各地纷然兴起的讨袁斗争中，袁世凯一命呜呼。严复作《哭项城归榇》诗三首。

黎元洪继任大总统，在惩办帝制活动肇祸人名单中，严复未曾列名。

11 月，英国驻华公使朱迩典回国，严复为其送行，忧心时局，不觉老泪纵横。

以批点《庄子》打发生活。哮喘加剧。

### 1917 年（民国六年丁巳）

哮喘频繁发作，12 月 10 日进东交民巷法国医院住院治疗。

### 1918 年（民国七年戊午）

三子严琥与台湾林氏订婚，11 月 21 日，严复与严琥从天津乘坐火车回福建老家。12 月 9 日到达阳岐。

撰《〈海军大事记〉弁言》。

### 1919 年（民国八年己未）

元月 1 日，三儿严琥在家乡阳岐与林氏成亲。

元月 22 日，哮喘再度发作，十分凶险，赖延医便利，得到及时治疗。

春末到上海，进红十字医院疗疾。

"五四"学生运动发生，严复在给熊纯如的信中对此很不赞成，甚表反对。又其 7 月 10 日信中谈到蔡元培的"偏喜新理"，也深致不满。又 7 月 24 日信中对陈独秀、胡适、钱玄同等提倡白话文，也大加抨击。

入秋返京。11 月 6 日被北京军阀政府任命为总统顾问。12 月初，因哮喘住入北京协和医院。

### 1920 年（民国九年庚申）

10 月 19 日离开北京，回家乡福州。30 日到福州，在郎官巷见到长孙。

12 月 24 日，在三儿严琥陪伴下回到阳岐，在尚书庙扶乩请丹，作《阳岐尚书庙扶乩，有罗真人者降，示余以丹药疗疾，赋呈四绝》。

### 1921 年（民国十年辛酉）

哮喘等痼疾令严复大为苦恼，他抱着一试的心理，练起了"修炼导引"。

7 月 13 日，由三儿夫妇及二女儿陪伴，到鼓山避暑。在山上以念《金刚经》消遣。作《避暑鼓山》纪行。

进入秋季，哮喘更重，自感难有起色，于 10 月 3 日为儿女留下遗嘱。

10 月 27 日，病逝于福州郎官巷。

12 月 20 日，移枢阳崎鳌头山，与王氏夫人合葬。

生前好友、内阁学士陈宝琛为其撰写《清故资政大夫海军协都统严君墓志铭》。

**谱后**

贡少芹、蒋贞金编《严几道诗文钞》于 1922 年由上海国华书局出版。

《庄子点评》于 1923 年由商务印书馆出版。

严璩编《瘉壄堂诗集》1926 年出版。

南洋学会研究组编《严几道先生遗著》，1959 年由新加坡南洋学会出版。

《严译名著丛刊》8 种，1930—1931 年商务印书馆出版，1982 年重印。

王栻主编《严复集》5 册，中华书局 1986 年版。

# 主要参考书目

1.《清史稿》　赵尔巽等撰，中华书局 1977 年版。

2.《中国近代史稿》　中国社会科学院近代史研究所编，人民出版社 1978 年版。

3.《近代中国简史》　陈庆华主编，北京出版社 1982 年版。

4.《中国近代史》　李侃等编，中华书局 1994 年版。

5.《中国近现代史大事记》　马洪林、郭绪印编著，知识出版社 1982 年版。

6.《中国近百年史辞典》　王承仁、曹木清、吴剑杰等编，湖北人民出版社 1986 年版。

7.《中国近代政治思想家评传》　涂明皋主编，重庆出版社 1988 年版。

8.《中国近代学制史料》（第一辑，上册）　朱有瓛主编，华东师范大学出版社 1983 年版。

9.《戊戌变法》　中国史学会主编，上海人民出版社 1957 年版。

10.《洋务运动》　中国史学会主编，上海人民出版社 1961 年版。

11.《自立会史料》　杜迈之等辑，岳麓书社 1983 年版。

12.《中国近代海军史》　吴杰章等著，解放军出版社 1989 年版。

13.《中国近代海军史事日志》　姜鸣编，生活·读书·新知三联书店 1994 年版。

14.《中国近代报刊史》　方汉奇著，山西人民出版社 1981 年版。

15.《五四运动史》　彭明著，人民出版社 1984 年版。

16.《戊戌变法史》　汤志钧著，人民出版社 1984 年版。

17.《清代学术概论》　梁启超著，东方出版社 1996 年版。

18.《清代科举制度研究》　王德昭著，中华分局 1984 年版。

19.《曾国藩全集·奏稿》　曾国藩著，岳麓书社 1987—1991 年陆续出版。

20.《李鸿章全集》 顾廷龙、叶亚廉编，上海人民出版社 1985 版。

21《左宗棠全集》 左宗棠著，岳麓书社 1987 年版。

22.《章太炎全集》 章太炎著，上海人民出版社 1982—1986 年版。

23.《饮冰室合集》 梁启超著，中华书局 1989 年影印。

24.《桐城吴先生全书》 吴汝纶著，光绪三十年桐城吴氏家刻本。

25.《沈文肃公政书》 沈葆桢著，《近代中国史料丛刊》第六辑，文海出版社 1966 年陆续出版。

26.《伦敦与巴黎日记》 郭嵩焘著，岳麓书社 1984 年版。

27.《出使英法意比四国日记》 薛福成著，岳麓书社 1985 年版。

28.《汪康年师友书札》 上海图书馆编，上海古籍出版社 1989 年版。

29.《洪宪旧闻》 侯疑始著，云在山房校印本。

30.《李鸿章传》 苑书义著，人民出版社 1991 年版。

31.《袁世凯传》 李宗一著，中华书局 1980 年版。

32.《严复集》 王栻主编，中华书局 1986 年版。

33.《严复诗文选》 周振甫选注，人民文学出版社 1959 年版。

34.《严复研究资料》 牛仰山、孙鸿霓编，海峡文艺出版社 1990 年版。

35《严几道年谱》 王蘧常著，商务印书馆 1936 年版。

36.《侯官严先生年谱》 严璩著，收入《严复集》。

37.《严复传》 王栻著，上海人民出版社 1976 年版。

38.《严复》 王栻、俞政著，江苏古籍出版社 1984 年版。

39.《严复》 徐立亭著，哈尔滨出版社 1996 年版。

40.《严复大传》 皮后锋著，福建人民出版社 2003 年版。

41.《严复评传》 皮后锋著，南京大学出版社 2006 年版。

42.《严复先生及其家庭》 严家理撰，见《福建文史资料》第五辑，福建人民出版社 1981 年版。

43.《严复世系简说》 官桂铨撰，《文献》1989 年第 4 期。

44.《论严复与严译名著》 商务印书馆编辑部编，1982 年版。

45.《寻求富强：严复与西方》 [美] 本杰明·史华兹著，江苏人民出版社 1995 年版。

46.《严复思想研究》 张志建著，广西师范大学出版社 1989 年版 。

47.《我的祖父——〈严复思想述评〉重印跋后》 严停云撰，见台湾天一出版社版《严复传记资料》。